管理会计新编

张 薇 编著

苏州大学出版社

图书在版编目(CIP)数据

管理会计新编/张薇编著. —苏州:苏州大学出版社,2014.1(2018.1 重印)
ISBN 978-7-5672-0732-5

Ⅰ.①管… Ⅱ.①张… Ⅲ.①管理会计 Ⅳ.①F234.3

中国版本图书馆 CIP 数据核字(2013)第 317897 号

书　　名：	管理会计新编
编　　著：	张　薇
责任编辑：	张　凝
装帧设计：	刘　俊
出版发行：	苏州大学出版社(Soochow University Press)
社　　址：	苏州市十梓街1号　邮编:215006
印　　刷：	丹阳市兴华印刷厂印装
邮购热线：	0512-67480030
销售热线：	0512-65225020
开　　本：	700 mm×1 000 mm　1/16　印张:17　字数:314 千
版　　次：	2014 年 1 月第 1 版
印　　次：	2018 年 1 月第 2 次印刷
书　　号：	ISBN 978-7-5672-0732-5
定　　价：	38.00 元

凡购本社图书发现印装错误,请与本社联系调换。服务热线:0512-65225020

前　言

　　管理会计是西方工业发达国家在第二次世界大战以后迅速形成的一门新兴的综合性、实用性都很强的边缘性学科。它把"管理"和"会计"这两个方面融合起来,以现代管理理论为基础,运用一系列专门方法和技术,对财务会计和统计资料及其他相关资料进行确认、计量、整理、对比和分析,为组织内部各级管理人员对整个组织及各个责任单位当前和未来的经济活动进行预测、决策、规划、控制和评价考核,为管理当局对其资源的合理配置和使用作出最优决策提供科学依据。

　　管理会计自20世纪20—30年代萌芽、40—50年代创立到现在,已经历了将近一个世纪。在这一过程中,通过不断吸收现代管理科学新方法,管理会计的理论和方法逐渐成熟和日臻完善,在实践中为强化和改善企业内部经营管理做出了重要贡献。特别是预测分析、决策分析、成本控制和责任会计等方法在企业中的运用,其效果尤为显著,给企业经营管理带来了勃勃生机,使厂长、经理们深受其益。

　　学习和借鉴西方管理会计的先进方法和成功经验,在市场竞争日趋激烈、企业经营风险与日俱增的今天,显得尤为重要,更富现实意义。

　　本书以企业为主体,介绍管理会计基本原理、方法及具体应用。全书分为十二章,前面三章主要是管理会计基本概念及方法的介绍,从总体上对管理会计进行提纲挈领的介绍,具体地指出管理会计的前提和成本核算的方法;第四、五、六、七章是有关预测和决策会计的内容,介绍预测和决策的基本方法,介绍如何开展"本量利分析"以及怎样进行短期经营决策和长期投资决策;第八、九、十章是规划和控制的内容,介绍编制预算的方法以及通过制定标准成本对成本进行有效控制的方法及怎样按照责、权、利的关系考核和评估责任中心业绩的方法;第十一章讲述绩效评价的概念、分类及基本方法;第十二章介绍战略管理会计的内容、特点和主要方法。

　　本书可作为高等院校有关专业"管理会计"课程教材,也可供经济研究人员、企业管理人员、各类企业财会人员自学和参考。由于作者水平有限,本书不当之处,恳请专家和读者批评指正。

张　薇

目 录

第一章　管理会计概述 （1）
第一节　管理会计的形成和发展 （1）
第二节　管理会计与财务会计的关系 （3）
第三节　管理会计的职能、内容和组织 （5）
复习思考题 （10）

第二章　成本性态和成本核算方法 （11）
第一节　成本性态和成本性态分析 （11）
第二节　变动成本计算法 （18）
第三节　作业成本法 （30）
复习思考题 （42）
习题 （42）

第三章　货币的时间价值和风险价值 （44）
第一节　货币的时间价值 （44）
第二节　风险价值 （54）
复习思考题 （58）
习题 （58）

第四章　预测分析 （60）
第一节　预测分析概述 （60）
第二节　预测的基本方法 （63）
复习思考题 （77）
习题 （77）

第五章　本量利分析 （79）
第一节　本量利分析概述 （79）

第二节　保本点的预测分析……………………………………（83）
　　第三节　利润的预测分析…………………………………………（93）
　　第四节　因素变动对保本点、保利点和利润的影响…………（97）
　　第五节　利润的灵敏度分析………………………………………（100）
　　复习思考题……………………………………………………………（105）
　　习题……………………………………………………………………（105）

第六章　决策分析……………………………………………………（107）
　　第一节　决策分析概述……………………………………………（107）
　　第二节　确定型决策………………………………………………（110）
　　第三节　非确定型决策……………………………………………（120）
　　第四节　风险型决策………………………………………………（122）
　　复习思考题……………………………………………………………（127）
　　习题……………………………………………………………………（127）

第七章　长期投资决策分析………………………………………（130）
　　第一节　长期投资决策概述………………………………………（130）
　　第二节　资金成本和现金流量……………………………………（132）
　　第三节　投资效果的简单计算方法………………………………（138）
　　第四节　投资效果的现值计算方法………………………………（141）
　　第五节　固定资产更新决策分析…………………………………（150）
　　第六节　风险型投资决策分析……………………………………（154）
　　复习思考题……………………………………………………………（160）
　　习题……………………………………………………………………（160）

第八章　全面预算……………………………………………………（163）
　　第一节　全面预算概述……………………………………………（163）
　　第二节　全面预算的具体编制……………………………………（166）
　　第三节　编制预算的先进方法……………………………………（175）
　　复习思考题……………………………………………………………（183）
　　习题……………………………………………………………………（184）

第九章　标准成本系统……………………………………………（186）
　　第一节　成本管理…………………………………………………（186）
　　第二节　标准成本控制……………………………………………（190）

第三节　标准成本的账务处理 …………………………………… (206)
　　复习思考题 ……………………………………………………… (207)
　　习题 ……………………………………………………………… (207)

第十章　责任会计 ………………………………………………… (209)
　　第一节　责任会计概述 …………………………………………… (209)
　　第二节　责任中心的建立 ………………………………………… (211)
　　第三节　责任中心的考评 ………………………………………… (215)
　　第四节　内部转移价格 …………………………………………… (221)
　　复习思考题 ……………………………………………………… (224)
　　习题 ……………………………………………………………… (224)

第十一章　绩效评价 ……………………………………………… (226)
　　第一节　绩效评价概述 …………………………………………… (226)
　　第二节　基于利润的绩效评价 …………………………………… (228)
　　第三节　基于EVA的绩效评价 …………………………………… (233)
　　第四节　基于战略的绩效评价 …………………………………… (237)
　　复习思考题 ……………………………………………………… (243)
　　习题 ……………………………………………………………… (243)

第十二章　战略管理会计 ………………………………………… (244)
　　第一节　战略管理会计概述 ……………………………………… (244)
　　第二节　战略定位分析 …………………………………………… (246)
　　第三节　战略管理会计的主要方法 ……………………………… (250)
　　复习思考题 ……………………………………………………… (253)

附录　终值与现值表 ……………………………………………… (254)

第一章 管理会计概述

第一节 管理会计的形成和发展

管理会计是西方工业发达国家在第二次世界大战以后迅速形成的一门新兴的、综合性和实用性都很强的边缘学科。它是以强化企业内部经营管理、提高经济效益为目的,通过对收集到的成本、收入、利润和资产、权益等会计信息和其他市场、统计、技术资料的深加工和再利用,从而对企业的经济活动进行预测、决策、规划、控制和业绩考评的一个会计分支。

一、管理会计的形成

管理会计作为现代会计科学中的一个分支学科,孕育于19世纪末、20世纪初,到20世纪50年代才正式形成,在70年代后得到广泛推广,并风靡世界。

近代会计的产生和发展有着比较悠久的历史。从15世纪末西方出现了"复式簿记"到18世纪英国完成产业革命这一时期内,企业所有者与经营者合而为一,他们凭经验直接担任工厂最高管理者;企业主要采用独资和合伙经营的组织形式,规模较小,企业的经济活动比较简单,经济关系也不复杂。此时会计的任务就在于计算盈亏和保护工厂主的财产,目的无非是为了加强企业的内部管理。

而在英国产业革命完成以后,社会生产力得到迅猛发展,资本日益集中,企业规模愈来愈大,竞争越来越激烈,管理亦日趋复杂。此时,企业的资金来源也已远远超出了独资或合伙的范围,所有者与经营者逐渐分离。会计则以公司会计为主要形式,要求企业正确计算经营成果,提供财务报表,且由企业外部人员来核查账目,故出现了公认会计准则,由此奠定了财务会计的基础。随着社会生产力水平的提高和商品经济的迅速发展,企业出现了传统管理方式无法避免的经营粗放、资源浪费严重、基层生产效率低下等弊端,故以美国的泰罗、法国的法约尔为代表的科学管理方式应运而生。会计和管理也逐渐地结合起来。20世纪初,"标准成本制度"等差异分析方法在美国会计实务界的问世,标志着管理会计的原始雏形已经形成。

第二次世界大战以后,资本主义经济获得进一步发展,科学技术革命势不可挡。世界市场风云变幻,商品供过于求,竞争更加激烈;企业规模空前增大,生产经营过程也变得十分复杂。事后记账算账、提供资料已远远不能满足需要。与此相应,管理工作也向科学化、系统化、标准化方向发展。"盈亏平衡点"、"弹性预算"、"变动成本计算法"、"责任会计"等分析方法的应用,大大丰富了传统会计的内容和方法,加强了会计在企业管理中的地位和作用,促使事后计算的会计逐渐向事前计算转化,从而使会计理论和会计工作进入一个崭新的发展阶段。

20 世纪 50 年代后,各国都致力于经济建设,现代科学技术突飞猛进并大规模应用于生产,日益高涨的第三次技术革命浪潮推动了社会生产力迅猛向前发展;与此同时,资本则是更进一步集中,大型、巨型、跨国公司不断涌现,它们之间的激烈竞争趋于白热化。如何适应市场需求,如何在强手如林的激烈竞争中立于不败之地?管理者们发现:只有进行事前的预测、决策、控制和考评才能掌握竞争的主动权,即以市场需求为导向,预测市场对产品的需要以及变化趋势;再在预测的基础上进行决策,以不断降低成本消耗,提高产品质量,不断开发新产品;进而编制预算,进行事前控制和日常控制,并按责、权、利的关系,明确经济责任,赋予管理权力,联系经济利益,充分调动各方面的积极性。管理会计就是在适应现代经济管理的客观需要中,逐步充实、完善和进一步发展的。

从 20 世纪 50 年代至 70 年代,管理会计的发展主要表现为其方法的发展,即突出地表现为决策分析方法在内部管理中得到极大的推广应用并取得了很大的成功;而自 70 年代后,由于现代管理方法如系统论、信息论和控制论及运筹学、行为科学等方法和计算机技术被大量地运用,管理会计便迅速发展成了一门日趋成熟的多种学科相互渗透的边缘性学科。

二、管理会计发展的过程

管理会计发展的过程具体可分为孕育形成和成长发展两个阶段。

(一)孕育形成阶段

这一阶段是指自 19 世纪末、20 世纪初至 20 世纪 50 年代。此时,管理会计还没有形成为一门学科,仅仅是作为管理的工具,帮助管理,为管理服务,本身也还没有脱离成本会计的范畴,其主要工作是开展标准成本计算和进行预算管理。

(二)成长发展阶段

这一阶段是指自二战结束至今。具体又可分为:

1. 管理会计初级阶段

这一阶段是指20世纪50年代至70年代。此时,管理会计已正式成为一门学科,是以决策分析为支柱的决策性管理会计,但它对企业生产经营活动的风险性和不确定性探讨得不多。

2. 管理会计高级阶段

这一阶段是指20世纪70年代至今。在这一阶段,现代管理科学成果被大量地引入管理会计。运筹学、概率统计等数学方法的引入,使管理会计具有了解决问题的科学方法;电子计算机技术和管理信息系统的引入,使管理会计具备了必要的技术手段;而行为科学的引入,则为管理会计真正发挥控制和业绩考评职能奠定了基础。

我国介绍和引进管理会计方法是在1979年。随着我国经济体制改革的不断深化和社会主义市场经济的不断完善,企业享有越来越多的经营决策权。这不仅要求会计反映和监督企业已经发生的财务状况和经营成果,而且要预测经济前景和参与经济决策并为完善企业内部机制、加强企业内部管理服务;而我们原先掌握的一些会计专门技术和方法,已不能完全适应这一要求,故结合企业实际,推广运用管理会计方法对改善企业经营管理、充分挖掘内部潜力、规划和控制企业的经济活动、增加产品在市场上的竞争能力以及提高企业的经济效益是十分必要的。

第二节 管理会计与财务会计的关系

管理会计是传统会计的管理职能逐渐发展并从其中分离出来形成的,原来企业会计中负责反映和监督的那部分内容就被称为财务会计。现在在西方,管理会计和财务会计是企业会计领域中两个并列的、相对独立的学术领域,它们既有区别又有联系。

一、管理会计与财务会计的联系

(一)两者的渊源相同

管理会计和财务会计均脱胎于传统会计,两者有相同的渊源,因此在内容上是相互渗透、相互影响的。例如,由于管理会计是从传统会计中分离出来的,且是对收集到的财务会计资料进行加工、调整、改制和延伸,编制成各种企业内部报表,以适应企业内部经营管理的需要,故它受到财务会计信息的及时性、准确性、相关性等影响;而财务会计有时也把管理会计的某些报表对外公开发布,另外它还把企业内部管理需要的标准成本、目标利润等一些指标作为会计报告的补充资料对外公开发表。

(二) 两者的工作对象一致

管理会计和财务会计从工作对象上看基本相同,都是企业的生产经营活动及其发出的信息,故它们的工作客体相似,最终的目标也是一致的,都要服从于现代企业会计总体要求,但在时间上和空间上各有侧重。从时间上看,管理会计侧重于企业现在和未来的经济活动及其发出的信息,而财务会计则侧重于企业已经发生的经济活动及其发出的信息;从空间上看,管理会计侧重于企业部分经济活动及其发出的信息,而财务会计则侧重于企业全部经济活动及其发出的信息。

二、管理会计与财务会计的区别

(一) 服务的对象不同

管理会计主要用于内部管理决策和业绩考评,为企业内部管理人员提供有效的决策信息,故是为企业内部管理人员服务的,属于"内部会计";而财务会计主要是通过记录经济业务,编制财务报表,向与企业有经济联系的团体和个人(包括财、税机关,金融机关,债权债务人)提供资料,故是为企业外界服务的,属于"对外会计"。

(二) 作用的时效不同

管理会计主要着重于现在和未来,在决策中以尚未发生的事项作为处理的对象,它用于进行事前科学的预测和分析,为选择最优方案提供客观依据,故属于"经营型会计";而财务会计是事后如实地记账、算账,单纯提供资料和解释信息,它重在描述过去,不重科学预测,故属于"报账型会计"。

(三) 遵循的原则、依据不同

管理会计只服从管理人员的需要及经济规律,不受公认会计准则或行业会计制度的完全限制和严格约束。例如,在计算产品生产成本时,它采用的是变动成本计算法,在长期投资决策中,它采用的是收付实现制;而财务会计由于是如实地记账、算账,向与企业有经济联系的团体和个人"公正、客观"地反映情况,故必须遵守客观性、重要性、一贯性、可比性等公认会计准则和统一的会计制度。

(四) 工作的主体不同

管理会计主要以企业内部责任单位为主体,通过实际与预算的对比,考核各责任中心的工作业绩,它考核的可以是企业生产经营活动的全过程,也可以是其中的某个阶段;而财务会计主要以全企业为核算主体,要求提供集中的、概括的财务成本信息,反映企业生产活动的全过程。

(五) 工作的程序不同

管理会计没有固定的程序和规定的格式,企业可根据自己的实际情况自行设计程序;而财务会计核算程序比较固定,带有强制性,它的记账方法,账户设置,报表的编制、格式等都由财政部统一规定,没有回旋的余地。

(六)工作的方法不同

管理会计方法较灵活,在预测、决策、控制时,往往借助运筹学等现代数学、统计方法所提供的多种信息来进行;而财务会计核算方法比较固定,它以会计等式"资产＝负债＋所有者权益"为基本结构,采用统一的货币计量单位,以复式记账方法填制、审核凭证和最后编制会计报表反映经济活动,提供信息。

(七)行为的影响不同

管理会计十分关注管理的过程,并注重合格人才的培养及核算人力资源成本,最关心计量和业绩报告将如何影响管理人员的日常行为,并想方设法充分调动他们的生产积极性和主观能动性;而财务会计最关心的是如何正确计量和及时输送财务信息,不重视企业内部管理人员行为的影响。

(八)信息的特征不同

管理会计的工作主体是责任单位,它可以是全企业,也可以是企业中的某一个部门,可以是生产经营活动的全过程,也可以是其中的某一个阶段,故管理会计提供的是有选择的、部分的、不定期的管理信息;为了迅速果断地进行决策,它看重的往往是取得资料信息的速度,对信息一般只要求及时性和相关性,对涉及未来的信息不要求过于精确,又因其不受公认会计准则的严格约束,故其业绩报告不具有法律效力。财务会计核算主体是全企业,反映的是企业生产经营活动的全过程,它提供的是连续、系统、综合的财务成本信息,由于是事后反映,故对数据要求极为严格,强调"准",一般要求计算到小数点后两位;因为是事后记账、算账,所以它能够做到"准"。资产与权益的平衡,总账与明细账的一致,各项财务指标的准确无误,这不仅是财务会计本身的基本要求,也是衡量企业经济活动是否合法的重要依据。财务会计要求按统一的报表格式,分月、季、年定期如实公开地对外报告企业实际财务状况和经营成果,财务会计的报表具有法律效力。

第三节　管理会计的职能、内容和组织

一、管理会计的职能

传统会计以反映和监督为主要职能,是管理的一种工具,但因其有一部分职能直接与管理相结合,本身就具有管理的职能。自当代企业会计适应经济管理发展的需要分化成财务会计和管理会计两个独立的分支以后,财务会

计依旧实施其反映和监督的职能,而管理会计则独立施行如下五个方面的职能。

(一) 预测

预测是指在一定的条件下,采用科学的方法对客观事物未来发展的必然性或可能性进行的估计和推测。管理会计发挥预测职能,就是按照企业经营目标,根据现有的市场境况,选择科学方法,对企业未来的销售量、成本、资金需要量、利润水平及变动趋势作出估计和推测,从而为科学决策打好基础。

(二) 决策

决策是在科学预测的基础上为了达到一定目的而采取的某种对策。

管理会计发挥决策职能是为了达到预定的目的,对某些专门问题如零部件的自制或外购、半成品继续加工、价格的制定等,通过分析比较和判断,从而决定是否采取某种行动;或者在两种或两种以上的备选方案中作出抉择,以便采用最优方案。

合理的决策必须是经济上合理,技术上先进,社会、政治、道德等各方面因素允许,并充分利用人、财、物、市场、资金、管理能力等各方面的条件,以合理组织经济资源取得最好的经济效益。

(三) 规划

规划职能主要通过编制各种计划和预算来实现,它是一个规定目标和拟定具体方法以达到目标的过程。管理会计发挥规划职能,是指在进行生产经营活动时,企业必须在国家的政策、方针指导下,密切联系企业的实际情况,按照社会需要和市场供需规律,确定长期、中期和短期的奋斗目标,以及对实现这些目标的手段和方法进行详细规划。

企业的计划目标一般由销售额、销售数量、成果费用及利润等具体指标构成。在最终决策的基础上,企业将事先确定的有关经济目标层层分解,落实到各有关预算中去,作为各个责任单位的目标和考评的依据。

(四) 控制

控制是指通过促进、约束、指导和干预经济活动,使企业的计划目标得以实现的管理活动。

计划和预算一旦成立就应付诸实施,这时控制就开始了,预算的确立和执行过程,即是控制过程。管理会计发挥控制职能,是指在生产经营活动中,企业根据会计计划所确定的各项目标,对预期可能发生的或实际已经发生的各种情况的信息进行收集、比较、分析,计算差异,分析差异形成的原因,进而采取措施以达到降低产品成本保证计划目标实现的目的。

控制分事前控制、日常控制和反馈控制三种。事前控制是根据既定的目标,确定目标标准和组织程序;日常控制是过程中的控制,它根据事先制定的目标,按照一定的原则,采用专门的方法进行严格的计量、监督、指导和调节,并针对已发生的偏差来指导和调节当前的实际活动;反馈控制是通过信息反馈,及时总结经验教训,找出存在问题的症结,进一步修改决策和计划。

(五)考评

考核评价是衡量各部门业务成果的会计技术。管理会计发挥考评职能,是指在生产经营活动中,企业事后要根据各责任单位所编的业绩报告,将实际数与预算数进行对比分析,来评价和考核各责任单位的业绩,并把所取得的经济成果与经济效益挂钩,奖勤罚懒,奖优罚劣。

经济责任制要求明确经济责任,赋予管理权力,联系经济利益。其中"责"是外在压力,"利"是内在动力,而"权"则是把"责"与"利"联系起来的必要条件和根本保证。只有划清了经济责任,按谁可控制就应当由谁负责的原则进行控制和考核,才能调动各责任单位职工的积极性,把考核和评价建立在公正、客观、可比的基础上,取得最佳的经济效益。

综上所述,预测、决策、规划、控制、考评是管理会计的五大职能,这五大职能相互联系、相互作用。

二、管理会计的内容

管理会计的理论和实践尽管最先起源于西方社会,但迄今为止在西方尚未形成一个统一的管理会计定义。一般认为:管理会计主要是通过各种专门方法,对收集到的财务会计资料及其他信息进行深加工和再利用,使企业内部各级管理人员能据以对整个企业及各个责任单位的经济活动进行预测、决策、规划、控制和业绩考评的信息处理系统。

它的基本内容可以从不同角度进行分类,并组成多种体系,但最常用的分类是把它分成预测决策会计、规划控制会计、责任会计三部分。

预测决策会计是为编制项目计划而进行的各种计算和分析,它是为企业预测前景、参与决策服务的。在充分利用财务会计和其他资料的前提下,它对企业计划期的各项收入、成本、利润指标进行科学的预测,并在此基础上比较不同方案的收入和成本差异,进行短期生产经营决策和长期投资决策,从而充分利用现有资源,使人、财、物得到最合理的利用,使企业极为复杂的生产经营活动实现最优运转,获得最好的经济效益。

规划控制会计是为编制期间计划和对其实施控制而进行的各种计算和分析,主要是为了保证企业的各项经济活动能按预定的目标进行。它把预测和决策所确定的各项目标和任务用数量形式编成全面预算,进而结合标准成本制度和变动成本法,对日常发生的各项经济活动及其信息进行追踪、收集,计算差异,并分析差异形成的原因,从而采取措施,克服不利差异,发展有利差异,以确保预期目标顺利实现。

责任会计是在企业内部,按照现代企业分级管理的特点,建立若干个责任中心,并明确各自的经济责任,赋予相应的管理权限,最后通过编制业绩报告,考评各责任中心业绩完成情况,联系经济利益进行奖惩,调动职工的积极性,取得最大的经济效益。

这三部分的结构如图 1-1 所示。

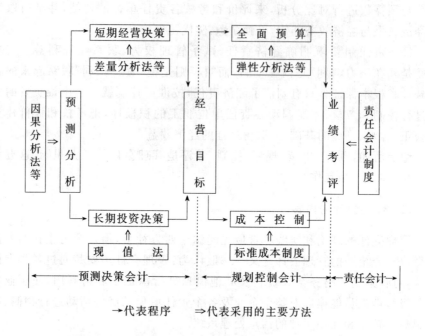

图 1-1 管理会计内容结构

三、管理会计的组织

现代化企业规模较大,生产经营活动较复杂,为了实现内部管理的科学化、合理化,使管理会计工作能落实到个人,需要有相应的组织保障。

企业内部的组织大体上分为生产部门和服务部门两部分。凡直接负责生产和销售活动的部门属生产部门,其他部门都是服务部门。其组织系统如图 1-2 所示。

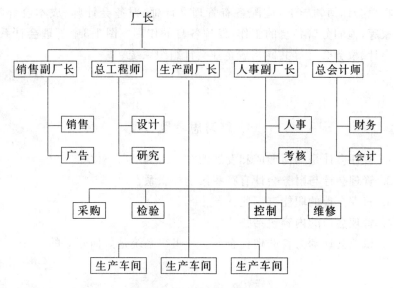

图 1-2　企业内部组织系统

在图 1-2 中,生产和销售副厂长负责的供、产、销等部门是生产部门,而总工程师、人事副厂长、总会计师负责的设计、人事、财务等部门是服务部门。

总会计师在企业中有较高的地位,其职责包括财务、会计所有方面的工作,如编制计划及其控制、拟定内部报告、评估成果、税务管理、财务报告审查等。

管理会计部门的组织系统如图 1-3 所示。

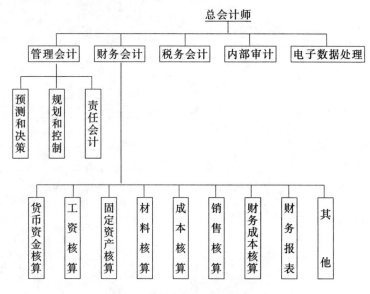

图 1-3　管理会计部门组织系统

在总会计师领导下,应配备有管理会计师、财务会计师、成本会计师、税务专家等,他们分管各自的工作,发挥各自的作用。图1-3中管理会计系统与财务会计、税务会计等共同构成企业会计组织系统。

复习思考题

1. 管理会计是如何形成和发展的?
2. 管理会计与财务会计有哪些区别和联系?
3. 管理会计的职能有哪些?
4. 管理会计的内容包括哪些?
5. 以总会计师为首的现代企业会计组织系统是如何建立的?

第二章 成本性态和成本核算方法

第一节 成本性态和成本性态分析

一、成本概念及分类

成本是商品生产中耗费的活劳动和物化劳动的货币表现,是综合反映企业生产经营效益好坏的一项重要经济指标。管理会计中的成本是指在生产经营过程中为达到一定目的而应当或可能发生的对象化的、以货币表现的各种经济资源价值消耗的代价。管理会计为了充分行使预测、决策、规划、控制和考评职能,势必涉及不同的成本概念。由于不同的成本概念反映了不同的特定的对象,故应该把成本按照多种不同的标志进行分类,以适应企业内部管理的需要。按成本的经济用途,成本可分为生产成本和非生产成本;按成本的发生是否责任单位控制,成本可分为可控制成本和不可控制成本;按成本费用的发生可否进入存货并递延到下期,成本可分为可盘存成本和不可盘存成本;按成本的发生是否与特定决策方案有关,成本可分为相关成本和无关成本;等等。

传统管理会计对成本的一种最简单实用的分类方法,是把成本按与业务总数在数量上的依存关系来进行分类,即分为变动成本、固定成本和混合成本三类。

(一) 变动成本

变动成本指在相关范围内,当业务量总数变动时,成本总额亦随之变动,且成正比例变动的成本。其特点是总额与业务量成正比例,但单位变动成本保持不变。如机器操作所费电费,电费(成本)与机器操作小时(业务量)成正比例,但每操作一小时所费的电费则是一个定数。其习性模型如图 2-1、图 2-2 所示。

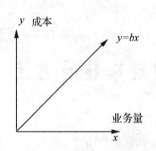 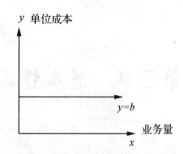

图 2-1 变动成本总额性态模型　　图 2-2 单位变动成本性态模型

如直接用于产品制造的与产量成正比例的原料、燃料及动力、外部加工费、按产量法计算的折旧、计件制下生产工人的工资及按销售量支付的销售费用等,都属于变动成本。

变动成本还可按其发生的原因分为技术性变动成本和选择性变动成本。技术性变动成本是指单位变动成本的大小由技术或实物关系决定,管理当局决策无法改变其大小的变动成本。如功率一定的机器,其每小时耗用的操作电费是一定数,这类成本往往是与生产能力相联系的。选择性变动成本是指单位变动成本的大小可由决策人员确定,并随企业管理决策的改变而改变的变动成本。如按销售收入的固定百分比确定的销售佣金、推销费用及按业务量比例计算的维修费、对外捐赠等。

但是,变动成本中的成正比例是有一个相关范围的,是针对一定业务量在一定时期而言的,超过了这一相关范围,成本总额与业务量就不一定是正比例关系了。

如某些行业,当开始做一项新的工作时,效率往往不高,单位产品变动成本很大,随着工人知识经验的积累,操作技能的提高,工作效率就会提高,单位产品的成本也会逐渐下降。故在产量较少时,变动成本总额的增长幅度会小于产量的增长幅度;当产量达到一定水平后,在一段区间内,总成本随产量作近似线性的增加,成为正比例关系。这一范围就是相关范围;而当产量的增加超过线性区间的上限时,由于加班加点、生产工人的疲劳及使用效率较低的设备和劳动力等,成本增长幅度又大于产量的增长幅度,又形成非线性关系。如图 2-3 所示。

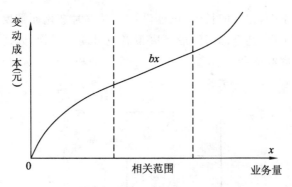

图 2-3 变动成本的相关范围

（二）固定成本

固定成本是指在相关范围内，当业务量变动时，成本总额保持不变的成本。其特点是：成本总额在相关范围内不随业务量的变动而变动，但单位固定成本则随业务量的增加而减少。如机器设备的折旧、车间管理人员的工资及广告费、宣传费、职工培训费、新产品研制开发费等。其性态模型如图2-4、图2-5所示。

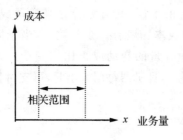

图 2-4　固定成本总额性态模型　　　图 2-5　单位固定成本性态模型

固定成本按其能否通过当前的管理决策行动加以改变，又可进一步划分为约束性固定成本和选择性固定成本。约束性固定成本是指与企业生产能力的形成和维护相联系的、一旦形成则管理决策者难以改变的固定成本。如机器设备和厂房的折旧、租金等。它是同企业的规模和数量相联系的，一旦形成，当前决策就难以改变。选择性固定成本取决于最高层管理者的短期决策，是为完成特定活动而支出的固定成本，其发生额可根据企业的经营方针，由决策人决定。如广告宣传费、新产品研究开发费、职工培训费等。这些成本项目的开支往往在会计年度开始前，根据财力及经营方针等，由管理决策者决策，且只在某个预算期内有效，并且管理决策者可按实际情况进行调整。

固定成本的"固定"也是相对的，只在一定时期和一定业务量范围内才固定，且仅仅表明这些成本不直接受企业业务量变动的影响。当产量增大到一定范围时，就需增设车间、机器、厂房等，折旧、租金等就会发生变化。如图

2-6,即使产量不变,但时间长了,机器设备也要过时老化而需要更新,建筑物和土地可能被出售,甚至部门的最高决策者也可能被更换,因此,在长时间来说,"任何一项成本都会变动"。

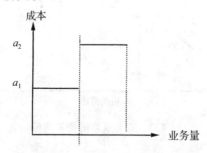

图 2-6　固定成本的相关性

(三) 混合成本

混合成本是指介于变动成本和固定成本之间,既随业务量变动但又不成正比例变动的成本。其特点是:总成本随业务量变动,但不成正比例关系,单位成本则随业务量的变动不成比例地降低。如维护保养费、水电费、润滑油费等。

混合成本按其与业务量之间变动趋势的不同,又可划分为半变动成本、半固定成本和其他混合成本三类。半变动成本一般有一个基数,相当于固定成本,保持不变。在这基数上,成本又随业务量的变动成正比例变动。如租用别的企业的机器,在租金上规定月租金为 a,且机器每用一小时,再支付租金 b 元,则租金的总成本 y 为:

$$y = a + bx$$

如图 2-7,$y = 10\,000 + 1x$

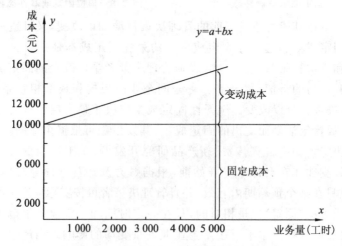

图 2-7　半变动成本性态模型

半固定成本又称步增式固定成本,是指在业务量的一定范围内,成本总额保持不变,当业务量超过这一范围时,成本有一飞跃,再在新的一段业务量范围内保持不变,直到下一个新的飞跃为止。如化验员、检验员的工资在产量为 x_1 件以内,成本保持不变为 a_1,当业务量从 x_1 增加到 x_2 件时,总成本为 a_2;当业务量从 x_2 件增加到 x_3 件时,总成本为 a_3。如图2-8所示。其函数表达式为:

$$y=\begin{cases} a_1 & 0<x\leqslant x_1 \\ a_2 & x_1<x\leqslant x_2 \\ a_3 & x_2<x\leqslant x_3 \end{cases}$$

……

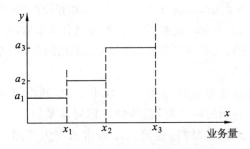

图2-8 半固定成本性态模型

其他混合成本是指混合成本中除了上述半变动成本、半固定成本以外的所有其他混合成本。如加班津贴或超产奖往往使工资成为分段线性成本,称延期变动成本。如图2-9所示。

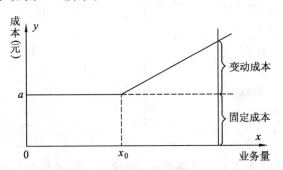

图2-9 延期变动成本性态模型

而学习曲线则使单位增量成本随累计产量的增加而呈指数曲线形式。如图2-10所示。

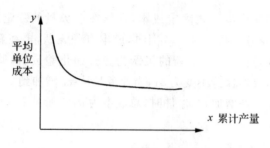

图 2-10 学习曲线

二、混合成本分解

传统管理会计为了更好地进行预测、决策、规划和控制,在将成本按与业务量在数量上的依存关系分为变动成本、固定成本和混合成本后,再进一步进行分析,把混合成本分解为变动成本和固定成本两部分。常用的分解方法有以下几种。

(一)账户分解法

账户分解法是指通过直接分析每一成本要素,利用对每一要素的了解,从而掌握混合成本各项目的性质,初步估计该要素是属于变动成本还是固定成本的一种方法。如直接材料、直接人工通常被视为变动成本,只有间接成本需具体划分。表 2-1 是某企业间接费用预算。

表 2-1 甲公司间接费用预算

账 户	1 000 机 器 小 时
	间接费用预算
管理人员工资	20 000
间接人工	40 000
办公用品	2 000
折旧	3 000
加班津贴	6 000
管理费用	50 000
合 计	121 000

一般认为管理人员工资是固定的,间接人工可能包含变动部分,也可能含有固定部分,如估计各占一半,即固定部分为 20 000 元,变动部分为 20 000 元;办公用品、折旧基本上是固定成本;而加班津贴可认为是变动成本;管理费用中的建筑物折旧、保险费等估计是 30 000 元,可认为是固定的,而公用设施费、清洁费和维护保养费可认为是变动的,为 20 000 元。现将这些要素汇总制表如下表 2-2。

表 2-2　固定成本和变动成本

账　　户	固定成本	变动成本	单位机器小时变动成本
管理人员工资	20 000		
间接人工	20 000	20 000	2
办公用品	2 000		
折　旧	3 000		
加班津贴		6 000	0.6
管理费用	30 000	20 000	2
合　　计	75 000	46 000	4.6

（二）统计分析法

统计分析法是利用掌握的历史数据资料，采用统计的方法来确定混合成本中变动成本与固定成本各为多少的一种方法，具体有高低点法、直线回归法等。

1. 高低点法

高低点法是以某一定期间内的最高业务量（高点）的混合成本与最低业务量（低点）的混合成本之差，除以最高业务量与最低业务量之差，先算出单位变动成本的值，然后再据以分解出混合成本中固定成本与变动成本各占多少的一种分析方法。

例如：设 x_2 是历史资料中业务量的最高值，其同期的成本设为 y_2；x_1 是历史资料中业务量的最低值，其同期成本的值为 y_1。根据混合成本的分解模式 $y=a+bx$，把高低点业务量和成本的值代入：

$$y_2=a+bx_2 \quad (1) \qquad y_1=a+bx_1 \quad (2)$$

解方程得：$b=\dfrac{y_2-y_1}{x_2-x_1}=\dfrac{\text{高低点总成本之差}}{\text{高低点业务量之差}}$

把 b 代入(1)式或(2)式，得：$a=y_2-bx_2$ 或 $a=y_1-bx_1$

便得混合成本分解模式：$y=a+bx$

高低点法计算简便，但若选出的最高点或最低点不能代表业务活动的正常情况，则此法得出的结论是不准确的，故此法只适用于各月份成本都比较稳定的企业。

2. 直线回归法

直线回归法是假定成本变动趋势是一条直线，然后用最小二乘原理作一条回归线，使真实值与预测值最小，从而得到变动成本和固定成本的一种方法。

例如：设 $(x_i,y_i)(i=1……n)$ 代表已给定的成本点，$y=a+bx$ 代表成本点的变动趋势直线，则对于任一给定的 (x_i,y_i)，在直线 $y=a+bx$ 上都能找到与横坐标对应的预测值$(a+bx_i)$,此时真实值与预测值的误差是$y_i-(a+bx_i)$。如能求得a,b为何值时$M=\sum_{i=1}^{n}[y_i-(a+bx_i)]^2$有极小值,则此时能保证每对误差最小。

按照高等数学极值原理,只要令M对a和b的偏导数为零,此时M就有极小值,故a和b必须满足如下条件:

$$\begin{cases} \dfrac{\partial M}{\partial a}=\Sigma 2(y_i-a-bx_i)(-1)=-2\Sigma(y_i-a-bx_i)=0 \\ \dfrac{\partial M}{\partial b}=\Sigma 2(y_i-a-bx_i)(-x_i)=-2\Sigma(x_iy_i-ax_i-bx_i^2)=0 \end{cases}$$

即

$$\begin{cases} \Sigma y=na+b\Sigma x \\ \Sigma xy=a\Sigma x+b\Sigma x_i^2 \end{cases}$$

解方程得:

$$\begin{cases} a=\dfrac{\Sigma y-b\Sigma x}{n} \\ b=\dfrac{n\Sigma xy-(\Sigma x)(\Sigma y)}{n\Sigma x^2-(\Sigma x)^2} \end{cases}$$

此时,回归直线方程为$y=a+bx$。

另外,需要指出的是,运用回归直线法分解混合成本时,应先进行相关性检验,也就是说,只有在y和x间基本呈线性关系时才能采用此法。

相关系数的计算公式为:

$$\Gamma=\dfrac{n\Sigma xy-(\Sigma x)(\Sigma y)}{\sqrt{[n\Sigma x^2-(\Sigma x)^2][n\Sigma y^2-(\Sigma y)^2]}}$$

相关系数Γ的取值范围在0与± 1间,说明y和x间的相关程度。当$\Gamma=+1$时,说明y和x间完全正相关,即$y=a+bx$;当Γ接近$+1$,说明y与x间基本正相关,写成$y=a+bx$;当$\Gamma=0$时,说明y与x间不存在任何联系,为零相关;当$\Gamma=-1$时,说明y与x间完全负相关。

第二节　变动成本计算法

一、变动成本计算法概述

按照成本性态,把成本分为固定成本、变动成本和混合成本三类,再在此基础上,把混合成本进一步分解为固定成本和变动成本两部分,是传统管理会计开展工作的前提和基础。变动成本计算法就是以此为基础在计算产品生产成本和存货成本时,只包括生产制造过程中的变动成本,即只包括直接材料、直接人工和变动制造费用,而把固定制造费用作为期间成本,从当期边际贡献下直接扣除,期末存货不负担固定制造费用的一种成本计算方法。这样,在产品成本中期间成本的划分口径和损益确定程序上就有别于传统成本计算法。传统成本计算法又称完全成本法,是指在计算产品成本和存货成本时,包括直接材料、直接人工和制造费用,这样固定制造费用与产品生产过程中直接消耗的费用一样,汇集于产品,随产品而流动。

变动成本计算法把固定制造费用作为期间成本的理由是:固定制造费用是为企业提供一定的生产经营条件以保持一定生产能力而发生的成本。它一旦形成后,就与企业产品产量没有直接联系,不会由于产量的增加而提高,也不会由于产量的减少而降低,亦即不管其实际利用程度如何,有关费用照样发生。它是联系会计期间而发生的费用,其数额同企业的存在和生产经营活动持续的时间长短成正比例变动,并随时间的推移而消逝。故其效益不应递延到下一个会计期间,而应在费用发生的当期将费用全额列入收益表内,作为本期边际贡献的减除项目。在这一点上,它与销售费用、管理费用和财务费用等非生产成本只是定期地创造了维持企业经营的必要条件一样,具有时效性,即不管其是否能被利用及被利用得是否有效,其发生额不会受到影响,其效益不能递延,故固定制造费用应与非生产成本一样,作为期间成本处理。

二、变动成本计算法的特点

(一)以成本性态分析为基础

由于变动成本计算法是把制造费用中的变动部分记入产品生产成本和存货成本而把固定制造费用作为期间成本处理,故首先要将成本按性态分类和分析。因此,它是建立在成本按性态分析的基础上的。

(二)税前利润由边际贡献式损益表得到

在变动成本法中,税前利润由销售收入减变动成本得边际贡献,再由边际贡献减固定成本得到。

损益表:

产品销售收入
  减:已销售产品变动生产成本及变动推销及管理费用
边际贡献
  减:固定制造费用
    固定推销和管理费用
税前利润

(三)变动成本计算法主要为内部管理服务

由于变动成本法没有按照会计准则要求的按制造成本法编制对外会计报表去做,故仅仅是为内部决策人员所用,是为内部管理服务的。

三、变动成本计算法和全部成本计算法的比较

(一)产品成本及期间成本包含的内容不同

由于对固定制造费用处理方式的不同,导致了变动成本计算法和全部成本计算法下产品成本与期间成本包含的内容不同。固定制造费用在全部成本计算法下属产品成本,而在变动成本计算法下属期间成本。变动成本法与全部成本法在产品成本及期间成本内容上的差别如下表2-3所示。

表2-3 两法在产品成本及期间成本内容上的差别

区别的标志	变动成本法	全部成本法
产品成本包含的内容	变动生产成本(直接材料、直接人工、变动制造费用)	全部生产成本(直接材料、直接人工、全部制造费用)
期间成本包含的内容	固定制造费用 非生产成本(销售费用、管理费用)	非生产成本(销售费用、管理费用)

例1. 某企业生产和销售A产品,2012年有关资料如表2-4所示(没有涉及财务费用),要求用变动成本计算法和全部成本计算法分别计算产品成本和期间成本。

表2-4 成本资料　　　　　　　　　　　　　单位:元

基本资料		成本资料		
期初存货量	0	直接材料		70 000
本年投产完工量	10 000件	直接人工		50 000
本年销售量	8 000件	制造费用	变动费用	10 000
期末存货量	2 000件		固定费用	20 000
单　价	25元/件	销售费用	变动费用	20 000
			固定费用	10 000
		管理费用	变动费用	5 000
			固定费用	7 000

解: 依据上述资料分别按变动成本计算法和全部成本计算法计算产品成本和期间成本如表2-5所示。

表 2-5　产品成本及期间成本计算　　　　　　　　　　单位:元

项　目		变动成本法		全部成本法	
		总成本	单位成本	总成本	单位成本
产品成本	直接材料	70 000	7	70 000	7
	直接人工	50 000	5	50 000	5
	变动制造费用	10 000	1		
	制造费用			30 000	3
	合　计	130 000	13	150 000	15
期间成本	固定制造费用	20 000			
	销售费用	30 000		30 000	
	管理费用	12 000		12 000	
	合　计	62 000		42 000	

由上可知,在产品单位成本和总成本上,全部成本计算法比变动成本计算法高,而在期间成本上,则是变动成本计算法高。

(二) 存货成本不同

在变动成本计算法下,由于把固定制造费用作为期间成本处理,从当期边际贡献下全部直接扣除,不进入存货,故存货不负担固定制造费用;而在全部成本计算法下,固定制造费用进入产品成本,只要有存货,也就进了存货成本,故存货负担固定制造费用。故在存货成本上,全部成本法和变动成本法相差的是:存货的单位固定制造费×期末存货量。具体在期末存货成本上,全部成本计算法比变动成本计算法要高,差额为:期末存货的单位固定制造费用×期末存货量。

同样,在期初存货成本上,全部成本法比变动成本法也高,差额为:期初存货的单位固定制造费用×期初存货量。

仍按上例的资料,用变动成本法和全部成本法分别计算期末存货成本,如表 2-6 所示。

表 2-6　期末存货成本比较表　　　　　　　　　　单位:元

期末成本	变动成本法		全部成本法	
	总成本	单位成本	总成本	单位成本
	26 000	13	30 000	15

故知在期末存货成本上全部成本法比变动成本法高的这 30 000－26 000＝4 000 元,是由于全部成本法下每一件期末存货比变动成本法多负担

2元(20 000/2 000)造成的。

(三) 分期损益有可能不同

在变动成本法下，由于税前利润是由销售收入减变动成本得到边际贡献，再由边际贡献减全部固定成本得到，故固定制造费用全部从当期扣除掉了；而在全部成本法下，由于固定制造费用进入产品成本，也就进入了存货，随存货流动而流动，故两种方法下由于对固定制造费用扣除的数额可能不同，从而导致分期损益可能不同。

仍按上例，现用两种方法计算损益如表2-7。

表 2-7 损 益 表 　　　　　　　　　　　　　单位：元

变动成本法		全部成本法	
销售收入	(25×8 000) 200 000	销售收入	(25×8 000) 200 000
变动成本		销售成本	
变动生产成本	(13×8 000) 104 000	期初存货成本	0
变动销售费用	20 000	本期生产成本	150 000
变动管理费用	5 000	可供销售的产品 生产成本	150 000
变动成本合计	129 000	减：期末存货成本	(15×2 000) 30 000
边际贡献	71 000	已销售产品生产 成本总额	120 000
减：固定成本		销售毛利	80 000
固定制造费用	20 000	减：营业费用	
固定销售费用	10 000	销售费用	30 000
固定管理费用	7 000	管理费用	12 000
固定成本合计	37 000	营业费用总额	42 000
税前利润	34 000	税前利润	38 000

从表2-7中看到，全部成本法的利润为38 000元，比变动成本法的利润34 000元多4000元，究其原因，发现：

(1) 两种成本法下销售收入是相同的，都由产品单价乘产品销售量得到。

(2) 销售费用、管理费用只是计入损益表的位置不同，但计入损益表的金额相同，因为无论在全部成本法下还是在变动成本法下，销售费用、管理费用都是作为期间成本从本期全部扣除的，故两法扣除的总额都是相同的。本例都为42 000元，但在变动成本法下，则把销售费用和管理费用中的变动部分和固定部分分开来扣，把变动的销售费用和管理费用与变动的生产成本放在一起，从销售收入中扣除，这样就得到了一个非常重要的边际贡献指标，从而就为今后的预测、决策提供了非常重要的信息。

(3) 变动生产成本计入损益表的数额也相同。

(4) 只有固定制造费用扣除的数额不同。变动成本下,本期发生的固定制造费用 20 000 作为期间成本,从本期全部扣除了;而在全部成本法下,固定制造费用先计入产品生产成本,每件产品负担 2 元(20 000/10 000),存货每件也负担了 2 元固定制造费用,这样,当期由已销售产品负担的固定制造费用 $2 \times 8 000 = 16 000$ 元从本期扣除了,而由存货负担的固定制造费用 $2 \times 2 000 = 4 000$ 元则进入了存货,随存货而流动。这笔存货何时销售出去,这 4 000 元也就何时得到补偿。故全部成本法下本期发生的固定制造费用一部分在本期记入损益,而另一部分则由存货带到了下期损益。由于全部成本法下本期费用比变动成本法少扣 4 000 元,故全部成本法下本期利润比变动成本法多了 4 000 元。

此例全部成本法利润大于变动成本法利润,是在期初无存货、期末有存货的前提下得到的。当然如果期初有存货,而期末无存货,则由于全部成本法比变动成本法在期初存货上要多带进上期的固定制造费用,从而加大本期负担。故此时利润要比变动成本法小。

例 2. 某企业 2008 年、2009 年、2010 年连续三年有关的产销、成本资料如表 2-8、表 2-9 所示。

表 2-8　产销资料　　　　　　　　　　单位:件

摘　要	2008 年	2009 年	2010 年
期初存货量	0	2 000	2 000
本期生产量	10 000	8 000	9 000
本期销售量	8 000	8 000	8 800
期末存货量	2 000	2 000	2 200

表 2-9　成本资料　　　　　　　　　　单位:元

基　本　资　料	
每件售价	$p = 20$
生产成本:	
单位变动生产成本	$b_1 = 10$
固定生产成本总额	$a_1 = 10 000$
非生产成本:	
单位变动非生产成本	$b_2 = 2$
固定非生产成本总额	$a_2 = 5 000$

并且假定,各年不存在在产品,各期成本水平(即单位变动成本和固定成本总额)均不变,各期的财务费用均为零,存货计价采用先进先出法。现用两种成本计算法编制损益表并对差异进行分析,见表 2-10。

表 2-10 损 益 表　　　　　　　　　　单位:元

项　目＼期间	2008 年	2009 年	2010 年
变动成本法			
销售收入总额(px_2)	160 000	160 000	176 000
变动成本			
变动生产成本(b_1x_2)	80 000	80 000	88 000
变动非生产成本(b_2x_2)	16 000	16 000	17 600
变动成本总额	96 000	96 000	105 600
边际贡献	64 000	64 000	70 400
减：固定成本			
固定制造费用(a_1)	10 000	10 000	10 000
固定非生产成本(a_2)	5 000	5 000	5 000
固定成本合计	15 000	15 000	15 000
税前利润	49 000	49 000	55 400
全部成本法			
销售收入总额(px_2)	160 000	160 000	176 000
销售成本			
期初存货成本	0	22 000	22 500
本期生产成本	110 000	90 000	100 000
可供销售的生产成本	110 000	112 000	122 500
减：期末存货成本	22 000	22 500	24 444.4
销售成本总额	88 000	89 500	98 055.6
销售毛利	72 000	70 500	77 944.4
减：营业费用			
销售及管理费用($b_2x_2+a_2$)	21 000	21 000	22 600
税前利润	51 000	49 500	55 344.4

由上表,编制综合分析表如表 2-11。

表 2-11 综合分析表　　　　　　　　　单位:件,元

项　目＼期间	2008 年	2009 年	2010 年
变动成本法生产量	10 000	8 000	9 000
销售量	8 000	8 000	8 800
全部成本法利润	51 000	49 500	55 344.4
变动成本法利润	49 000	49 000	55 400
利润差额	2 000	500	−55.6

续表

期间 项目	2008年	2009年	2010年
期末存货量	2 000	2 000	2 200
期末存货单位固定制造费用	1	1.25	1.111
期末存货带走固定制造费用	2 000	2 500	2 444.2
期初存货单位固定制造费用		1	1.25
期初存货量		2 000	2 000
期初存货带进固定制造费用	0	2 000	2 500
带走的与带进的固定制造费用差额	2 000	500	−55.8

此例中，2009年，即使生产量等于销售量，存货量不变，但由于全部成本法下期末存货的单位固定制造费用是1.25元(10 000/8 000)，而期初存货的单位固定制造费用是1元(10 000/10 000)，故同样的2 000件存货，期末存货带走的固定制造费用2 500元(1.25×2 000)，比期初存货带进的固定制造费用2 000元(1×2 000)多500元。由于固定制造费用中多留500元费用到以后去负担了，本期就少扣了500元，故全部成本法本期利润比变动成本法多500元。实际上，全部成本法下，本期的固定制造费用只扣了2 000+10 000−2 500=9 500元，而变动成本法下10 000元全扣了，故本期全部成本法利润就比变动成本法利润多500元。

而2010年，尽管生产量大于销售量，存货量增加了200件，但全部成本法利润反而比变动成本法利润少55.8元。这是由于全部成本法下由于生产量增加了，每件负担的固定制造费用就少了，只有1.111元，期末存货也就每件带走了1.111元，2 200件存货比变动成本法多带走了2 444.42元(1.111元×2 200)固定制造费用，而在期初存货上全部成本法比变动成本法又多带进了2 500元(1.25×2 000)固定制造费用，故相比之下，期末存货带走的比期初存货带进的少，故全部成本法下本期费用要多扣。实际上，它扣除的固定制造费用总额是2 500+10 000−2 444.2=10 055.8。故利润比变动成本法要少55.8元。

即两种成本计算法计算的利润不仅取决于存货量的变更，还取决于全部成本法下期初、期末存货的单位固定制造费用是否相等。即使期末存货量等于期初存货量，但只要全部成本法下期初、期末存货的单位固定制造费用不同，两种方法计算的利润就不同。它们之间的关系为：

全部成本法计算的利润−变动成本法计算的利润=全部成本法下期末存货单位固定制造费用×期末存货量−全部成本法下期初存货单位固定制

造费用×期初存货量　　　　　　　　　　　　　　　　　　　　　　(1)

另外,即使生产量大于销售量、存货量增加(见1997年),全部成本法利润也不一定大于变动成本法的利润,这关键要看全部成本法下期末存货带走的固定制造费用与期初存货带进的固定制造费用哪个大。

当然,如各期生产量稳定,则上式的(1)式可简化为:

全部成本法计算的利润—变动成本法计算的利润=全部成本法下单位固定制造费用(期末存货量—期初存货量)　　　　　　　　(2)

此时,两种方法利润的比较主要取决于存货量的变更。当存货量增加,则全部成本法利润大于变动成本法利润;当存货量不变,则全部成本法利润等于变动成本法利润;当存货量减少,则全部成本法利润小于变动成本法利润。

例如,该企业2011年和2012年的生产量和销售量资料如表2-12所示。

表 2-12　产 销 资 料　　　　　　　单位:件

摘　要	2011年	2012年
本期生产量	9 000	9 000
本期销售量	9 000	10 000

其他资料同前。现用两种方法计算税前利润,如表2-13所示。

表 2-13　损　益　表　　　　　　　单位:元

期间 项目	2011年	2012年
变动成本法		
销售收入总额(px_2)	180 000	200 000
变动成本		
变动生产成本(b_1x_2)	90 000	100 000
变动非生产成本(b_2x_2)	18 000	20 000
变动成本总额	108 000	120 000
边际贡献	72 000	80 000
减:固定成本		
固定制造费用(a_1)	10 000	10 000
固定非生产成本(a_2)	5 000	5 000
固定成本合计	15 000	15 000
税前利润	57 000	65 000
全部成本法		
销售收入总额(px_2)	180 000	20 000
销售成本		
期初存货成本	24 444.4	24 444.4
本期生产成本	100 000	100 000
可供销售的生产成本	124 444.4	124 444.4

续表

期间 项目	2011 年	2012 年
减：期末存货成本	24 444.4	13 333.3
销售成本总额	100 000	111 111.1
销售毛利	80 000	88 888.9
减：营业费用		
销售及管理费($b_2 x_2 + a_2$)	23 000	25 000
税前利润	57 000	63 888.9

从表 2-13 看到，2011 年全部成本法利润与变动成本法利润相等，都是 57 000 元。这是由于全部成本法下 2011 年期初存货的单位固定制造费用与期末存货的单位固定制造费用相同，都为 1.111 元，而又由于产销一致，存货增加数为 0，故两种方法下利润相同。而在 2012 年，全部成本法下期初、期末存货的单位固定制造费用尽管没有发生变化，但由于存货量减少了 1 000 件，故全部成本法期末存货比变动成本法下多带走的固定制造费用小于期初存货带进的固定制造费用，相差 1 111.1 元（1.111×1 000），从而增加了本期的负担。这便是导致变动成本法利润（65 000 元）比全部成本法利润（63 888.9 元）多 1 111.1 元的原因。

四、对变动成本计算法的评价

（一）变动成本计算法的优点

变动成本计算法由于冲破了原来传统成本核算方法的束缚，故在强化企业内部管理、提高经济效益方面具有一定的积极意义。具体说来，其优点有以下几点：

1. 能提供有用的管理信息，为预测、决策服务

由于变动成本法在计算损益时提供了变动成本、边际贡献等指标，这些指标在企业进行"本—量—利"分析、短期生产决策、定价决策时是非常有用的重要信息，故变动成本法为预测、决策服务。

2. 能使管理者注重销售，防止盲目生产

由于变动成本法在计算损益时，只跟销售量有关，而同生产量无关，在单价、单位变动成本和固定成本总额保持不变的前提下，相同的销售量得到相同的利润（见例 2 中 2008 年、2009 年）；销售量增加，则利润也增加，且利润增加的幅度要大于销售量增加的幅度，故能促使管理当局重视销售环节，防止盲目生产，减少产品积压和浪费。

而在全部成本法下，损益还与生产量、存货量密切相关。生产量大了，单位产品成本就小；存货量多了，留到以后去扣的费用就多，本期扣的费用就少了，本期利

润就多了。有时在单价、单位变动成本、固定成本总额不变的情况下,销售量增加了,利润反而下降或不变(见例3),从而使决策人员容易生产误解,不利于作出正确决策。

例3. 某企业连续两年生产 A 产品,单价均为 10 元,单位变动成本均为 6元,年固定成本总额均为 10 000 元。如不考虑其销售及管理费用,其连续两年的产、销资料如表 2-14 所示。

表 2-14 产销资料   单位:件

项目\期间	第一年	第二年
期初存货量	0	2 000
本期生产量	10 000	7 000
本期销售量	8 000	9 000
期末存货量	2 000	0

现用全部成本法编制两年的损益表如表 2-15。

表 2-15 损 益 表   单位:元

全部成本法损益表	第一年	第二年
销售收入	10×8 000=80 000	90 000
销售成本		
期初存货成本	0	14 000
本期生产成本	70 000	52 000
可供销售成本	70 000	66 000
减:期末存货成本	14 000	0
销售成本总额	56 000	66 000
税前利润	24 000	24 000

由表 2-15 可见,尽管第一年的销售量比第二年增加了 1 000 件,增加 12.5%,但在单价、单位变动成本、固定成本不变的情况下,其税前利润却与原来相同,这就使管理人员难以理解。

3. 简化成本核算,便于加强日常管理

变动成本法把固定制造费用作为期间成本,从当期边际贡献下一笔直接扣除,不需要分摊到每一件产品上去,这就大大简化了产品成本的计算过程,避免了间接费用分摊过程中的主观随意性,而且可以使会计人员从繁重的成本核算工作中解脱出来,集中精力进行日常成本控制和管理。

而全部成本法对于固定制造费用要采取归集、分配的手段,把它摊入产品成本,这就增加了核算工作量,再加上具体分摊的方式受到主管人员人为判断的影响,故有时很不公正和客观,从而就扭曲了成本信息,导致信息失真,判断失误。

4．符合"费用与收益相配比"这一公认的会计准则要求

按照费用与收益相配这一公认的会计准则,要求企业在一定的会计期间应当以产生的收益为根据,把有关的费用同产生的收益配比起来。这项准则与我国《企业会计准则》中"权责发生制"记账要求完全一致。由于变动成本法按照成本习性把转作本期的费用分为两部分:一部分是直接与产品制造有联系的,如直接材料、直接人工、变动制造费用等变动成本,它要按照产品销售量的比例,将其中已销售的部分转作当期销售成本,与当期收益相配比;将未销售的部分转作存货,与未来预期获得的收益相配比。另一部分是同产品生产没有直接联系的固定成本,这是为了保持企业一定生产能力而发生的各种费用。它们与企业生产能力利用程度及利用效果如何无关,既不会由于产量提高而增加,也不会由于产量降低而减少;它们是有时间性的,只随时间的消逝而丧失,故应把它们作为期间成本,同本期的收益相配比,由本期的利润来负担。

(二)变动成本计算法的缺点

1．不能适应长期决策的需要

由于变动成本法下变动成本的变动和固定成本的固定只有在相关范围才有效,即在一定业务量范围和一定时间内才能成立,当时间长了后,随着科技的进步和劳动生产率的提高,单位变动成本会下降,固定成本也会随着生产规模的改变而改变。故变动成本法提供的信息,只对短期决策有用,不能适应长期决策的需要。

2．不符合传统成本概念

变动成本法由于把固定制造费用全部作为期间成本从边际贡献下直接扣除了,而没有打进每一件产品中去,即产品成本只包含变动成本,而按照传统成本概念,产品成本是指在生产领域为生产产品而发生的全部生产成本,当然也应当包含固定成本。产品在生产过程中利用了企业的生产能力,获得了好处,当然应分配费用;而变动成本核算法不是按受益性分摊,这是不符合传统成本概念的。

3．不是非常精确的成本计算方法

变动成本法开展工作的前提是把成本按成本总额与业务量在数量上的依存关系进行分类的,但事实上,影响成本的因素很多,除了数量基础外,还有"非数量基础",故如以单一的"数量基础"动因来核算产品成本,就会造成信息失真、决策失误的结局。故应把成本核算与控制的重心放在成本发生的前因和后果上,采用作业成本法来核算产品成本,才能提供准确的信息。

第三节 作业成本法

一、作业成本法概述

作业成本法的出现,是对传统管理会计的缺陷作出的反应,是对传统管理会计的一种超越,旨在提供及时、准确、相关的成本信息。因为在高度自动化和电脑化的今天,机器人、电脑辅助设计(Computer-Aided Design,简称CAD)、电脑辅助制造(Computer-Aided Manufacturing,简称CAM)、弹性制造系统(Flexible Manufacturing System,简称 FMS)及电脑整合制造(Computer-integrated Manufacturing,简称CIM)之使用日趋普及,而传统管理会计所提供的信息已不能如实反映不同产品生产耗费的全貌,不能清晰地揭示产品的盈利能力,不能正确核算企业自动化的效益,不能为企业决策和控制提供正确有用的会计信息。

传统成本核算是以"数量基础"为单一动因来核算产品成本的。根据成本与业务量(数量基础)之间在数量上的依存关系,先把成本分成变动成本、固定成本、混合成本三类,再采用账户分析法或高低点法、回归分析法将混合成本进行分解。在变动成本法下,产品由直接材料、直接人工和变动制造费用构成,固定制造费用则作为期间成本,从当期边际贡献下全部直接扣除,期末存货不负担固定制造费用。而在全部成本法下,在计算产品成本时,除了直接材料、直接人工以外,把生产制造过程中发生的成本支出都计入制造费用。在生产单一产品的企业里,往往以实物量来分配制造费用,而在生产多品种产品的企业内,则常常以直接人工小时、机器小时或直接人工成本作为分配制造费用的标准。在过去人工高度密集型的企业里,直接人工成本约占产品成本的40%～50%,而间接费用仅为直接人工成本的50%～60%,在这种情况下,这样的成本核算方法还不会严重地歪曲产品成本。但在今天先进的制造环境下,直接人工低至仅占生产成本的10%以下,甚至仅占3%～5%,而制造费用占总成本比例却大幅度增加,视自动化程度有的高达生产成本的35%以上。如果还以人工"驱动"制造费用,用在产品成本中占有越来越小比重的直接人工去分配占有越来越大比重的制造费用,分配越来越多与工时不相关的作业费用(调整准备检验等),就严重地扭曲了产品成本,扭曲的程度需视与数量无关之费用占总制造费用的比例而定。一般说来,生产量大,时间长,技术含量低,复杂程度较低的产品往往产品成本会偏高,而生产量小,时间短,技术含量高,复杂程度较高的产品往往产品成本会偏低,从而导致产品成本信息严重失真,引起决策失误。

例 4. 某公司生产 A、B 两种产品,成本资料如表 2-16 所示,并假定其制造费用有 5 种类别,分别是调整准备费、质量检验费、物料搬运费、电费与维护费,如制造费用采用全厂分摊法,以机器小时为分摊标准。

表 2-16 产品成本资料

	A 产品	B 产品	合 计
产量(件)	1 000	2 000	
直接材料成本(元)	2 000	3 000	5 000
直接人工小时(小时)	100	400	500
小时工资率(元/小时)	10	10	10
调整准备次数(次)	30	20	50
质检次数(次)	70	10	80
物料搬运次数(次)	6	4	10
千瓦小时	200	300	500
机器小时(小时)	400	600	1 000

部 门 资 料　　　　　　　　　　　单位:元

	甲部门	乙部门	合 计
直接材料			
A 产品	1 000	1 000	2 000
B 产品	2 000	1 000	3 000
直接人工			
A 产品	500	500	1 000
B 产品	1 000	3 000	4 000
制造费用			
调整准备成本	500	500	1 000
质检成本	1 000	1 000	2 000
物料搬运成本	1 000	2 000	3 000
电费	200	300	500
维护费	700	800	1 500
合　　计			18 000

则可计算每一产品之单位成本。如以机器小时为制造费用分配标准,此时制造费用分摊率为 8(8 000/1 000)。

表 2-17　单位成本计算表　　　　　　　　单位:元/件

	A 产品	B 产品
直接材料		
A 产品(2 000÷1 000)	2	
B 产品(3 000÷2 000)		1.5
直接人工		
A 产品(1 000÷1 000)	1	
B 产品(4 000÷2 000)		2
制造费用		
A 产品(8×400÷1 000)	3.2	
B 产品(8×600÷2 000)		2.4
单位成本	6.2	5.9

但此例用机器小时为制造费用分配标准得到的产品成本信息具有较大的虚假性,因为部分制造费用如电费和维护费确可看作与数量有关,也是与机器小时有关的,而调整准备费、质检成本和物料搬运成本则与数量无关。与数量无关的制造费用占总制造费用的比例较大,且其制造费用耗用之比例与数量有关的制造费用耗用的比例不同,产品具有多样性。本例中,A 产品较复杂,但产量少,时间短;B 产品产量高,时间长,但复杂程度较低。如还以与数量有关的机器小时作为分配标准去分配所有的制造费用的话,会造成 A 产品成本偏低、B 产品成本偏高的后果,从而扭曲产品成本信息。解决这一问题的方法是,采用作业成本法。

作业成本计算(Activity-Based Costing,简称 ABC)是在西方国家20 世纪80 年代末开始出现、90 年代以来在先进制造企业首先应用起来的一种全新的企业管理理论和方法,是一个以作业为基础的管理信息系统。它以作业为中心,通过对作业及作业成本的确认、计量,最终计算出相对真实的产品成本,并通过消除"不增值作业"、改进"增值作业"、优化"作业链"和"价值链"、增加"顾客价值"来达到降低产品成本,提高决策的有效性和增加企业价值的目的。

（一）作业的概念

作业成本计算是建立在"作业"这一基本概念基础上的。20 世纪70 年代以来,西方许多企业竞相采用适时制方式和弹性制造手段,制造环境发生了根本性变化。这两种制造系统都有一个特点,即强调生产工艺环节是可分解的。如果把企业的生产工艺过程分解为一个个可独立的环节,则这些可独立的环节,就是具有管理学涵义的作业;由此而实施的管理,就是作业管理。詹姆斯．A．布林逊在其所著《作业会计》一书中对于作业概念作了如下解释:所谓作业,就是企业为提供一定量的产品或劳务所消耗的人力、技术、原材料、方法和环境等的集合体。这种作业观指出了作业消耗资源的事实,并将作业与价值耗费联系了起来,从而赋予了作业的会计学涵义。

一般可认为,作业是以人为主体,为了一定目的,消耗一定资源的特定范围内的工作。

1. 作业的主体是人

虽然现在已实现了高度自动化和电脑一体化,但是,不仅生产经营活动仍需人的参与,而且人仍然是经营部门各个独立环节的主体,也是作业的主体。

2. 作业消耗资源

作业要消耗人力资源,也要消耗原材料等物质资源。

3. 作业有一定的目的

作业的划分是从产品设计开始,到物料供应;从生产工艺流程(各车间)的各个环节、质量检验、总装,到发运销售的全过程。现代化程度越高,生产经营过程的可区分性越强。而区分不同作业的标志是作业的目的。企业的生产经营活动可以按每一部分工作特定的目的区分若干作业。

(二)作业的分类

对作业进行科学的分类,是进行作业成本计算的基础。作业按不同的目的,可从不同角度进行分类分析。不同的专家、学者,提供了一些不同的作业分类标准。代表性的有如下几种:

1. 杰弗·米勒(Jeff Miller)和汤姆·沃尔曼(Tom vollman)的分类

(1)逻辑性作业:指订购、执行和确保材料移动的作业。凡从事订购、接收、发送、运输、数据登记、电子计算机处理系统和会计工作等逻辑性作业的人员,皆属于逻辑性作业的主体。

(2)平衡性作业:指原材料、人工和机器供应与需求配比的作业。凡从事采购、生产、控制、预测、计划等人员,均属于平衡性作业的主体。

(3)质量作业:指确保生产和规范一致的作业。凡从事质量成本的确定、质量控制、工程技术设计和控制、采购等的人员,均属于质量作业的主体。

(4)变化作业:指使生产信息现代化的作业。凡从事计划、标准数控规划编制和材料清单制作等的人员,均属于变化作业的主体。

2. 罗宾·库珀对作业的分类

(1)单位作业(Unit activity):指使单件产品受益的作业。

(2)批别作业(Batch activity):指使一批产品均受益的作业。例如,生产加工前的调整、准备、检测、材料搬运、订单处理等作业。

(3)产品作业(Product activity):指使某种产品的每个单位都受益的

作业。

(4)过程作业(Process activity):指使某个工序过程受益的作业。

3. 詹姆斯·布林逊对作业的分类

(1)重复性作业(Repetitive activity)和非重复性作业(Nonrepetitive activity):前者指以连续性为基础的、在作业系统内不断地进行投入和产出的作业;后者指一次性作业和与一次性工程有关的作业。

(2)一级作业(Primary activity)和二级作业(Second activity):前者指一个部门或组织单位的基本职责;后者指支持组织一级作业的作业,如支持整个组织或组织中某几个部门一级作业的行政管理、秘书等作业。

(3)必需作业(Required activity)和酌量性作业(Discretionary activity):前者指一个组织必不可少的作业;后者指可以根据决策者的需要进行选择的作业。

4. 我国学者于富生、储稀梁等对作业的分类

(1)不增值作业:指对增加顾客价值没有贡献或者凡经消除而不会降低产品价值的那些企业渴望消除且能够消除的作业,诸如储存、移动、等待、检测等作业。

(2)专属作业:指为某种特定产品或劳务提供专门服务的作业。

(3)共同消耗作业:指同时为多种产品或劳务提供服务的作业。按其作业动因,具体可分为如下几个小类:

①批次动因作业:指使每批产品或劳务都均衡受益的作业,诸如生产加工前的调整准备作业、分批获取定单的定单作业等。

②数量动因作业:指使每种产品或劳务的每个单位数量都均衡受益的作业,如包装作业等。

③工时动因作业:指资源耗费与工时基本成正比例变动的作业,如机器加工和维护作业。

(4)价值管理作业:指那些负责综合管理工作的部门的作业,如企业行政管理部门的工作等。

(三)作业链与价值链概念

通过上述从不同角度对作业的分类,我们可以看到,企业实质上是一个以满足顾客需要为目的并据此而设立的前后有序的作业集合体,这个作业集合体在过程上表现为一个由此及彼、由内向外的"作业链",包括从新产品的研制、开发、组织、生产控制,到产品销售和售后服务等。在这个过程中,产品消耗了作业,作业则消耗了资源,也就是说,每完成一项作业,便消耗一定量的资源,并有一定价值量的产品被生产出来,转移到下一个作业,依此逐步推移,直至最终产品被生产出来,提供给顾客。作业的转移,实际上伴随着价值

的转移。最终产品是全部作业的集合,同时也是价值量的集合。故作业链的形成过程,也是价值链的形成过程。但是,由于并不是所有的作业都能形成产品价值或企业价值,因此,作业管理(Activity Management,简称 AM)就是要消灭不增值的作业,消除对"价值链"没有贡献的作业,改进增值作业,优化"作业链"和"价值链",如采用适时制(JIT)控制取消存货等方法,从而使损失、浪费减少到最低程度。

（四）成本动因

成本动因是指导致成本发生的任何因素,亦即成本的诱致因素或成本驱动因素。传统的成本核算,是假定数量(实物量、机器小时或人工小时)为唯一的成本动因,而简化了成本的核算。这种处理方式,忽略了成本还可能受数量以外的各种复杂因素驱动的情况。

早在20世纪30年代,琼·丁(Joel Dean)就已经指出了成本的可变性,但直到80年代库珀和卡普兰在《成本会计怎样系统地歪曲了产品成本》这篇文章中指出"成本性态是由成本动因所支配的,要把各种费用分配到不同的产品上去,首先要了解成本性态,以便识别恰当的成本动因"以后,成本动因才受到普遍重视。

1. 成本动因的表现形式

成本动因在作业会计上有两种表现形式：

(1) 资源动因(Resource driver)

由于作业消耗资源,作业量的高低影响和决定着资源消耗量的多少。如果把资源消耗量与作业量之间的关系用资源动因来表示,则资源动因就是指资源被各作业消耗的方式和原因。把资源成本分配到作业中心的标准和依据,可反映作业中心对资源的耗费情况。例如,当接受货物订单部门被定义为一个作业中心时,接受货物订单的数目就可作为一个资源动因,许多与接受货物定单有关的成本,即资源成本,就会被归集到消耗该资源的作业中心,然后通过资源动因,把资源成本分配到各作业,算出接受一张订单所应分配的资源成本,通过把资源成本分配到各作业,从而反映作业中心对资源的耗费情况,并通过资源的一项一项分配分析,揭示资源的配置情况,从而提出改进措施,克服浪费和闲置资源的现象,使资源最佳配置,发挥最大作用,降低作业成本。

(2) 作业动因(Activity driver)

产品消耗作业,产出量的多少决定着作业的耗用量。作业动因是将作业中心的成本分配到产品、劳务,或顾客中去的标准,是联系资源消耗与最终产出的桥梁。如上面的定单作业,我们将作业成本除以当期订单份数得到的分配率,乘以某批产品利用定单份数,即可得到应计入该批产品成本计算单"订单"成本项目中去的价值。故通过作业动因,可揭示产品和作业间的深层次联系,从而避免浪费,作业降低成本,增加收益。

2. 成本动因的确定

成本动因的确定,可通过在各种动因和相关成本之间进行相关性分析而得到,或通过实地调查或同涉及成本的主管和工人交谈而了解。库珀认为,影响成本动因选择的因素有三类:

一是计量成本动因的成本。即既要考虑成本动因的资料是否容易得到,又要考虑付出的代价不能太大,故应进行成本、效益分析。一般说来,采用交易基础的动因比期间基础的动因要合理。如计量检视次数比计量检视时间花费成本更少,前者比较容易计量,但在每次检视持续时间几乎相同的条件下,它们得到的结果几乎是相同的。

二是选定成本动因与实际所耗资源成本的相关性。成本动因与涉及的成本应当是相关的,相关程度越高,表示成本动因与成本间的相关关系越强,从而产品成本被歪曲的程度越小。故成本—效益分析应对相关性较高的成本动因优先考虑。

三是成本动因的采用所诱致的行为。确定成本动因还应考虑到组织中人的行为,应注意到动因的行为或激励方向。

确定成本动因应坚持以下原则:

(1) 主要作业原则

主要作业就是对产品的生产起主要作用,产品对该种作业的消耗数量大,能够代表其他作业的作业。坚持主要作业原则,以该作业的成本动因为分配基础,更能分清主次,抓住重点,使作业成本的分配更合理、更准确。

(2) 同质性原则

同质性就是这些作业都是为同一个目的或同一项服务而产生,对产品的生产在某一方面起相同作用或某产品对某些费用的耗用率相同。坚持同质性原则,能使成本动因的选择具有相关性和代表性。

(3) 相对独立性原则

相对独立性指各作业在区位上是易划分的,在功能上是相关的。坚持相对独立性原则,便于归集和分配作业成本。

另外,成本动因的数目的选择,也要考虑到成本动因与实际制造费用的相关程度及产品成本的精确度和产品组合的复杂程度,并进行成本效益分析。一般来说,在给定的精确度条件下,运用相关程度较高的成本动因,则成本动因的个数较少;在成本动因相关程度不高时,则应多用一些成本动因,从而提高它的精确度。此外,在产品成本的精确度要求较高时,以及在产品组合较复杂时,也要求多选一些成本动因,在结合成本—效益分析后,最后确定成本动因的个数。

二、作业成本法的应用

作业成本法是一种先进的成本计算方法,它不是就成本论成本,而是把重点放在成本产生的原因和后果上,通过对作业成本的确认、计量,提供一种动态信息。它的基本逻辑是:各种资源的耗费活动驱动了成本的发生,而每种产品的成本取决于各该产品对企业所有支援部门提供的各种活动的需求量。故如把成本按成本产生的动因,采用多种分配标准进行分配,就能大大减少按人为标准分配于某产品的成本比重,大大增加能直接归属于某种产品的比重,从而使产品成本有了坚实的技术经济依据,提高成本计算的准确性。

(一)作业成本法下成本计算对象

由于企业的生产经营活动可以区分为若干个作业,每个作业都消耗一定的资源并且为最终产出服务,故产品成本是各类资源流出的价值通过作业最后流入产品的价值之和。因此,资源、作业和最终产品都应作为成本计算对象,它们分别是归集和分配价值耗费的独立环节。

1. 资源成本

产品的成本就其最终的来源来说,是企业各种资源的消耗;各种资源价值的正确计量,是真实核算产品成本的基础。企业的资源不是企业固有的,任何一项资源的获得都必须付出一定的代价,这种代价就是资源成本。如材料资源成本,它包括买价、运输费用、保险费等;工时资源成本,根据付出的工资来确定。由于资源可以分为货币资源、材料资源、人力资源和动力资源等,故应为每一类资源设立资源库,从而在价值形成的最初形态上反映被最终产品吸纳的各类资源耗费价值。由于资源消耗对最终产品并不一定都是有利的,故在计算产品成本时,只把对产品形成有利的资源消耗价值计入作业成本;反之则计入期间费用。

2. 作业成本

产品的生产要消耗大量的作业,而且每一个作业可进一步细分,但过于细致的作业划分会增大信息处理成本,且对成本计算的精确性可能并没有大的帮助,故对成本核算不利。在对作业进行分类的基础上,应对各项作业设立成本库,汇集各项作业实际吸纳的有效资源耗费价值,并将增值作业耗费价值计入产品成本,非增值作业耗费价值则计入期间费用处理。

3. 产品成本

作为成本计算终极目标的产品成本,应分别不同产品开列成本计算单,根据产品成本表中产品消耗主要作业的数量和某作业中心的成本动因分配率,计算产品的作业成本,汇集参与该产品制造的各作业转入的价值。

（二）作业成本法的成本计算程序

按作业观,产品的成本来源于产品所消耗的作业,而作业的发生必然要消耗一定的资源,资源是企业的资产,并不是企业所固有的,企业资源的获取必须付出一定的代价,这就是资源成本。故作业消耗资源,资源成本转移到作业中去形成作业成本;产品消耗作业,作业成本转移到产品中形成产品成本。作业成本法的产品成本计算程序就是把各资源库价值分解分配到各作业成本库,再将作业成本库价值分配给最终产品或劳务的过程。其具体步骤为如下几点。

1. 归集过程

此过程是将资源耗费价值归集到各资源库。资源耗费价值可按资源种类经确认和计量后进行归集。

2. 分配过程

（1）将特定范围内各资源库汇集后的价值分解分配到各作业成本库去。

先将特定范围内各资源库汇集后的价值分配到各同质的作业成本库（Homogenous cost pool）中去。同质成本库指可以一项共同的成本动因解释其成本变动的制造费用,当每项产品之制造费用作业的耗费率相同时,即为同质费用作业。

在同质成本库中,选择合适的成本动因作为分配的标准,计算出每一成本库每单位成本动因的成本（即成本库分摊率或成本动因分配率）。如仍以例4的资源为例,调整准备成本与物料搬运作业是同质的,无论是选择调整准备次数还是物料搬运次数作为成本动因（资源动因）,A、B产品分摊的费用耗用率相同。故两个成本动因息息相关,选任一项分摊时,其分摊的制造费用相同,这里选调整准备次数为成本动因。而第二个成本库可选质检次数作为质检作业的成本动因（资源动因）。第三个成本库则可以机器小时或千瓦小时作为成本动因。（这里以机器小时为成本动因）

仍以例4的资料：

第一成本库：

调整准备成本　　　1 000

物料搬运成本　　　3 000

合计　　　　　　　4 000

成本库分摊率＝4 000/50＝80元/次

第二成本库：

质检成本　　　　　2 000 元

成本库分摊率＝2 000/80＝25元/次

第三成本库：

电费　　　　　　　　500元
维护费　　　　　　　1 500元
合计　　　　　　　　2 000元

成本库分摊率＝2 000/1 000＝2元/小时

（2）将各作业成本库价值分配计入最终产品或劳务成本计算单,计算完工产品或劳务成本。

在这一阶段,要将作业成本库之价值分配到产品上去,具体方法是利用上一阶段中所求出的成本库分摊率乘以每项产品耗用成本动因之数量。

某成本库分摊于某产品的制造费用＝该成本库分摊率×该产品耗用成本动因数

某产品制造费用＝Σ各成本库分摊于该产品的制造费用

某产品成本等于该产品直接材料成本、直接人工成本与该产品的制造费用之和。

其产品成本构成如图2-11所示。

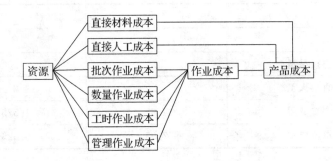

图2-11　作业成本法下产品成本构成

仍按例4的资料:

第一成本库分摊于A产品的制造费用是:80×30＝2 400(元)
　　　　　　分摊于B产品的制造费用是:80×20＝1 600(元)
第二成本库分摊于A产品的制造费用是:25×70＝1 750(元)
　　　　　　分摊于B产品的制造费用是:25×10＝250(元)
第三成本库分摊于A产品的制造费用是:2×400＝800(元)
　　　　　　分摊于B产品的制造费用是:2×600＝1 200(元)
故:A产品分摊的制造费用是:2 400＋1 750＋800＝4 950(元)
　　B产品分摊的制造费用是:1 600＋250＋1 200＝3 050(元)
或可列表如下(表2-18):

表 2-18　制造费用分配表

成本库分配率	A产品		B产品	
	成本动因数	分配数（元）	成本动因数	分配数（元）
第一成本库80（调整准备及搬运）	30	2 400	20	1 600
第二成本库25（质检）	70	1 750	10	250
第三成本库2（电费及维护费）	400	800	600	1 200
制造费用成本合计		4 950		3 050
生产单位数		1 000		2 000
单位产品制造费用成本（元）		4.95		1.525

表 2-19　单位成本计算单　　　　　　　单位：元/件

	产　品 A	产　品 B
直接材料	2	1.5
直接人工	1	2
制造费用	4.95	1.525
单位成本	7.95	5.025

用表 2-19 得到的单位成本与由传统成本法得到的单位成本相比较，就可发现，它们有较大的差异。这是由于传统成本法以单一数量动因作为分配制造费用的标准，忽视了产品生产中不同技术、不同经济因素对费用发生的不同影响，故反映的信息不真实，从而会使决策失误。而采用作业成本后，把管理重心深入作业层次，以"作业"作为企业管理的起点和核心，从而揭示内在本质，使成本计算特别是比重日趋增长的制造费用的计算大大明细化，从而大大提高了成本的可归属性，使提供的信息相对准确、及时和相关。

三、作业成本法的应用现状

（一）存在问题的原因

据专家们的问卷调查，早在 20 世纪 90 年代初，加拿大、美国、英国就已分别有 14%、11%、6% 的企业实施 ABC 法，尽管它还是属于初级发展阶段，但上升势头较好，很多企业受整个经济衰退的困扰，都转向采纳这一务实的技术,以便取得更多的战略、财务和业务方面的信息,提高竞争能力和获利能力。据调查,凡评定过 ABC 法的企业,都比较认同该方法;凡采纳 ABC 法的企业,都感觉此法给企业带来了一定的经济效益。另据1996年国外最新的一项调查显示:在143家企业的回答中,有75%的企业认为实施 ABC 法有助于企业获利,只有25%的企业认为效果不大。一般来说,作业成本法主要适用于那些生产组织程序已设计成熟,并采用计算机监控生产的现代化作业手段和制造环境下的企业。在这类企业中,产品成本中的制造费用所占比例很大,企业规模大,产品种类繁多,各个产品需要技术服务的程度不同,用 ABC 法后能清楚反映费用的来源,提供更客观、可靠的技术、经济信息,并使计算过程大大明细化;同时,通过选择合适的成本动因,达到消除不增值作业,降低产品成本,提高经济效益的目的。现在,在西方一些发达国家,不仅制造业在运用此法,一些非制造业如金融保险业、商业、医疗卫生也已有了成功应用 ABC 法的案例。

在我国,作业成本法目前尚处于理论探讨阶段或介绍阶段,之所以如此,主要有如下几个方面的原因:

第一,企业外部环境的影响。

长期以来,我国一直实行高度集中的计划经济体制,党的十一届三中全会以后,我国虽然也进行了经济体制改革,但迄今为止新的体制还没有真正建立起来,或者至少还处在不成熟阶段,市场发育相对滞后,其他方面的改革也没有到位,政府的行政干预仍然是国家对企业最为有效的管理方式。在这种情况下,管理会计中的一些先进方法就无法在企业中灵活而普遍地得到应用和推广。

第二,企业内部环境的影响。

首先是企业领导者的影响。企业领导者及各级经营管理人员自身素质的好坏、水平的高低、决策能力的强弱,影响着先进方法能否在企业中顺利地被采用。如果领导者、决策本身不了解管理会计中作业成本法等先进管理方法对企业管理的重要性,对此法的概念、方法知之甚少的话,其企业就不大可能采用和实施这些方法。

其次是会计人员的影响。推行作业成本法需广大财会人员的积极配合,须在财会人员对传统成本法十分了解的情况下,根据企业自身的条件和外部条件,选用合适的成本动因,从而公正、客观、如实、准确地提供信息。这一切,都需要具备现代化管理的分析、判断能力。但是,就目前的情况而言,财会人员的素质总体说来还比较低,这就决定了此法不可能得到广泛地应用和实施。

再次是客观条件的影响。由于我国科技含量高的企业比例较低,技术装备水平也较低,适时制控制、灵活生产体系战略、全面质量管理等现代管理方法的宣传力度还不够,其应用面尚狭,更兼缺乏社会各方面的有力配合和支持及有效的监控手段和措施,因此,广泛使用作业成本法的客观条件尚不成熟,只能先选择那些采用高新技术的企业加以实施。

(二)大力推广作业成本法的措施

首先要加大宣传力度。任何一种新方法,从其出台到广泛应用,都要经过大力宣传这个环节。作业成本法广泛应用于企业管理,也有赖于各种媒体的宣传。

其次要建立模式。

再次要选择试点,逐步加以推广。

复习思考题

1. 什么是成本性态?成本按性态可以分成哪几类?
2. 试通过实例解释什么是变动成本、固定成本和混合成本,指出它们各自的特点和分类。
3. 什么是变动成本计算法?其特点是什么?
4. 变动成本计算法与全部成本计算法有哪些区别和联系?
5. 变动成本计算法与全部成本计算法在分期利润的计算上结果有哪些不同?
6. 变动成本计算法有哪些优点与缺点?
7. 什么是作业成本法?作业是如何区分的?
8. 简述作业成本法与传统成本法的区分。

习 题

1.中华工厂全年12个月的维修费资料如下:

月 份	业务量(千机器小时)	维修费(元)
1	9	300
2	8	250
3	9	290
4	10	310
5	12	340
6	14	400

续表

月　份	业务量(千机器小时)	维修费(元)
7	11	320
8	11	330
9	13	350
10	8	260
11	6	200
12	7	220

要求：

(1)采用高低点法将维修费分解为变动成本和固定成本。

(2)采用回归分析法将维修费分解为变动成本和固定成本。

(3)若明年1月的业务量为10千机器小时，其维修费用为多少？

2.甲企业2008年至2012年连续五年有关产销量、成本及售价资料如下：

单位：件

摘　要	2008年	2009年	2010年	2011年	2012年
期初存货量	2 000	4 000	4 000	2 000	4 000
本期生产量	8 000	8 000	8 000	12 000	10 000
本期销售量	6 000	8 000	10 000	10 000	10 000
期末存货量	4 000	4 000	2 000	4 000	4 000

基本资料	
每件售价	$p = 20$ 元
生产成本：	
单位变动生产成本	$b_1 = 10$ 元
固定生产成本总额	$a_1 = 8\,000$ 元
非生产成本：	
单位变动非生产成本	$b_2 = 0.2$ 元
固定生产非成本总额	$a_2 = 3\,000$ 元

并且假定各年不存在在产品，各期成本水平不变，各期的财务费用均为零，存货计价按先进先出法。

要求：用两种成本计算法编制损益表并对差异进行分析。

第三章 货币的时间价值和风险价值

第一节 货币的时间价值

一、货币的时间价值的概念

所谓货币的时间价值,是指货币在运用过程中随着时间的推移而发生的增值现象。从经济学观点看,一定量的货币在不同的时点具有不同的价值,即使不考虑风险因素和通货膨胀的影响,今天1元钱的价值也会超过一年后1元钱的价值。货币由于在运用过程中能不断地运动、增值,所以具有时间价值。货币的时间价值是联合劳动者的剩余劳动所创造的产品价值的货币表现,在社会主义制度下,它是社会总财富能不断增长的一个原因。在不考虑风险和通货膨胀的条件下,它体现了社会主义资金再分配的关系。

货币由于具有时间价值,即不同时点单位货币的价值不相等,故人们不能将不同时点上的货币的收入或支出直接比较,只能把它们换算到相同的时点上,才能进行比较。由于货币时间价值的计算方法同有关利息的计算相似,因此,在没有风险价值和通货膨胀影响时货币的时间价值就等于利率,两者可以用计息的方法进行换算。

二、单利的计算方法

(一)现值、终值的概念

货币的时间价值常用现值和终值两种形式表示。
(1)现值,就是现在付款或收款的价值;
(2)终值,又称本利和,是将来值,即若干时期后付款或收款的价值。

在单利计算的情况下,每期利息是以开始时投入的本金为基础计算的,不管时间多长,所生利息不加入本金重复计算。

利息的计算公式为:

$I = P \cdot i \cdot n$

式中:

I——利息；

P——现值（本金）；

i——利率；

n——期数。

（二）单利的终值计算

单利的终值计算公式为：

$$F=P+I=P(1+i \cdot n)$$

式中：F——终值。

例 1. 现有 1 000 元存入银行，在年利率为 10％的情况下，2 年后可拿到多少本利和？如存满 3 年的话，则本利和又为多少（假设银行按单利计算）？

解：$F=P(1+i \cdot n)$

当 $n=2$ 时，则

$F=1\,000 \times (1+10\% \times 2)=1\,200$（元）

当 $n=3$ 时，则

$F=1\,000 \times (1+10\% \times 3)=1\,300$（元）

故 2 年后可拿 1 200 元，如存满 3 年，则可拿 1 300 元。

（三）单利的现值计算

单利现值公式为：

$$P=F/(1+i \cdot n)$$

即要使 2 年后有 1 200 元钱（假如年单利率为 10％），则现在必须存 $1\,200/(1+10\% \times 2)=1\,000$ 元。

三、复利的计算方法

如果每期计算利息都是在上一期本利和的基础上进行的，即上一期的利息也要计息，则称为复利计算。在西方，如时期在两期或两期以上，利息都要按复利计算。

（一）整值复利计算

整值复利计算，是指把一笔总的金额换算成一笔总的现在值或总的将来值。

1. 1 元终值系数

它用符号 $(F/P, i, n)$ 表示，其计算公式为：

$$(F/P, i, n) = (1+i)^n$$

其含义为：现在 1 元钱，在年复利率为 i 的情况下，n 年后价值为 $(1+i)^n$ 元。

如现在有 P 元本金，则 n 年后的价值为：

$F = P(1+i)^n$ 元

(即 $F/P = (1+i)^n$)

具体运用时,不必按公式计算,可直接查阅书后的"1元终值表"。

"1元终值表"的作用不仅可在已知利率和期数时找1元终值系数,而且还可用于在已知1元终值系数和利率下求相应的期数,或在已知1元终值系数和期数下求利率。

例2. 某厂拿出1万元存入银行,在年复利率为15%的情况下,问经过多少年才可获得其当初2倍的金额?

解:已知 $P = 10\,000$ 元 $F = 2P = 20\,000$ 元

$$\frac{F}{P} = (1+i)^n$$

$$\frac{20\,000}{10\,000} = (1+15\%)^n$$

即1元终值系数$(F/P, 15\%, n) = 2$。在"1元终值表"中,对应15%的利率栏内,找1元终值系数2所对应的年数。

由4年所对应的1元终值系数为1.749、5年所对应的1元终值系数为2.011可知,所求的年数介于4年和5年间,约为5年。

故经过5年才可获得其初始值2倍的金额。

例3. 某人用1 000元投资某一项目,如想使2年后有1 400元,问投资的报酬率应为多少?

解:1元终值系数$(F/P, i, 2) = \frac{1\,400}{1\,000} = 1.4$

在"1元终值表"中,查年数为2年这一栏,1.4所对应的值如图7-1所示。

```
   18%      x     20%
  ─────────────────────
  1.392    1.4   1.440
```

图 7-1

图7-1表示:当$i = 18\%$时,1元终值系数为1.392;当$i = 20\%$时,1元终值系数为1.440。可见,所求的报酬率介于18%和20%之间。用插值法求解:

$$\frac{x - 18\%}{1.4 - 1.392} = \frac{20\% - 18\%}{1.440 - 1.392}$$

$$\therefore x = 18\% + \frac{1.4 - 1.392}{1.440 - 1.392} \times 2\% = 18.33\%$$

即投资的报酬率为18.33%,2年后方可达到1 400元。

2. 1元现值系数

它用符号$(P/F, i, n)$表示,其计算公式为:

$(P/F,i,n)=(1+i)^{-n}$

其含义为：n 年后的 1 元钱折成现值为 $(1+i)^{-n}$ 元；或要使 n 年后有 1 元钱，现在必须存 $(1+i)^{-n}$ 元。

若 n 年后有 F 元，对现在来说只值 $F(1+i)^{-n}$ 元；或要使 n 年后有 F 元，则现在必须存 $F(1+i)^{-n}$ 元。

1 元现值系数与 1 元终值系数互为倒数，具体运用时，不必按公式计算，可直接查阅书后的"1 元现值表"。如在该表中查出 $(P/F,10\%,3)=0.751$，即在货币时间价值为 10% 的情况下，3 年后的 1 元钱对现在来说只值 0.751 元。这样，就把终值换成了现值。

例 4. 某企业投资报酬率为 10%，如要求投资 5 年可获本利和 10 万元，则现在应投资多少元？

解：$P=F(1+i)^{-n}$
$\qquad =F(P/F,10\%,5)=100\,000\times 0.621=62\,100(元)$

即现在应投资 62 100 元。

3. 名义利率和实际利率

前面的复利计算中，i 是指年利率，在实际生活中，计息期可能为半年、季、月等。当计息期短于 1 年时所给出的年利率叫名义利率，这时实际的利率大于名义利率。假设名义利率是 i，每年复利 m 次，年数为 n 年，此时，1 元终值系数应调整为 $(F/P,\dfrac{i}{m},mn)$。

例 5. 某企业向银行借 1 000 元，年借款利率 8%，每季复利一次，问 5 年后应向银行偿付多少本利和？

解：每季度利率 $=\dfrac{i}{m}=\dfrac{8\%}{4}=2\%$

复利次数 $=m\times n=4\times 5=20$ 次

$F=P(F/P,2\%,20)=1\,000\times 1.486=1\,486(元)$

即 5 年后应向银行偿付 1 486 元。

如把实际收得利息的利率称为实际利率，则实际利率与名义利率的关系为：

$r=(1+\dfrac{i}{m})^m-1$

式中：r——实际利率；

$\qquad i$——名义利率；

$\qquad m$——年复利的次数。

如在上面的例 5 中，$r=(1+\dfrac{8\%}{4})^4-1=8.24\%$

验证:$F=1\,000\times1.486=1\,486(元)$

当一年内复利多次时,则实际利率大于名义利率。在名义利率相同时,每年复利次数越多,则实际利率越大。

(二)年金复利计算

年金(常用符号 A 表示)是指在一定时期内每间隔相等时间收入或支付等额的款项。例如,工资、折旧、保险费、利息及分期付款赊购、分期偿还贷款、发放养老金等都表现为年金的形式。

按照收付的次数和收付时刻,年金可以分为以下几种:普通年金,指在各期期末收付的年金;即付年金,指在各期期初收付的年金;递延年金,指在第一期期末以后的某一时间收付的年金;永续年金,指无限期继续收付的年金。

年金可以是一系列发生的收入,也可以是一系列发生的支出。利用年金系数,就可以把一系列年金换算成一笔总的现值或将来值,或把一笔总的金额换算成一系列过去发生的年金或将来发生的年金。

由于其他各种年金都可以转化为普通年金的形式,故下面只讨论普通年金的情况。

1. 普通年金终值系数

它用符号$(F/A,i,n)$表示,其计算公式为:

$$(F/A,i,n)=\frac{(1+i)^n-1}{i}$$

其含义为:在年复利率为 i 的情况下,n 年中每年年末的 1 元钱到 n 年年末的价值的总和为$\frac{(1+i)^n-1}{i}$元。

若 n 年中每年年末有 A 元钱,则,

n 年年末价值总和 $F=A\frac{(1+i)^n-1}{i}$元

公式证明如下:

设 n 年中每年年末有 A 元钱,年复利率为 i,期数是 n,则按复利率计算的年金终值 F 为:

$F=A+A(1+i)+A(1+i)^2+\cdots\cdots+A(1+i)^{n-2}$
$\quad+A(1+i)^{n-1}$

即:$F=A[1+(1+i)+(1+i)^2+\cdots\cdots+(1+i)^{n-2}$
$\quad+(1+i)^{n-1}]$ (1)

在(1)式两边同乘$(1+i)$,则

$(1+i)F=A[(1+i)+(1+i)^2+(1+i)^3+\cdots\cdots$
$\quad+(1+i)^{n-1}+(1+i)^n]$ (2)

(2)式减(1)式得

$(1+i)F - F = A[(1+i)^n - 1]$,整理得:

$$F/A = \frac{(1+i)^n - 1}{i}$$

具体运用时,不必按公式计算,可直接查阅书后的"年金终值表"。

例6. 某人在10年内,每年年末存入银行1 000元,如存款利率为8%,问第10年年末他总共能得到多少元?

解:$F = A\dfrac{(1+i)^n - 1}{i} = A(F/A, i, n)$

$= 1\,000 \times (F/A, 8\%, 10)$

$= 1\,000 \times 14.487 = 14\,487$(元)

即第10年年末他能得到14 487元。

"年金终值表"不仅可在已知利率和期数时找年金终值系数,还可在已知年金终值系数和利率时求期数 n,及在已知年金终值系数和期数 n 时求利率 i。具体可用插值法求解。用法同"1元终值表"。

2. 偿债基金系数

它用符号 $(A/F, i, n)$ 表示,其计算公式为:

$$(A/F, i, n) = \frac{i}{(1+i)^n - 1}$$

其含义是:要使 n 年后有1元钱,则在复利率为 i 的情况下,n 年中每年年末须存 $\dfrac{i}{(1+i)^n - 1}$ 元。如要使 n 年后有 F 元钱,则 n 年中每年年末须存 $A = F\dfrac{i}{(1+i)^n - 1}$ 元。

即偿债基金系数与年金终值系数互为倒数。具体运用时,不必按公式计算,可通过"年金终值表"查年金终值系数,再求其倒数后即可。

例7. 某企业为筹款归还将于第10年年末到期的借款30万元,每年年末提存一定的金额,准备到期偿付,如年复利率为10%,则每年年末提存多少元?

解:$A = F(A/F, i, n) = 300\,000 \times \dfrac{1}{15.937} = 18\,824.12$(元)

故在年复利率为10%的情况下,每年年末应提存18 824.12元,则10年后可得30万元,刚好用来还清债务。

3. 普通年金现值系数

它用符号 $(P/A, i, n)$ 表示,其计算公式为:

$$(P/A, i, n) = \frac{1 - (1+i)^{-n}}{i}$$

其含义为：n 年中每年年末的 1 元钱全部折为现值，其总和为 $\frac{1-(1+i)^{-n}}{i}$ 元。或要使 n 年中每年年末能得到 1 元钱，则现在应存 $\frac{1-(1+i)^{-n}}{i}$ 元。

若 n 年中每年年末有 A 元钱，则将它们全部折为现值的话，其总现值 P 为 $A\frac{1-(1+i)^{-n}}{i}$ 元。

其公式证明如下：

设 n 年中每年年末有 A 元钱，年复利率为 i，期数为 n，则按复利计算的年金现值 P 为：

$$P = A(1+i)^{-1} + A(1+i)^{-2} + \cdots\cdots + A(1+i)^{-(n-1)}$$
$$+ A(1+i)^{-n} \tag{3}$$

(3)式乘 $(1+i)$ 得

$$P(1+i) = A + A(1+i)^{-1} + \cdots\cdots + A(1+i)^{-(n-1)} \tag{4}$$

(4)式减(3)式得

$P(1+i) - P = A - A(1+i)^{-n}$，整理得：

$$P/A = \frac{1-(1+i)^{-n}}{i}$$

具体运用时，可直接查阅书后的"1元年金现值表"。

如由该附表可查出：$(P/A, 10\%, 5) = 3.791$

即在 $i = 10\%$ 的情况下，5 年中每年年末的 1 元钱全部折为现值，其和为 3.791 元。如 5 年中每年年末得到 1 万元，则这些钱的总现值为 $10\,000 \times 3.791 = 37\,910$（元）。

例 8. 某企业投资 1 万元购置某一设备，其使用年限为 10 年，期满无残值，如该设备每年年末得到投资收入 1 200 元，企业要求的投资报酬率为 8%，试问该投资是否合理？

解：$P = A(P/A, 8\%, 10) = 1\,200 \times 6.710 = 8\,052$（元）

由于 10 年的投资收入的总现值为 8 052 元，比原投资额 1 万元少 1 948 元，故该投资不合理。

"年金现值表"的作用不仅可在已知 i 和 n 时求年金现值系数，还可用于在已知年金现值系数和贴现率 i 时求期数 n，以及在已知年金现值系数和 n 时求 i 的情况。

例 9. 某公司决定从上年度增长利润中提取 2 万元进行投资，希望今后 10 年中每年年末能得到 4 000 元以发放奖金，则该投资报酬率为多少？

解：$P/A = \dfrac{1-(1+i)^{-n}}{i} = \dfrac{20\ 000}{4\ 000} = 5$

在"年金现值表"中，确定的有效期10年栏内，因为5介于14%的年金现值系数5.216和16%的年金现值系数4.833间，则，

$$\dfrac{x-14\%}{5-5.216} = \dfrac{16\%-14\%}{4.833-5.216}$$

$$x = 14\% + \dfrac{5-5.216}{4.833-5.216} \times 2\% = 15.12\%$$

即只有投资报酬率为15.12%，则正好10年中每年年末能得到4 000元，用于发放奖金。

4. 投资回收系数

它用符号$(A/P, i, n)$表示，其计算公式为：

$$(A/P, i, n) = \dfrac{i(1+i)^n}{(1+i)^n - 1}$$

其含义是：在年复利率为i的情况下，现在的1元钱存在银行里，则n年中每年年末可得$\dfrac{i(1+i)^n}{(1+i)^n - 1}$元。如现在有$P$元钱存在银行里，则在复利率为$i$的情况下，$n$年中每年年末可得：

$$A = P \dfrac{i(1+i)^n}{(1+i)^n - 1} 元$$

公式证明如下：

$$\because P = A\dfrac{1-(1+i)^{-n}}{i} = A\dfrac{\dfrac{(1+i)^n - 1}{(1+i)^n}}{i} = A\dfrac{(1+i)^n - 1}{i(1+i)^n}$$

$$\therefore A/P = \dfrac{i(1+i)^n}{(1+i)^n - 1}$$

即投资回收系数与普通年金现值系数互为倒数。具体运用时，也不必按公式计算，可通过查年金现值系数再倒数便可求得。

例10. 某企业欲购置一项设备，需10万元现值投资，在10%年复利率和10年的情况下，每年回收等额年金多少元，才相当于这笔投资？

解：$A = P(A/P, i, n) = 100\ 000 \times \dfrac{1}{6.145} = 16\ 273.393(元)$

故每年至少应有16 273.393元的投资收入，才可收回投资10万元。

（三）即付年金和递延年金

前面的年金计算都在假设是普通年金的基础上进行的，如实际遇到的是即付年金或递延年金，则只需在普通年金基础上稍作调整就行。

1. 即付年金

如期数是n期，复利率为i，则即付年金终值系数可在原普通年金终值系

数基础上调整为$[(F/A,i,n+1)-1]$,此时,即付年金终值为$A[(F/A,i,n+1)-1]$。这是因为n期的即付年金终值比$n+1$期的普通年金终值少一个不需要用时间价值换算的A,这个A的终值系数为1的缘故。

即付年金现值系数可调整为$[(P/A,i,n-1)+1]$,即查$(n-1)$期普通年金现值系数后加1。此时即付年金现值为$A[(P/A,i,n-1)+1]$。这是因为n期的即付年金现值比$n-1$期的普通年金现值多一个不需用时间价值换算的A,这个A的现值系数为1的缘故。

2. 递延年金

设递延期是m,年金在m期后收付。递延年金终值可按n期普通年金终值计算,即$F=A(F/A,i,n)$。

递延年金现值可按两种方法求得。

第一种方法:求出第m年年末的n年普通年金现值$A(P/A,i,n)$,再调整到期初,即$A(P/A,i,n)·(P/F,i,m)$。

第二种方法:假设递延期m期也支付,求出$(m+n)$期年金现值,再扣除实际上并未支付的m期年金现值。

即年金现值为$A[(P/A,i,m+n)-(P/A,i,m)]$。

(四)综合举例

在投资决策中常会遇到各期收入或支出不等的情况,这时可采取整值复利逐项计算或整值和年金混合的方法来折现。

例11. 某企业投资10万元购置一台专用设备。预计可使用8年,每年年末可得到投资收入分别为1万元、1.2万元、1.4万元、1.5万元、1.5万元、1.5万元、1.5万元、1.5万元。若该公司投资款项是向银行借来的,借款利率为10%,试问此投资方案是否可行?

解:现采用整值和年金混合的方法来折现。

1~3年的收入的总现值为 $10\ 000 \times 0.909 + 12\ 000 \times 0.826 + 14\ 000 \times 0.751 = 29\ 516$(元)

现计算4~8年收入的总现值。

由于4~8年收入的总现值可看作是递延年金(其中递延期m为3)的现值,故4~8年收入的总现值为:

$A(P/A,i,n)(P/F,i,m)$
$=15\ 000(P/A,10\%,5)(P/F,10\%,3)$
$=15\ 000 \times 3.791 \times 0.751 = 42\ 705.615$(元)

或4~8年收入的总现值为:

$A[(P/A,i,m+n)-(P/A,i,m)]$
$=15\ 000 \times [(P/A,10\%,8)-(P/A,10\%,3)]$

$= 15\ 000 \times [5.335 - 2.487]$

$= 42\ 720(元)$

上述两式的差额仅是因为计算精确度不同引起的差额。

最后,合计1～8年收入的总现值为:

$29\ 516 + 42\ 705.615 = 72\ 221.615(元)$

(或)$29\ 516 + 42\ 720 = 72\ 236(元)$

由于贴现后的投资收入的总和抵补不了购入设备的投资,故利用贷款购置这台设备的方案是不可行的。

表 3-1　　　　　　　各系数间的关系表

项　目	基本公式	其他运用
复利终值	复利终值=现值$\times(1+i)^n$	求期数、利率
复利现值	复利现值=终值$\times 1/(1+i)^n$	求期数、利率
普通年金终值	终值=年金额×普通年金终值系数	求年金额、期数、利率
普通年金现值	现值=年金额×普通年金现值系数	求年金额、期数、利率
即付年金终值	终值=年金额×即付年金终值系数 (普通年金终值系数期数加一系数减一)	求年金额、支付期数、利率
即付年金现值	现值=年金额×即付年金现值系数 (普通年金现值系数期数减一系数加一)	求年金额、支付期数、利率
递延年金终值	与普通年金类似,注意"期数"	
递延年金现值	(1) $P=A(P/A,i,n)(P/F,i,m)$ (2) $P=A[(P/A,i,m+n)-(P/A,i,m)]$ m:递延期;n:递延期后的支付次数	
永续年金现值	现值=年金额/贴现率	求年金额、利率

四、应注意的问题

(一)计息期长短的变化

常见的计息期是一年,但也不一定都是一年。有时可以小于一年,有时大于一年。只要利率是一个计息期的利率,所有上述公式都可以使用。有时题目给出的利率不是一个计息期的利率(每期利率),而是年利率,此时就不能乱套公式了,必须要计算出每期利率,才能用公式进行计算。

(1) 每期利率:一个计息期所生利息与期初本金的比率。

(2) 名义利率:指一年内多次复利时给出的年利率,它等于每期利率与复利次数的乘积。

名义利率＝每期利率×年内复利次数

(3) 实际利率：指一年内多次复利时，每年末终值比年初的增长率。

实际利率＝(1＋名义利率/年内复利次数)^{年内复利次数}－1

利用此公式，可以实现名义利率和实际利率的换算。

（二）内插法

这是一种近似计算的方法，是数学问题，不是财务问题。

时间价值的计算中，经常要使用各种系数表。系数表中的数据，包括期数、利率都是整数，找不到中间的小数。此时，就需要使用插值法进行近似计算。

第二节 风险价值

一、风险的含义

（一）含义

一般说来，风险是指在一定条件下和一定时期内可能发生的各种结果的变动程度。

例如我们预计一种产品的未来销量时，不可能十分精确，也没有百分之百的把握，有些事情的未来发展我们事先无法知道，并可能发生我们预想不到且无法控制的变化。当某一行动的结果具有多种可能而不肯定，就叫有风险；反之，若某一行动的结果很肯定，就叫没有风险。

风险是事件本身的不确定性，具有客观性。如投资于股票，股票的收益是不确定的，风险是客观存在的，但这种风险是一定条件下和一定时期的风险，你什么时候去买、买哪一种或哪几种、买多少，风险是不一样的。从管理会计的角度看，风险就是企业在各项经济活动过程中，由于各种难以预料或无法控制的因素作用，使企业的实际收益与预计收益发生背离，从而有蒙受经济损失的可能性。由于人们普遍具有风险反感心理，因而一提到风险，多数都将其错误地理解为与损失是同一概念。事实上，风险有可能带来超出预期的损失，呈现其不利的一面；也有可能带来超出预期的收益，呈现其有利的一面。

（二）相关表述

(1) 风险是事件本身的不确定性，具有客观性。

(2) 风险的大小随时间延续而变化，是"一定时期内"的风险。

(3) 在实务领域对风险和不确定性不作区分，把风险理解为可测定概率的不确定性。

（4）风险可能给投资人带来超出预期的收益,也可能带来超出预期的损失。

（5）从财务的角度来说,风险主要指无法达到预期报酬的可能性。

（三）风险的类别

从个别投资主体的角度看,风险分为市场风险和企业特别风险两类。

市场风险是指那些影响所有企业的风险,如战争、自然灾害、经济衰退、通货膨胀等。这类风险涉及所有企业,不能通过多角化投资来分散,因此,又称不可分散风险或系统风险。

企业特别风险是发生于个别企业的特有事项造成的风险,如罢工、诉讼失败、失去销售市场等。这类事件是随机发生的,可以通过多角化投资来分散。这类风险也称可分散风险或非系统风险。

从企业本身来看,按风险形成的原因可将企业特有风险进一步分为经营风险和财务风险两大类。经营风险是指因生产经营方面的原因给企业盈利带来的不确定性。企业生产经营的许多方面都会受到来源于企业外部和内部诸多因素的影响,具有很大的不确定性。比如,由于原材料供应变动,新材料、新设备的出现等因素带来的供应方面的风险;由于产品生产方向不对头,产品更新时期掌握不好,生产质量不合格,新产品、新技术开发试验不成功,生产组织不合理等因素带来的生产风险;由于出现新的竞争对手,市场需求、消费者爱好发生变化,原材料价格变动,销售决策失误、产品广告推销不力以及货款回收不及时等因素带来的销售方面的风险。所有这些生产经营方面的不确定性,都会引起企业利润或利润率的高低变化。

财务风险又称筹资风险,是指由于举债而给企业财务成果带来的不确定性。企业举债经营,全部资金中除自有资金外还有一部分借入资金,这会对自有资金的盈利能力造成影响;同时,借入资金须还本付息,一旦无力偿付到期债务,企业便会陷入财务困境最后导致破产。当企业息税前资金利润率高于借入资金利息率时,使用借入资金获得的利润率除了补偿利息外还有剩余,因而自有资金利润率提高。但是,若企业息税前资金利润率低于借入资金利息率,这时,使用借入资金获得的利润还不够支付利息,需动用自有资金的一部分利润来支付利息,从而使自有资金利润率降低。若企业亏损严重,财务状况恶化,丧失支付能力,就会出现无法还本付息甚至招致破产的危险。总之,由于许多因素的影响,企业息税前资金利润率和借入资金利息率差额具有不确定性,从而引起自有资金利润率的高低变化,这种风险即为筹资风险。这种风险程度的大小受借入资金与自有资金比例的影响,借入资金比例大,风险程度就会随之增大;借入资金比例小,风险程度也随之减少。

表 3-2　风险的种类及其特点

分类标准	种　类	特　点
从个别投资主体的角度分	市场风险（不可分散风险、系统风险）	是指那些影响所有公司的因素引起的风险不能通过多角化投资来分散
	公司特有风险（可分散风险、非系统风险）	指发生于个别公司的特有事件造成的风险可以通过多角化投资来分散
从公司本身来看	经营风险（商业风险）	是由生产经营的不确定性引起的
	财务风险（筹资风险）	是由负债筹资引起的

二、风险报酬

前面所讲的资金的时间价值是投资者在无风险条件下进行投资所要求的报酬率（这里暂不考虑通货膨胀因素）。这是以确定的报酬率为计算依据的，也就是以肯定能取得的报酬为条件的。但是，企业财务和经营管理活动总是处于或大或小的风险之中，任何经济预测的准确性都是相对的，预测的时间越长，不确定的程度就越高。因此，为了简化决策分析工作，在短期财务决策中一般不考虑风险因素。而在长期财务决策中，则不得不考虑风险因素，需要计量风险程度。

任何投资者宁愿要肯定的某一报酬率，而不愿意要不肯定的同一报酬率，这种现象称为风险反感。在风险反感普遍存在的情况下，诱使投资者进行风险投资的，是超过时间价值的那部分额外报酬，即风险报酬。风险越大，要求的报酬率越高。

风险和期望投资报酬率的关系：

风险报酬的表现形式是风险报酬率，就是指投资者因冒风险进行投资而要求的，超过资金时间价值的那部分额外报酬率。

如果不考虑通货膨胀的话，投资者进行风险投资所要求或期望的投资报酬率便是资金的时间价值（无风险报酬率）与风险报酬率之和。即

期望投资报酬率＝资金时间价值（或无风险报酬率）＋风险报酬率

假设，资金时间价值为 6％，某项投资风险报酬率为 10％，不考虑通货膨胀的话，该项投资的期望报酬率便是 16％。

三、风险衡量

风险客观存在，并广泛影响着企业的财务和经营活动，因此，应对风险程度

予以量化,进行较为准确的衡量。风险与概率直接相关。

(一) 利用概率分布图

1. 概率

概率是用来表示随机事件发生可能性大小的数值。

$0 \leqslant Pi \leqslant 1$

2. 离散型分布和连续型分布

离散型分布:随机变量只取有限个值,并且对应于这些值有确定的概率。

连续型分布:随机变量有无数可能的情况出现,对每种情况都赋予一个概率。

正态分布:随机变量为对称钟型的概率分布。钟型分布以期望值为轴,左右完全对称。

(二) 利用数理统计指标(方差、标准差、标准离差率)

1. 预期值(期望值、均值)

反映平均收益水平,不能用来衡量风险。

报酬率的预期值$(K) = \Sigma(Pi \cdot Ki)$

2. 方差和标准差

方差 $= \Sigma(Ki - K)^2 \cdot Pi$

标准差 $= \sqrt{方差}$

方差和标准差是一个绝对数,不便于比较不同规模项目的风险大小。两个方案只有在预期值相同的前提下,才能说标准差大的方案风险大。

3. 标准离差率

标准离差率是标准离差同期望值之比,通常用符号 q 表示。

标准离差率是一个相对指标,它以相对数反映决策方案的风险程度。对于期望值不同的决策方案,评价和比较其各自的风险程度只能借助于标准离差率这一相对数值。在期望值不同的情况下,标准离差率越大,风险越大;反之,标准离差率越小,风险越小。

例12. 某产品投产后预计收益情况与市场销量有关,可用表3-3描述各种可能的收益概率分布。

表3-3 收益的概率分布

市场情况	年收益 Ki(万元)	概率 Pi
销量好	20	0.3
销量一般	15	0.4
销量差	10	0.3
合　计		1

试计算该产品的期望值、标准差、标准离差率：

(1) 收益的预期值（期望值、均值）$=(K)=\Sigma(Pi \cdot Ki)=20 \times 0.3 + 15 \times 0.4 + 10 \times 0.3 = 15$

(2) 收益的方差 $=\Sigma(Ki-K)^2 \cdot Pi$
$\qquad = (20-15)^2 \times 0.3 + (15-15)^2 \times 0.4 + (10-15)^2 \times 0.3$
$\qquad = 15$

(3) 标准差 $=(15)^{0.5}=3.87$

(4) 标准离差率 $=3.87/15=0.257$

通过上述方法将决策方案的风险加以量化后,决策者便可据此作出决策。对于单个方案,决策者可根据其标准离差(率)的大小,并将其同设定的可接受的此项指标最高限值对比,看前者是否低于后者,然后作出取舍。对于多方案择优,决策者的行动准则应是选择低风险高收益的方案,即选择标准离差最低、期望收益最高的方案。然而高收益往往伴有高风险,低收益方案其风险程度往往也较低,究竟选择何种方案,就要权衡期望收益与风险,而且还要视决策者对风险的态度而定。对风险比较反感的人可能会选择期望收益较低同时风险也较低的方案,喜冒风险的人则可能选择风险虽高但同时收益也高的方案。

复习思考题

1. 什么是货币的时间价值？单利和复利有什么不同？
2. 常用的复利系数有哪几种？它们的计算公式是什么？这些复利系数间有什么关系？
3. 什么叫风险？它有几种类别？
4. 风险如何衡量？

习 题

1. 某企业投资报酬率为12%,如要求投资5年可获本利和20万元,则现在应投资多少元？

2. 某人在10年中每年年初存入银行1 000元,在年复利率为10%情况下,则10年后可拿多少本利和？

3. 某工厂准备提取一笔钱存入银行,以便在今后的10年中每年年末能得到20万元用于发放奖金,在年利率为10%的情况下,求提存的数额。

4. 某企业投资一项目,需20万元,预计可使用6年,每年年末可得到投资收入分别是 3 万元、4 万元、4.5 万元、4.5 万元、4.5 万元、4.5 万元,投资贷款利率是 8%,问该投资是否合理?

5. 某人在年初存入资金,存满 5 年后每年年末取出 1 000 元,至第 10 年年末取完,银行存款利率为 10%,则此人应在最初一次存入的钱为多少?

6. 某企业于年初存入 10 万元,如银行存款利率为 10%,在半年复利一次的情况下,该企业到第 10 年年末能得到多少本利和?

7. 某产品投产后预计收益情况与市场销量有关,可用下表描述各种可能的收益概率分布:

市场情况	年收益 K_i(万元)	概率 P_i
销量很好	5	0.1
销量较好	4	0.2
销量一般	3	0.4
销量较差	2	0.2
销量很差	1	0.1

试计算该产品的期望值、标准差、标准离差率。

第四章 预测分析

第一节 预测分析概述

一、预测的概念

预测就是根据过去和现在的资料,通过定性的经验和科学的定量计算,找出事物发展的内在规律,预见或推断其未来的发展趋势。实质上,就是根据过去和现在推测未来,由已知推断未知。它以事物发展的客观实际为依据,同时又以事物发展的结局来验证。

经济预测是预测学的一个分支,是管理科学的重要组成部分,是协助人们认识客观规律,制定经济政策、经济法规的重要手段。

预测是决策的基础,是决策科学化的前提条件。没有符合客观实际的准确预测,要作出符合客观发展规律的科学决策是难以想象的。但预测不能代替决策,因为预测分析主要解决如何科学、客观、准确地描述和推测未来,而决策却直接支配未来行动方案,只有把预测分析和决策分析结合起来,才能相得益彰。

随着科学技术越来越变得精密复杂,人类社会生活和经济活动也越来越错综多样,竞争也越来越激烈。实践证明,预测方法是否科学,直接影响着预测的效果。科学的预测分析是可能的。因为经济发展和其他事物的运动一样,都有可以被人们认识的客观规律性,这是预测分析的基础;而从会计核算、统计核算中获得的各种信息为经济活动提供了历史和现实的资料,这是预测分析的前提条件;现代数学和电脑技术的运用也为认识经济过程的本质和科学预测经济过程的发展变化提供了必要的手段和方法。越来越多的经营决策者设法使自己的工作具有预见性,从而避免和减少经营决策的失误,提高经济效益。

二、预测必须遵循的原则

(一)实事求是原则

实事求是是预测分析的基本思想方法和工作方法。只有坚持实事求是的原则,尊重客观事实,发扬求真精神,深入实际调查研究,认识经济发展的规律性,才能正确判断和测定未来发展的前景,才能提高预测的准确程度。而"先入为主"、胡猜乱估是预测分析的大忌。

(二) 系统性原则

预测事件和自然界的其他事件一样,存在着一种纵向的发展关系,是一种延续性因果关系,如时间方面的延续性和经济系统结构的连贯性。未来是今天的延续和发展,而过去和今天的决策又或多或少地影响到未来,故预测者在预测时必须全面分析预测事件本身及与其本身有关联的所有因素的发展规律,并不是只研究事物的本身就够了,而是要把事物本身与周围的环境组合成一个综合体,作为一个互相作用和反作用的动态整体来研究,从而客观真实地反映预测对象及其相关因素的联系及发展规律。

(三) 变化性原则

由于事物一直是在发展变化的,故预测对象的相关因素并不是固定不变的,它们在不同的发展阶段对预测对象有不同的影响,甚至有时会改变预测对象的发展方向与性质。故预测时要按照变化的原则,把各种可能的情况都要考虑进去,选择合适的预测分析方法,并能按实际情况适当加以修正。

(四) 类推原则

类推原则指把经济预测的对象作为一个经济系统,其结构和变化都有一定的模式,只要认识了此模型,就可按上面的系统性原则等类比现在、推断未来。

三、预测分析的步骤

预测分析一般分如下几步:

(1) 确定预测目标内容和预测期限。按照企业经营管理目标的要求和决策的需要确定预测目标、内容和预测期限,这是开展预测分析工作的前提。

(2) 确定预测因素。根据预测目标和内容,选择与预测目标、内容有关或有影响作用的预测因素。

(3) 调查分析。进行市场调查,对收集到的预测因素的有关数据进行统计和整理,去伪存真,进行分析判断。

(4) 选择合适的预测方法。在上述工作的基础上选择合适的预测方法。因为有的预测目标可独立地使用多种预测方法进行预测,故应按照预测目的、预测期限的长短,根据资料占有的完整程度、预测的准确程度和及时性以及预测分析所需的费用来选择合适的预测方法进行预测。

(5) 对预测的结果进行检验和反馈。对预测的结果进行经济分析,看它是否与假设和数据一致,是否达到原定的预测目的。

(6)修改和调整。根据最新的发展动态和最新的信息,对预测结果进行修改和调整。

(7)写出预测报告。

四、预测分析的分类

根据预测分析的目标、内容和特征不同,经济预测可以有各种不同的分类方法。

(一)按预测的对象范围不同,可分为宏观经济预测和微观经济预测

宏观经济预测指对整个国民经济或一个地区、部门的经济发展前景的预测。它以要进行经济预测的范围内的整个社会经济发展全貌为考察对象,研究经济发展中各有关指标间的规律性联系和发展变化趋势,是政府、部门制定方针、政策,编制计划,调整经济结构的重要依据。

微观经济预测是对基层单位如一个企业、个人的经济活动的预测。它以个别经济实体的经济活动或发展前景作为考察对象,研究各个单位的各项经济指标或指标间的联系,是企业生产经营决策的依据。

(二)按预测期限的长短不同,可分为长期预测、中期预测、短期预测和近期预测

长期预测指对 5 年以上(不包括 5 年)的经济发展前景的预测,是制定国民经济和企业发展远景规划的依据。

中期预测指对 1 年以上(不包括 1 年)5 年以下的经济发展前景的预测,是制定经济发展任务的依据。

短期预测指对 3 个月以上(包括 3 个月)1 年以下的经济发展前景的预测,是制订经济发年度计划、季度计划和明确规定这一段时间经济发展任务的依据。

近期预测指以日、周、旬、月为单位,对 3 个月以下经济发展前景的预测,是根据市场变化的新情况对一个季度内的近期经济活动的具体目标的测算,是制订月、旬计划和明确规定近期经济发展任务的依据。

(三)按预测分析的方法不同,可分为定性预测方法和定量预测方法

定性预测方法一般是根据直观材料,借助于预测人员的经验、智慧和广博知识,在不用或少用计算手段情况下凭主观判断来认定事物的性质和推断事物未来发展趋势的分析方法。这类方法一般是在资料掌握不全面、不系统或不具备数理统计知识时采用。它的优点是时间快、费用省、简便易行;其不足之处是受预测者水平高低的影响较大,往往带有主观片面性,精确度也较差。

定量预测方法是根据已掌握的大量信息、数据资料,运用统计公式或数

学模式,进行定量分析或图解,对事物未来的发展趋势作出分析的方法,故又称数学分析法。这类方法一般是在资料数据比较全面详细时使用。此方法的优点是比较客观、可靠,准确度较高,用途较广;缺点是对社会动态的变化无法进行预测,同时还要求预测者占有较详细的资料数据,具备一定的数学知识。

第二节 预测的基本方法

一、定性预测法

定性预测法是预测人员根据自己所了解的情况,借助于自身的经验和专业知识水平,对经济发展前景的性质、方向等进行综合分析,从而找出规律,作出判断。定性预测是定量预测的基础,也是经济预测的出发点。在预测时,只有把定性预测与定量预测很好地结合起来,才能作出符合客观实际的决策。定性预测的方法很多,一般有专家预测法、市场调查法等。

(一)专家预测法

此法是在预测某种事件在将来可能发生的演变、探讨未来发生变化的趋势时,通过邀请专家、采用征求个人意见、组织专家会议,或通过函询的方法,征询专家的意见,让他们结合已掌握的数据资料进行分析判断,从而进行预测的方法。具体有下面三种。

1. 专家个人判断法

此法是通过征求个别专家的意见而进行预测的方法。优点是可最大限度地利用专家的创造力,没有心理压力,不受外界干扰;缺点是受专家的知识面、知识深度及对预测问题的好恶的影响,而可能带有片面性。

2. 专家会议法

此法是通过召集专家召开一个会议而对所要预测的问题进行讨论、分析和补充,最后得出预测结论的方法。优点是信息量大,考虑问题比较全面,提供的方案也比较具体,由于相互启发,各自交换意见,故可弥补个人判断的不足;但缺点是参加人数有限,代表性不充分,易受心理因素的影响,如屈服于权威人士或大多数人的意见,而不愿意公开发表自己的观点等。

3. 德尔斐法

此法又称为专家调查法,起源于20世纪40年代末,先由美国的"兰德"公司使用,后推广到全世界。

德尔斐是古希腊传说中的神谕之地,城中有阿波罗神殿,可以预卜将来,因而借此名。

此法是由主持预测的单位先选定专家,一般是20人左右。这里的专家指对预测的目标比较了解,并有丰富的实践经验或较高的理论水平,有一定见解的人,并要考虑到专家的代表性,本专业的、相关领域的等,代表面要广,还要考虑到不同的年龄和不同的地域。然后,开始函询调查(各专家不能见面,不能发生任何联系)。

第一轮函询调查先向专家提供背景资料,并提出需预测的具体项目。专家的第一轮信息返回后,进行整理、分析、汇总,并进行统一的描述,然后反馈给专家,进行第二轮的函询。

第二轮函询调查要求专家对与所预测的目标有关的各种事件发生的可能性、规模、时间、地点等进行具体预测,并说明理由。专家的信息返回后,预测组织单位再采用中位数法等统计出每一事件可能发生的具体情况,再反馈给专家。

第三轮函询调查让专家对收到的统计报告及一些论点论据重新进行评价,并调整、修正、补充原来的预测值。

第三轮反馈后,如意见收敛或基本一致,预测主持者可根据专家们反馈上来的全部信息提出最后的预测意见和结论。此法的优点是集中发挥了专家的集体智慧,避免了主观片面性,且由于专家们之间不见面,独立思考,各抒己见,也了解了各专家不同的意见,并进行了相互补充和修正,故较适用于没有足够资料信息情况下的预测。但缺点是花的时间太长。

(二) 市场调查法

此法是预测者深入实际调查研究,对所收集到的市场的有关资金、成本、利润、收入等资料,借助于自己的经验和专业水平对未来发展趋势进行估计和推测的方法。具体有下面三种。

1. 销售人员估计法

销售人员是商品的直接销售者,他们对本地区顾客比较了解,熟悉情况,对当地经济发展情况也比较清楚,故可向销售人员分发有关未来社会经济发展趋势及本公司今后市场规划等资料,以供参考,然后让销售员进行主观判断,最后由销售经理将销售人员的意见综合起来进行分析判断、修改、综合平衡,这样得出的结论比较符合市场实际,从而对企业编制销售计划和经营决策比较有利。此法的优点是销售人员具有专业知识,处于市场交换的第一线,对自己的产品及竞争对手的情况都比较了解,对市场变化也比较敏感,故他们所作的预测可能比较符合实际。但缺点是由于销售人员所处销售区域的局限性,对全局了解不够,因而可能导致预测的片面性;另外,如企业在销售量方面对其有定额规定的话,他们往往低估预测值。

2. 业务主管人员集合意见法

此法是邀请熟悉市场情况的各业务主管人员如销售科长、生产科长、技术科长、财务科长等以开会的形式,提出自己对未来要预测的问题的观点,并广泛交换意见,集思广益,最后得出预测结论的方法。该法的优点是:由于主管人员都具有一定的专业知识和业务经验,对本部门比较熟悉,对市场也比较了解;另外,这些人员直接从事业务活动,本身也有作本部门预测和实现企业预测方案的责任,故比较负责,预测结论比较可靠。还有,此法费用少,简单易行,可立竿见影解决问题。缺点是各业务主管人员对市场变化了解程度有较大差异,并受主观影响较大,故有一定的风险性。

3. 综合判断预测法

此法是在前两种方法的基础上,即在集合销售人员的意见及企业业务主管人员意见的基础上,再集合领导意见,把各方面的意见都综合起来,再根据他们在预测中所起的作用及对预测的了解程度,分别给予一定的权数,最后对所要预测的期望值进行加权平均,作为最后的预测值。

此法的优点是销售人员对市场销售情况比较了解,业务主管人员精通本部门的工作,领导能掌握全局的情况并对今后预测目标的实现及采取的措施有很大影响,故如把这三个层次的人员结合起来,既可以提高预测的可靠性,又增加了销售及主管人员的责任感,也提高了实现预测目标的可能性。但缺点是靠个人判断易受主观因素的影响,且对市场变化及消费者心理和购买力等了解不够,只能作一般的销售预测。

二、定量预测法

定量预测是经济预测的重要组成部分,它依据所掌握的资料和数据,运用统计学及现代数学等方法,借助于计算机技术,对事物的未来发展趋势及变化规律进行估计推测。一般分为利用经济发展的历史数据和资料来预测发展趋势的时间序列分析法和利用经济现象发展的因果关系来预测的因果法两大类。

(一)时间序列法

时间序列法又称动态数列法,是把时间看作自变量,把要预测的因素作为因变量,将已掌握的历史数据按时间的先后顺序组成一个序列,一个动态序列,然后采用数理统计的方法进行预测。实际上是从过去的变化规律来推算将来的变化。它不考虑事物发生变化的原因及事物间的因果关系。

采用这种方法基于如下两个假设:一是过去对预测起作用的因素现在和将来起着同样的作用;二是技术发展过程一般属于渐进变化而不是跳跃式变化。当动态数列中的自变量是一个等差级数(时间间隔相等)时,则进行预测分析的方法具体有如下几种。

1. 简单平均法

此法是利用资料期中各实际资料的算术平均数作为下一期预测值的一种方法,这是在假设 n 期内各期资料对未来预测值的影响都相等的情况下进行的。

2. 移动平均法

此法是在掌握 n 期资料的基础上,按照事先确定的期数 m 逐期分段计算 m 期算术平均数,随着时间的不断推移,预测值也在不断向后顺延,得到一个由移动平均数构成的新的时间序列,并以最后一个 m 期平均数作为未来 $n+1$ 期预测值的一种方法。

预测值的计算公式为:$\hat{Q}_{n+1}=(Q_n+Q_{n-1}+\cdots+Q_{n-m+1})/m$

(这里的 m 一般要小于 $n/2$)

例1. 已知 A 公司今年前 10 个月的实际销售额,具体如表 4-1 所示。

表 4-1　　　　　　　　　实际销售量资料

月　　　份	1	2	3	4	5	6	7	8	9	10
实际销售额(千元)	10	12	13	11	15	14	18	16	19	20

要求:用 3 期移动平均法预测今年 11 月份的销售额。

解:用 3 期移动平均法编制计算表如表 4-2 所示。

表 4-2　　　　　　　　　移动平均法计算表

时　间	实际销售额(千元)	三个月的移动平均数预测值
1	10	
2	12	
3	13	
4	11	11.67
5	15	12.00
6	14	13.00
7	18	13.33
8	16	15.67
9	19	16.00
10	20	17.66
11		18.33

故今年 11 月份的销售额预测值是 18.33 千元。

但这样计算的平均值只反映预测期前一期的销售水平,如能在此基础上按趋势进行修正,则就比较符合实际。

趋势值 b＝(最后移动期的平均值)－(上一个移动期的平均值)

本例趋势值 b＝18.33－17.66＝0.67

预测期销售额＝(最后 m 期算术平均销售额)＋趋势值 b
$$=18.33+0.67=19(千元)$$

故如按修正的移动平均法测算,则今年11月份的销售额为19千元。

此法能避免简单平均法下把各期差异平均化的缺点,但它只对后 m 期资料平均化,缺乏代表性,故此法只适用于预测值略有波动的预测。

3. 趋势平均法

趋势平均法是指在按移动平均法计算 n 期时间序列移动平均值的基础上,进一步计算趋势值的移动平均值,进而利用特定基期销售量移动平均值和趋势值来预测未来销售量的一种方法。

其具体计算步骤是：

(1)作出原时间序列的移动平均序列,并把移动平均数作为对应的中间一期的预测值；

(2)算出移动平均序列的变动趋势值,即其逐期增长量；

(3)计算变动趋势的移动平均值；

(4)预测值＝最后一期移动平均值＋趋势增长值。

其中趋势增长值为最后一期平均变动趋势值乘上预测期与移动平均时间序列最后一期的间隔时期数。

例2. 仍按例1的资料,要求用趋势平均值预测今年11月份的销售量。

解：编制趋势平均法计算表如表4-3所示。

表4-3 趋势平均法计算表

时间(t)	实际销售额 Q_t（千元）	三个月移动平均数预测值	变动趋势值(b_t)	趋势值三期移动平均值(b_{t+1})
1	10			
2	12	11.67		
3	13	12.00	＋0.33	
4	11	13.00	＋1.00	0.553
5	15	13.33	＋0.33	1.223
6	14	15.67	＋2.34	1.000
7	18	16.00	＋0.33	1.443
8	16	17.66	＋1.66	0.887
9	19	18.33	＋0.67	
10	20			

故 11 月份预测值 = 18.33 + 0.887×2 = 20.104（千元）

故 11 月份的预测值为 20.104 千元。

此法简单易行，但它在计算移动平均值时，实际上是认为前 m 期的观测值有同样的权数，都是 $1/m$，这就与实际往往不相符合。一般认为预测值的近期观测值对预测值有较大的影响，它更能反映近期经济现象变化的趋势，所以对于接近预测值的观测数字应给予较大的权数，对于距离预测值较远的观测值相应给予较小的权数。这样用权数来调节各观测值对预测值的影响程度，就能使预测值更能较准确地反映经济现象未来的发展趋势，这就是下面的加权趋势预测法。

4. 加权趋势预测法

此法是对预测期的各期观测值分别给予不同的权数，按权数求移动平均值，并以最后的移动平均值为基础，结合趋势变动平均值来确定预测值的方法。

加权移动平均值的数学模型是：

$$\hat{Q} = (W_t Q_t + W_{t-1} Q_{t-1} + \cdots + W_{t-m+1} Q_{t-m+1})/(\Sigma W_i)$$

其中 W_i 是 Q_i 的权数，$i = t-m+1, t-m+2 \cdots t$

例如，当 $m=3$ 时，

$$\hat{Q}_2 = (3Q_3 + 2Q_2 + 1Q_1)/(3+2+1)$$

$$\hat{Q}_3 = (3Q_4 + 2Q_3 + 1Q_2)/(3+2+1)$$

当然权数的大小可以适当的给予，不一定就选 3,2,1，也可选 8,5,1 等，总之是希望预测值能尽量接近实际。

例 3. 仍按例 1 中的资料，运用加权趋势平均法，取 $m=3$，预测 11 月份的销售量。

解：设权数 W_i 分别为

$W_{t-2} = 1$ $W_{t-1} = 2$ $W_t = 3$

故 $\hat{Q}_{t-1} = (3Q_t + 2Q_{t-1} + 1Q_{t-2})/(3+2+1)$

趋势变动平均值仍是三项简单平均值，现列表如表 4-4。

表 4-4 加权趋势平均计算表

时间(t)	实际销售额(Q_t)（千元）	三个月加权移动平均值($\hat{Q}$)	变动趋势值(b_t)	三个月趋势移动平均值($\bar{b}_{t+1}$)
1	10			
2	12	12.17		
3	13	11.83	−0.34	
4	11	13.33	+1.50	0.55

续表

时间(t)	实际销售额(Q_t)（千元）	三个月加权移动平均值($\hat{Q}$)	变动趋势值(b_t)	三个月趋势移动平均值($\bar{b}_{t+1}$)
5	15	13.83	+0.50	1.45
6	14	16.17	+2.34	1.00
7	18	16.33	+0.16	1.33
8	16	17.83	+1.5	0.94
9	19	19	+1.17	
10	20			

$\bar{b}_{t+1}=(b_t+b_{t+1}+b_{t+2})/3$

故11月份的预测值$=19+0.94\times 2=20.88$（千元）

此法比趋势平均法预测的结果更接近实际，只是此法与趋势平均法一样所需的历史数据较多，且预测精度有限，故一般只适用于短期决策。

5. 指数平滑法

指数平滑法，也叫指数移动平均法，它也重视利用近期资料，但不用加权计算办法，而是采用一个平滑指数α来调整实际数字，确定下期销售预测数。

计算公式如下：

预测销售量＝平滑指数×前期实际销售量＋(1－平滑指数)×前期预测销售量

如以α代表平滑指数，Q_{t-1}代表第$t-1$期的实际销售量，$\bar{Q}_{t-1}$代表第$t-1$期的预计销售量，$\bar{Q}_t$代表第t期的预计销售量。则：

$$\bar{Q}_t=\alpha Q_{t-1}+(1-\alpha)\bar{Q}_{t-1}$$

（或）$=\bar{Q}_{t-1}+\alpha(Q_{t-1}-\bar{Q}_{t-1})$

在本期实际数与预测数的差额中，一部分是由于事物本身有所发展而引起的，需要进行修正，其他部分可能是由于偶然性原因引起的，一般不予修正，α就是属于事物本身有所发展而引起的差额在总差额中所占的比重。当$\alpha=0.7$，即表示有70%差额需要加以修正，依次类推。故用平滑指数进行预测的关键是在于确定α的数值。α为介于0和1之间的小数，大小要根据实际来取，通常在0.3和0.7之间，若近期实际对未来情况起着重要的作用，则α宜取大些。一般当$Q_{t-1}-\bar{Q}_{t-1}$差距大，则α应大一些；当其差距小，α应小些。故进行近期预测或销量波动较大时的预测应采用较大的平滑指数；进行长期预测或销量波动较小时的预测，可采用较小的平滑指数。

例4. 仍按例1中的资料，假定1月份销售预测为1.1万元，加权因子为0.7，计算2月份到11月份各月的销售预测值。

解：依题意计算各期销售预测值如表4-5所示。

表 4-5　平滑指数法计算表　　　　　　　　　单位:千元

预测月份	上月实际数×α	上月预测数×(1−α)	本月预测
2月份销售预测	10×0.7=7	11×0.3=3.3	10.3
3月份销售预测	12×0.7=8.4	10.3×0.3=3.09	11.49
4月份销售预测	13×0.7=9.1	11.49×0.3=3.447	12.547
5月份销售预测	11×0.7=7.7	12.547×0.3=3.764	11.464
6月份销售预测	15×0.7=10.5	11.464×0.3=3.429	13.939
7月份销售预测	14×0.7=9.8	13.939×0.3=4.182	13.982
8月份销售预测	18×0.7=12.5	13.982×0.3=4.195	16.795
9月份销售预测	16×0.7=11.2	16.795×0.3=5.038	16.238
10月份销售预测	19×0.7=13.3	16.238×0.3=4.872	18.172
11月份销售预测	20×0.7=14	18.172×0.3=5.45	19.451

故 11 月份的销量预测值是 1.9451 万元。

由于此法只利用上期实际数与预测数的差额,用常数 α 加权调整上期的预测数后作为本期的预测数,故大大节省了处理大量数据时需用的时间和费用。另外,由于它可以选用不同的平滑指数,从而控制了下期预测数与实际数之间的误差。还有,该法比较灵活,适用范围也较广。但如经济发展在一个长期稳定之后突然上升或下降,就不容易得出接近实际的数字,此外在中期和长期预测中误差也可能较大。

6. 修正时间序列回归法

这是一种把时间作为自变量,销售量作为应变量建立回归方程,并按时间这个自变量为等差级数这一特点对时间进行修正,从而利用简捷的方法计算回归系数并据此进行预测的方法。具体有修正的回归直线法、修正的二次曲线回归法和修正的对数曲线回归法等。这里主要介绍修正的回归直线法。

如设销售量 Q 是时间变量 t 的函数,则回归预测模型为 $Q=a+bt$(a,b 是回归系数)。

按回归法原理,a,b 的计算公式是:

$$\begin{cases} a = \dfrac{\Sigma Q - b\Sigma t}{n} \\ b = \dfrac{n\Sigma tQ - \Sigma t \cdot \Sigma Q}{n\Sigma t^2 - (\Sigma t)^2} \end{cases}$$

现根据时间序列的特点对时间 t 进行修正,使 $\Sigma t=0$。具体做法是:若观测期 n 是奇数,则把 0 置于观测期的中央,其余上下均以绝对值为 1(即 t 的间隔期为 1)等差递增,按……−4,−3,−2,−1,0,1,2,3,4……排列。若观测期 n 是偶数,则把−1,+1 置于观测期正中的上下两期,其余上下均以绝对值为 2(即 t 的间隔期为 2)等差递增,按……—5,—3,—1,1,3,5……排列。

由于 $\Sigma t=0$,故上面的回归系统计算公式可简化为:

$$\begin{cases} a=\dfrac{\Sigma Q}{n} \\ b=\dfrac{\Sigma tQ}{\Sigma t^2} \end{cases}$$

再按 $Q=a+bt$,确定预测期的 t 值,代入此式就可预测未来销售量。

(二)因果分析法

因果分析法是利用事物发展的因果关系来推测事物未来发展趋势的一种方法。

市场上各种经济现象之间是相互联系的,某一经济因素发生变化时,会引起另外一些因素随之变化,这种关系称为因果关系。前一种变化是原因,后一种变化是前一种因素变化的结果。所谓因果分析,就是研究某一经济因素变化时,对某种产品的销售情况带来的影响及其规律。例如,纺织业发展的规模、速度决定了纺织机械行业的发展程度,推土机的产量取决于基本建设的规模,家具的销量取决于新建住房的面积、新增加的结婚户数,等等。因果分析法就是要定量地测定这些因素对产品销售影响的程度,并用一定的数学模型计算出预测值。

下面介绍几种常用的因果分析方法。

1. 一元线性回归分析法

此法是指如果影响预测对象的相关因素只有一个,则把它作为自变量 x,把预测对象作为因变量 y,根据直线方程式 $y=a+bx$,按回归法原理求得回归系数 a 和 b 后,结合计划期自变量 x 的预测值代入回归直线方程式 $y=a+bx$,从而求得预测对象的销售量或销售额的一种方法。

例 5. 红星服装厂 2013 年 1 月至 5 月服装销售量与该厂时装表演队费用的关系如表 4-6 所示。已知 2013 年 6 月时装表演队费用计划为 1 600 元,要求预测 2013 年 6 月该厂服装销售量。

表 4-6 资 料

月 份	1月	2月	3月	4月	5月
时装表演队费用(元)	1 320	1 425	1 480	1 510	1 560
服装销售量(套)	190	220	285	280	310

解:整理资料如表 4-7 所示。

表 4-7　回归分析工作底稿

月份	时装表演队费用 x(元)	服装销售量 y(套)	x^2	y^2	xy
1	1 320	190	1 742 400	36 100	250 800
2	1 425	220	2 030 625	48 400	313 500
3	1 480	285	2 190 400	81 225	421 800
4	1 510	280	2 280 100	78 400	422 800
5	1 560	310	2 433 600	96 100	483 600
合计 $n=5$	$\Sigma x=7\ 295$	$\Sigma y=1\ 285$	$\Sigma x^2=10\ 677\ 125$	$\Sigma y^2=340\ 225$	$\Sigma xy=1\ 892\ 500$

用回归直线法：

$$r=\frac{n\Sigma xy-\Sigma x\cdot\Sigma y}{\sqrt{[n\Sigma x^2-(\Sigma x)^2][n\Sigma y^2-(\Sigma y)^2]}}$$

$$=\frac{5\times 1\ 892\ 500-7\ 295\times 1\ 285}{\sqrt{[5\times 10\ 677\ 125-(7\ 295)^2]}\sqrt{[5\times 340\ 255-(1\ 285)^2]}}$$

$=0.96$（即 x 与 y 为高度线性相关）

$$b=\frac{5\times 1\ 892\ 500-7\ 295\times 1\ 285}{5\times 10\ 677\ 125-(7\ 295)^2}=0.52$$

$$a=\frac{1\ 285-0.52\times 7\ 295}{5}=-502$$

故预测模型为 $y=-502+0.52x$

$\therefore y_6=-502+0.52\times 1\ 600=330$（套）

答：该厂 2013 年 6 月份服装销售量预测为 330 套。

2. 多元线性回归法

在实际的生产经营中，影响销售量的因素可能不止一个，如替代品的数量、职工工资的变化、竞争对手的改变等，即销售量与多个因素相关，我们称其为复相关。如用 y 代表预测值，$x_1,x_2\cdots x_n$ 代表 n 个影响因素，则预测值可表示为：

$$y=a+bx_1+cx_2+\cdots+mx_n$$

根据回归分析原理，要使真实值与预测值的误差最小，必须使 $M=\Sigma[y-(a+bx_1+cx_2+\cdots+mx_n)]^2$ 最小，故当 M 对 $a,b,c\cdots m$ 的偏导数为零时，我们就得到了联立方程。

如设销售量 y 与两个因素 x_1,x_2 相关，则复相关方程为：

$$y=a+bx_1+cx_2$$

误差的平方和为：

$$M=\Sigma(y-a-bx_1-cx_2)^2$$

令 M 对 a,b,c 的偏导数为零，则得到如下方程：

$$\begin{cases} \dfrac{\partial M}{\partial a} = -2\Sigma(y-a-bx_1-cx_2)=0 \\ \dfrac{\partial M}{\partial b} = -2\Sigma x_1(y-a-bx_1-cx_2)=0 \\ \dfrac{\partial M}{\partial c} = -2\Sigma x_2(y-a-bx_1-cx_2)=0 \end{cases}$$

整理得：

$$\begin{cases} \Sigma y = na + b\Sigma x_1 + c\Sigma x_2 \\ \Sigma x_1 y = a\Sigma x_1 + b\Sigma x_1^2 + c\Sigma x_1 x_2 \\ \Sigma x_2 y = a\Sigma x_2 + b\Sigma x_1 x_2 + c\Sigma x_2^2 \end{cases}$$

然后求得 a, b, c 三个系数，就得到了销售量的预测规律，从而结合计划期的 x_1, x_2 的值，就可得到计划期的销售预测值。

例 6. 某企业家具的销量取决于新建住房的面积、新增加的结婚户数等。已知 2007 年至 2012 年销量与新建住房的面积、新增加的结婚户数之间的关系如表 4-8 所示，试用回归法确定销售预测的表达式。当 2013 年已知新建住房面积为 3 500 万平方米，新增加的结婚户数为 55 百对时，问家具销售额应为多少？

表 4-8　资　料

年　份	新建住房面积 （百万平方米）	新增结婚户 （百对）	家具销售额（元）
2007	20	40	292 000
2008	23	45	293 500
2009	26	46	332 000
2010	27	50	364 000
2011	32	54	404 400
2012	30	59	423 700
合　计	158	294	2 109 600

解：依题意，先计算 $\Sigma x_1, \Sigma x_2, \Sigma y, \Sigma x_1 x_2, \Sigma x_1 y, \Sigma x_2 y, \Sigma x_1^2$ 和 Σx_2^2，如表 4-9 所示。

表 4-9　回归分析工作底稿

	x_1	x_2	y	$x_1 x_2$	$x_1 y$	$x_2 y$	x_1^2	x_2^2
2007	20	40	292 000	800	5 840 000	11 680 000	400	1 600
2008	23	45	293 500	1 035	6 750 500	13 207 500	529	2 025
2009	26	46	332 000	1 196	8 632 000	15 272 000	676	2 116
2010	27	50	364 000	1 350	9 828 000	18 200 000	729	2 500
2011	32	54	404 400	1 728	12 940 800	21 837 600	1 024	2 916
2012	30	59	423 700	1 770	12 711 000	24 998 300	900	3 481
$n=6$	$\Sigma x_1=$ 158	$\Sigma x_2=$ 294	$\Sigma y=$ 2 109 600	$\Sigma x_1 \cdot x_2=$ 7 879	$\Sigma x_1 y=$ 56 702 300	$\Sigma x_2 y=$ 105 195 400	$\Sigma x_1^2=$ 4 258	$\Sigma x_2^2=$ 14 638

建立联立方程如下：
$$\begin{cases} 2\,109\,600 = 6a + 158b + 294c \\ 56\,702\,300 = 158a + 4\,258b + 7\,879c \\ 105\,195\,400 = 294a + 7\,879b + 14\,638c \end{cases}$$

解之得：
$$\begin{cases} a = 520\,501.83 \\ b = 2\,025.97 \\ c = 454.13 \end{cases}$$

故　$y = 520\,501.83 + 2\,025.97x_1 + 454.13x_2$

如　$x_1 = 35, x_2 = 55$

$y = 520\,501.83 + 2\,025.97 \times 35 + 454.13 \times 55$

　$= 616\,387.93$（元）

即当新增住房为 3 500 万平方米，新增结婚户为 55 百对时，家具销售额可达 616 387.93 元。

3. 指数曲线法

这种方法，适用于销售额急剧上升的特殊商品的情况。例如，家用电脑正步入一般市民家庭，使社会对微电脑需求急剧上升。

如设 y 为销售额，x 为自变量，

预测方程模型为 $y = ab^x$

两端取对数后，$\lg y = \lg a + x \lg b$

令　$Y = \lg y, A = \lg a, B = \lg b$，

则原来的曲线方程转化为对数直线方程式 $Y = A + Bx$ 后，仍可用回归分析法求解。

此时，
$$\begin{cases} A = \dfrac{\Sigma Y - B\Sigma x}{n} \\ B = \dfrac{n\Sigma x \cdot Y - \Sigma x \cdot \Sigma Y}{n\Sigma x^2 - (\Sigma x)^2} \end{cases}$$

即
$$\begin{cases} \lg a = \dfrac{\Sigma \lg y - \lg b \cdot \Sigma x}{n} = \dfrac{\Sigma x^2 \Sigma \lg y - \Sigma x \cdot \Sigma(x \cdot \lg y)}{n\Sigma x^2 - (\Sigma x)^2} \\ \lg b = \dfrac{n\Sigma(x \cdot \lg y) - \Sigma x \cdot \Sigma \lg y}{n\Sigma x^2 - (\Sigma x)^2} \end{cases}$$

$\therefore \lg y = \dfrac{\Sigma x^2 \Sigma \lg y - \Sigma x \cdot \Sigma(x \cdot \lg y)}{n\Sigma x^2 - (\Sigma x)^2} + \dfrac{n\Sigma(x \cdot \lg y) - \Sigma x \cdot \Sigma \lg y}{n\Sigma x^2 - (\Sigma x)^2} \cdot x$

再对 $\lg y$ 求反对数，就得到了销售预测值。

特别,如自变量与时间系数 t 成等差级数,则使 $\Sigma t=0$,就得到了修正的指数曲线回归法。

此时,
$$\begin{cases} \lg a = \dfrac{\Sigma \lg y}{n} \\ \lg b = \dfrac{\Sigma(t \cdot \lg y)}{\Sigma t^2} \end{cases}$$

例7. 仍按例1的资料,要求用修正的指数曲线回归法预测11月份的销售额。

解: 编制修正的指数曲线回归分析表如表4-10所示。

表4-10 修正的指数曲线回归分析表

月份	销售额(千元)y	$\lg y$	时间系数 t	$t \cdot \lg y$	t^2
1	10	1	−9	−9	81
2	12	1.0792	−7	−7.5544	49
3	13	1.1139	−5	−5.5695	25
4	11	1.0414	−3	−3.1242	9
5	15	1.1761	−1	−1.1761	1
6	14	1.1461	1	1.1461	1
7	18	1.2553	3	3.7659	9
8	16	1.2041	5	6.0205	25
9	19	1.2788	7	8.9516	49
10	20	1.3010	9	11.7090	81
$n=10$	$\Sigma y=148$	$\Sigma \lg y=11.5959$	$\Sigma t=0$	$\Sigma(t \cdot \lg y)=5.1689$	$\Sigma t^2=330$

$\therefore \lg a = \dfrac{\Sigma \lg y}{n} = \dfrac{11.5959}{10} = 1.1596$

$\lg b = \dfrac{\Sigma(t \cdot \lg t)}{\Sigma t^2} = \dfrac{5.1689}{330} = 0.156$

$\therefore$ 对数直线预测模型为:

$\lg y = 1.1596 + 0.0156 t$

因 $t_{11月} = 11$

故 $\lg y = 1.1596 + 0.0156 \times 11 = 1.3319$

取反对数得:$y_{11月} = 21.47$ 千元

4. 二次曲线回归法

当销售额的变动明显地呈现曲线趋势时,可按下列一元二次曲线方程建立预测模型,即回归曲线:

$y = a + bx + cx^2$

此时真实值与预测值的误差平方和为:

$$M = \Sigma(y-a-bx-cx^2)^2$$

求 M 对 a,b,c 的偏导后,分别令其为零:

$$\begin{cases} \dfrac{\partial M}{\partial a} = -2\Sigma(y-a-bx-cx^2) = 0 \\ \dfrac{\partial M}{\partial b} = -2\Sigma[x(y-a-bx-cx^2)] = 0 \\ \dfrac{\partial M}{\partial c} = -2\Sigma[x^2(y-a-bx-cx^2)] = 0 \end{cases}$$

整理得:

$$\begin{cases} \Sigma y = na + b\Sigma x + c\Sigma x^2 \\ \Sigma xy = a\Sigma x + b\Sigma x^2 + c\Sigma x^3 \\ \Sigma x^2 y = a\Sigma x^2 + b\Sigma x^3 + c\Sigma x^4 \end{cases}$$

解得回归系数 a,b,c 后,即得销售预测规律:

$$y = a + bx + cx^2$$

只要知道了下期自变量 x 的值,就得到了下期销售预测值。

特别是,如自变量 x 为时间系数 t,且是一等差级数,则可通过令 $\Sigma t = 0$,便得修正的二次曲线回归法。

此时,

$$\begin{cases} \Sigma y = na + c\Sigma t^2 \\ \Sigma(t \cdot y) = b\Sigma t^2 \\ \Sigma(t^2 \cdot y) = a\Sigma t^2 + c\Sigma t^4 \end{cases}$$

例8. 仍按例1中的资料,要求用修正的二次曲线回归法预测11月份的销售额。

解:编制修正的二次曲线计算表如表4-11所示。

表4-11　　　　　修正的二次曲线回归计算表

月份	销售额（千元）y	时间系数 t	t^2	ty	t^4	$t^2 y$
1	10	−9	81	−90	6 561	810
2	12	−7	49	−84	2 401	588
3	13	−5	25	−65	625	325
4	11	−3	9	−33	81	99
5	15	−1	1	−15	1	15
6	14	1	1	14	1	14
7	18	3	9	54	81	162
8	16	5	25	80	625	400
9	19	7	49	133	2 401	931
10	20	9	81	180	6 561	1 620
$n=10$	$\Sigma y=148$	$\Sigma t=0$	$\Sigma t^2=330$	$\Sigma ty=174$	$\Sigma t^4=19\,338$	$\Sigma t^2 y=4\,964$

代入公式：
$$\begin{cases} 148 = 10a + 330c \\ 174 = 330b \\ 4\ 964 = 330a + 19\ 338c \end{cases}$$

解得：
$$\begin{cases} a = 14.4865 \\ b = 0.5273 \\ c = 0.0095 \end{cases}$$

于是销售额的预测模型为：

$$y_t = 14.4865 + 0.5273x + 0.0095x^2$$

11 月份的时间系数 t_{11} 为 11

∴ $y_{11} = 14.4865 + 0.5273 \times 11 + 0.0095 \times 11^2$

　　　$= 21.44$（千元）

复习思考题

1. 什么是预测分析？它包括哪些内容？预测分析的主要方法有哪些？
2. 什么是定性预测？常用的定性预测方法有哪几种？
3. 什么是德尔斐法？它有什么特点？
4. 修正的时间序列回归法的时间系数是怎样取定的？

习　题

1. 某企业生产 A 产品，2012 年 1 月份～12 月份销售量资料如下：

月　　份	1	2	3	4	5	6	7	8	9	10	11	12
销售量（Q）	25	23	26	29	24	28	30	27	25	29	32	33

要求：

(1) 用算术平均法预测 2013 年 1 月份的销售量；(2) 用加权移动平均法预测 2013 年 1 月份的销售量；(3) 用修正的时间序列回归法预测 2013 年 1 月份的销售量。

2. 某公司 1 月份的预计销售额为 300 万元，a 值确定为 0.3，其他各月实际销售额情况如下：

单位:万元

月 份	1	2	3
销售额	280	300	290

要求:用平滑指数法预测 4 月份的销售额。

3. 某厂近 4 年的实际成本资料如下:

单位:元

年 度	固定成本总额	单位变动成本
2009	110 000	28
2010	135 000	24
2011	160 000	21
2012	182 000	18

2013 年该厂计划生产产品 500 件,预测其总成本和单位成本各为多少?

第五章 本量利分析

第一节 本量利分析概述

一、本量利分析的意义

成本、业务量、利润相互关系的分析,简称本量利分析,或 CVP 分析。它是在认识成本可以划分为变动成本和固定成本的基础上发展起来的,是对成本和利润的变动与产销量变动之间的依存关系进行的具体分析。实质上,就是研究销售单价、销售数量、销售成本等的变动对利润的影响。

本量利分析是加强企业内部管理的一种有效手段,它可以为企业预测和决策提供十分有用的资料。借助于这一方法,企业可以预测只有销售多少数量的产品才能保本;或者预测在一定的销售数量下能得多少利润;或者预测要获得一定的利润,必须销售多少件产品才行;以及为了扩大销售量,必须把产品的单价降为多少;等等。可以说,它是管理会计中介绍最多、运用最广的一种方法。

二、本量利分析的基本关系

本量利分析中,影响利润大小的主要因素是单价 p、单位变动成本 b、销售数量 x 和固定成本 a。其间的关系是:

利润＝销售收入－总成本

销售收入＝销售单价×销售量

总成本＝变动成本＋固定成本

　　　＝单位变动成本×销售量＋固定成本

故:利润＝(单价－单位变动成本)×销售量－固定成本

$$P=(p-b)x-a \tag{1}$$

必须指出,这一公式中的利润 P 在管理会计中是指未扣除利息和所得税的"经营利润",即"息税前盈利"。至于按销售额一定百分率计缴的营业税通常都视作变动成本处理。

另外，如果企业待求的数值是利润 P 以外的其他变量，则可通过移项，把(1)式变型，如：

$$单价=\frac{利润+固定成本+单位变动成本\times销售量}{销售量}$$

即 $p=\dfrac{P+a+bx}{x}$ (2)

$$单位变动成本=\frac{销售单价\times销售量-固定成本-利润}{销售量}$$

即 $b=\dfrac{px-a-P}{x}$ (3)

固定成本总额＝（销售单价－单位变动成本）×销售量－利润

即 $a=(p-b)x-P$ (4)

$$销售数量=\frac{利润+固定成本}{销售单价-单位变动成本}$$

即 $x=\dfrac{P+a}{p-b}$ (5)

三、边际贡献的含义及有关计算公式

边际贡献亦称贡献毛益、贡献边际、边际利润，是本量利分析中的一项重要概念。它是指产品销售收入超过其变动成本的金额，通常有两种表达形式，即单位边际贡献和边际贡献总额。

（一）单位边际贡献

单位边际贡献是指产品销售单价与产品单位变动成本的差额，它反映了该产品每增加一个单位销售可提供的毛益。其具体计算公式是：

单位边际贡献＝销售单价－单位变动成本

或 $cm=p-b$

式中，cm 为单位边际贡献。

（二）边际贡献总额

边际贡献总额是指产品的销售收入总额与变动成本总额之差，其具体计算公式是：

边际贡献总额＝销售收入总额－变动成本总额

或 $Tcm=px-bx$

   $=(p-b)x=cm\cdot x$

式中，Tcm 为边际贡献总额。

通常边际贡献是指边际贡献总额。

（三）边际贡献与利润的关系

按照本量利分析基本公式(1)：

$$利润\ P = \left(\frac{销售}{单价} - \frac{单位变}{动成本}\right) \times 销售量 - 固定成本$$

$$= (p-b)x - a$$

$$= 边际贡献总额 - 固定成本 \tag{6}$$

边际贡献并非企业的利润,但与企业利润的形成有着十分密切的关系。因为边际贡献首先是用来弥补固定成本的,所以当它弥补后还有多时企业赢利,当它不足弥补时企业亏损,当它正好弥补时企业达到了保本,故边际贡献是企业管理当局判断产品盈利能力的一个重要指标。企业在短期生产经营决策时,往往以备选方案能提供最大的边际贡献者为最优。

上式(6)还可变型为:

边际贡献＝固定成本＋利润

即 $Tcm = a + P$

(四)边际贡献率和变动成本率

边际贡献率是指产品的单位边际贡献对产品销售单价或产品边际贡献总额对产品销售收入总额的比率,它反映每百元销售中能提供的毛益总额。具体计算公式是:

$$边际贡献率 = \frac{单位边际贡献}{销售单价} \times 100\%$$

$$= \frac{边际贡献}{销售收入} \times 100\%$$

或 $cmR = \dfrac{cm}{p} \times 100\%$

$$= \frac{Tcm}{px} \times 100\%$$

式中,cmR 代表边际贡献率。

变动成本率是指产品单位变动成本对产品销售单价或变动成本总额对产品销售收入总额的比率,公式是:

$$变动成本率 = \frac{单位变动成本}{销售单价} \times 100\%$$

$$= \frac{变动成本总额}{销售收入} \times 100\%$$

或 $bR = \dfrac{b}{p} \times 100\%$

$$= \frac{bx}{px} \times 100\%$$

式中,bR 代表变动成本率。

边际贡献率指标与变动成本率指标间的关系为:

边际贡献率＋变动成本率＝1

或 $cmR+bR=1$

即边际贡献率与变动成本率是互补的。凡变动成本率高的产品（或企业），则边际贡献率低，说明创利能力差；相反，变动成本率低的产品（或企业），边际成本率就高，说明创利能力强。故凡边际贡献率高的产品，只要产品在市场上有销路，就应多销售，企业在销售产品时重心也应放在边际贡献率高的产品上。

例 1. 已知某企业 2012 年生产并销售 A 产品 1 万件，单价 $p=65$ 元/件，有关资料如表 5-1 所示。

表 5-1 资　　料　　　　　　　　　　单位：元

项　　目	金　　额
制造成本	410 000
直接材料	200 000
直接人工	100 000
制造费用	110 000
变动成本	60 000
固定成本	50 000
非制造成本	
变动推销和管理费	30 000
固定推销和管理费	80 000

要求：计算单位边际贡献、边际贡献总额、边际贡献率和变动成本率及利润。

解：

变动成本总额 $bx=200\,000+100\,000+60\,000+30\,000$
$=390\,000$（元）

单位变动成本 $b=\dfrac{390\,000}{10\,000}=39$（元/件）

① 单位边际贡献 $cm=p-b=65-39=26$（元/件）

② 边际贡献总额 $Tcm=cm\cdot x=26\times 10\,000=260\,000$（元）

或 $=px-bx=65\times 10\,000-390\,000$
$=260\,000$（元）

③ 边际贡献率 $cmR=\dfrac{cm}{p}\times 100\%=\dfrac{26}{65}\times 100\%=40\%$

或 $=\dfrac{Tcm}{px}=\dfrac{260\,000}{65\times 10\,000}=40\%$

④ 变动成本率 $bR = \dfrac{b}{p} \times 100\% = \dfrac{39}{65} \times 100\% = 60\%$

　　　或 $= 1 - 40\% = 60\%$

固定成本总额 $a = 50\,000 + 80\,000 = 130\,000$(元)

⑤ 利润 $P = Tcm - a$

　　　　$= 260\,000 - 130\,000 = 130\,000$(元)

答：(略)

第二节　保本点的预测分析

一、保本点概述

本量利分析中，最重要的工作之一是进行保本点的预测分析。所谓保本是指企业在一定时期内销售收入与总成本正好相等，企业既不盈利，也不亏损，利润为零。当企业处于收支平衡、利润为零的状态时，我们就说该企业处于保本状态。企业达到保本状态的业务量的总称就是保本点或称盈亏平衡点、损益两平点、盈亏临界点，常用符号 BEP 表示。

保本点通常有两种表现形式：一种是用实物量表示的"保本销售量"，简称"保本量"，常用符号 x_0 表示，即企业处于保本状态时的销售数量；另一种是用货币金额表示的"保本销售额"，简称"保本额"，常用符号 y_0 表示，即企业处于保本状态时的销售金额。

二、单一产品保本点的预测方法

如企业生产和销售单一产品，则保本点的预测方法有如下三种。

(一) 基本公式法

此法是依据本量利分析的基本公式，按照保本点的定义推导而得的一种方法。

因为，利润 $= \left(\dfrac{销售}{单价} - \dfrac{单位变}{动成本}\right) \times$ 销售量 $-$ 固定成本

即 $P = (p - b)x - a$

现令 $P = 0$，则 $x_0 = \dfrac{a}{p - b}$

即保本销售量 $x_0 = \dfrac{固定成本}{单价 - 单位变动成本}$

而保本销售额 $y_0 =$ 销售单价 $\times$ 保本销售量

　　　　　　　　$= p x_0$

故只要知道了固定成本 a、单价 p 和单位变动成本 b，就可预测保本销售量和保本销售额。

例2. 仍按例1资料，试用基本公式法预测企业保本点。

解：保本量 $x_0 = \dfrac{a}{p-b} = \dfrac{130\,000}{65-39} = 5\,000$（件）

保本额 $y_0 = 65 \times 5\,000 = 325\,000$（元）

答：企业保本量为5 000件，保本额为32.5万元。

（二）边际贡献法

此法是按照边际贡献与利润之间的关系来计算保本点的一种方法。前面说过，边际贡献首先用来弥补固定成本，如有多余，则为企业提供利润；如不足，则为亏损；如正好弥补，企业就达到了保本。故边际贡献总额等于固定成本时，企业处于保本状态。

即 $Tcm = a$

$cmx_0 = a$

即保本销售量 $x_0 = \dfrac{\text{固定成本}}{\text{单位边际贡献}}$

保本销售额 $y_0 = p \cdot x_0 = p \cdot \dfrac{a}{cm}$

$= \dfrac{a}{\frac{cm}{p}} = \dfrac{a}{cmR}$

$= \dfrac{\text{固定成本}}{\text{边际贡献率}}$

$= \dfrac{\text{固定成本}}{1 - \text{变动成本率}}$

例3. 仍按例1资料，要求用边际贡献法预测企业保本点。

解：保本量 $x_0 = \dfrac{a}{cm} = \dfrac{130\,000}{26} = 5\,000$（件）

保本额 $y_0 = \dfrac{a}{cmR} = \dfrac{130\,000}{40\%} = 325\,000$（元）

答：该企业保本量为5 000件，保本额为32.5万元。

（三）图示法

此法是根据有关资料作保本分析图从而确定保本点位置的一种方法。它是在以横轴代表销售量、纵轴代表销售收入和成本的平面直角坐标系上作出销售收入线和总成本线，两线的交点就是保本点。这是按照总收入等于总成本时企业恰好保本的原理制作的，具体有典型式和边际贡献式两种。

1. 典型式保本图

这是保本图的一种最基本的样式。它的特点是将固定成本线置于变动

成本线之下,能清楚地表明固定成本不受销售量变动的影响。具体做法是:

(1) 绘制销售收入线。这是以销售单价为斜率,过原点 0 在坐标图上画一条直线 $y=px$,即销售收入线;

(2) 绘制总成本线。这是以固定成本 a 为截距,先画出与横轴平行、距离为 a 的固定成本线,再以单位变动成本 b 为斜率按 $y=a+bx$ 作出总成本线;

(3) 销售收入线与总成本线的相交处就是保本点 BEP。此点的横坐标 x_0 即保本量,纵坐标 y_0 即保本额。

典型式的保本图如图 5-1 所示。

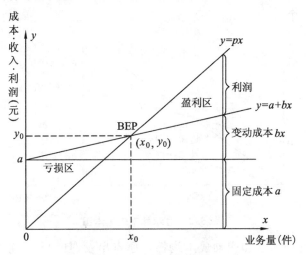

图 5-1　典型式保本图

在图 5-1 中,保本点的右面介于总收入线与总成本线之间的区域是盈利区,保本点的左面介于总成本线与总收入线之间的区域是亏损区。在某一销售量时,过该点作横轴的垂线即业务量线,在盈利区被销售收入线和总成本线截得的业务量线段的长度,即为在该销售量时产品的利润;相反,在亏损区被总成本线和销售收入线截得的业务量线段的长度,即为在该销售量时产品的亏损额。另外,在图中还可发现在保本点不变的情况下,如产品销售超过保本点一个单位业务量,就可获一个单位边际贡献的盈利,销售量越大,则实现的盈利就越多。在销售量不变的情况下,保本点越低,盈利区的三角面积就越大,亏损区的三角面积就越小,它反映了产品的盈利性越好;反之,保本点越高,则企业的盈利性越差。此外,在销售收入既定的情况下,保本点的高低取决于单位变动成本和固定成本总额的高低,若单位变动成本或固定成本越小,则保本点就越低;反之,则越高。

此法由于把本量利之间的依存关系揭示得非常透彻,故容易使人理解,运用也最为广泛,但缺点是无法反映边际贡献与其他因素间的关系。

2. 边际贡献式保本图

它的特点是将固定成本置于变动成本线之上,紧接利润区,这样形象地反映出了边际贡献的形成结构,直观地反映出了边际贡献与固定成本、利润间的关系。具体做法是:(1)绘制销售收入线。(2)绘制总成本线。先以单位变动成本 b 为斜率,作变动成本线 $y=bx$,再将此线向上平移 a 得总成本线,故总成本线与变动成本线平行。(3)边际贡献正好弥补固定成本所对应的点即保本点。

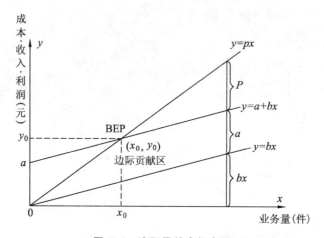

图 5-2　边际贡献式保本图

由于销售收入线和变动成本线都从原点出发,且均与业务量成正比,故两线之间的区域即边际贡献区。当边际贡献正好弥补固定成本时,企业就达到了保本。如图 5-2 所示。

此法深刻地反映了边际贡献与利润间的关系,但无法直接反映固定成本线。

三、多种产品保本点的预测方法

前面探讨的都是单一产品的保本点的预测,但在现实生活中,生产销售单一产品的企业很少。由于不同品种的产品实物量无法相加,边际贡献率也各不相同,故前面介绍的单一产品保本销售量公式就不能直接应用,而只能用金额式来反映,即只能计算它们的保本额。其具体预测方法有以下四种。

(一)加权平均边际贡献率法

此法是在掌握每种产品本身的边际贡献率的基础上,按各种产品销售额占企业收入的比重作为权数进行加权平均,计算综合加权平均边际贡献率,然后以固定成本总额除以该加权平均边际贡献率得综合保本销售额,从而按企业综合保本额同产品销售比重的直接联系计算各种产品保本额的一种方法。此法对各品种产品一视同仁,不分配固定成本,而是将各品种所创造的边际贡献视为补偿企业全部固定资本的收益来源。其计算公式如下:

(1) 预计全部产品总销售额=Σ(各种产品销售单价×该种产品预计销量)

(2) 某种产品销售比重=$\dfrac{某种产品销售额}{全部产品销售总额}$

(3) 综合加权平均边际贡献率=Σ某种产品的边际贡献率×该种品种销售比重

(4) 综合保本销售额=$\dfrac{固定成本总额}{综合加权平均边际贡献率}$

(5) 某种产品保本点销售额=综合保本点销售额×该种产品销售比重

例4. 中创公司准备在计划期间生产甲、乙、丙三种产品(假定产销平衡),其固定成本总额为1 216万元,三种产品的产量、销售单价、单位变动成本的有关资料见表5-2所示。

表5-2 资 料

产品名称	甲	乙	丙
产量(件)	500	1 000	2 000
销售单价(元)	25	20	15
单位变动成本(元)	15	13	11

解:(1) 根据上述资料,按计算程序和公式编制加权平均边际贡献率计算表,如表5-3所示。

表5-3 加权平均边际贡献率计算表

摘 要	甲	乙	丙	合计
① 销售数量(件)	500	1 000	2 000	
② 销售单价(元)	25	20	15	
③ 单位变动成本	15	13	11	
④ 单位边际贡献②-③	10	7	4	
⑤ 边际贡献 $\dfrac{④}{②}$×100%	40%	35%	26.7%	
⑥ 销售收入总额②×①	12 500	20 000	30 000	62 500
⑦ 销售比重 $\dfrac{⑥行甲、乙、丙的收入}{⑥行合计}$×100%	20%	32%	48%	100%
⑧ 加权平均边际贡献率⑤×⑦	8%	11.2%	12.8%	32%

(2) 计算中创公司全部产品的综合保本销售额:

综合保本销售额=$\dfrac{固定成本总额}{综合加权平均边际贡献率}$=$\dfrac{12\ 160}{32\%}$

=38 000(元)

(3) 计算各种产品的保本销售额：

甲产品保本销售额＝38 000×20％＝7 600(元)

乙产品保本销售额＝38 000×32％＝12 160(元)

丙产品保本销售额＝38 000×48％＝18 240(元)

(二) 边际贡献保本率法

这是通过计算企业的边际贡献保本率来测算企业保本额的一种方法。企业的边际贡献首先是用来弥补固定成本的，边际贡献率也是如此。其中一部分是用来弥补固定成本的，称为"边际贡献保本率"；另一部分是用来创利的，称为"边际贡献创利率"。其计算公式如下：

$$边际贡献保本率 = \frac{固定成本总额}{边际贡献总额} \times 100\%$$

边际贡献创利率＝1－边际贡献保本率

利用边际贡献保本率可预测多种产品的保本销售额，计算公式如下：

(1) 综合保本销售额＝全部产品的销售额×边际贡献保本率

(2) 某种产品的保本额＝该种产品的销售额×边际贡献保本率

另外，如要计算计划期内某种产品按预计销售量出售可获得的利润时，可用边际贡献创利率来计算，公式为：

(1) 预计全部产品销售可获利润＝全部产品边际贡献总额×边际贡献创利率

(2) 预计某种产品销售可获利润＝该种产品边际贡献总额×边际贡献创利率

例 5. 仍按前面例 4 中的资料，要求用边际贡献保本率来预测综合保本额及甲、乙、丙各自的保本额。若这三种产品均按计划产量销售，要求测算企业可实现的利润总额及甲、乙、丙各自的利润。

解：(1) 首先计算该公司的边际贡献保本率和边际贡献创利率。

$$边际贡献保本率 = \frac{固定成本总额}{边际贡献总额} \times 100\% = \frac{a}{\Sigma Tcm} \times 100\%$$

$$= \frac{12\ 160}{10 \times 500 + 7 \times 1\ 000 + 4 \times 2\ 000} \times 100\%$$

$$= 60.8\%$$

边际贡献创利率＝1－边际贡献保本率

$$= 1 - 60.8\% = 39.2\%$$

(2) 预测保本额。

综合保本销售额＝Σpx×边际贡献保本率

$$= 62\ 500 \times 60.8\% = 38\ 000(元)$$

甲产品保本销售额＝12 500×60.8％＝7 600(元)

乙产品保本销售额＝20 000×60.8％＝12 160(元)

丙产品保本销售额＝30 000×60.8%＝18 240(元)

(3) 预测计划期将实现的利润。

预计全部产品销售将实现的利润总额＝ΣTcm×边际贡献创利率
＝(10×500＋7×1 000＋4×2 000)×39.2%
＝7 840(元)

预计甲产品销售将实现利润＝10×500×39.2%＝1 960(元)

预计乙产品销售将实理利润＝7×1 000×39.2%＝2 744(元)

预计丙产品销售将实现利润＝4×2 000×39.2%＝3 136(元)

(三) 顺序法

此法是在事先掌握各种产品边际贡献和销售收入的前提下,按各产品边际贡献率的高低确定品种的销售顺序,借助于列表法或图示法,依次用各种产品的边际贡献补偿企业的固定成本,从而预测保本点的一种方法。

具体品种的销售顺序有乐观排列和悲观排列两种。所谓乐观排列是假定销售顺序按产品边际贡献率的高低由高到低排列,边际贡献率高的产品先销售,销售完毕再销售边际贡献率较低的产品;而悲观排列正好相反,其销售顺序是按产品边际贡献率由低到高排列。

确定了销售顺序后,就可由列表法或图示法预测保本点。

1. 列表法

此法是按有关资料编制顺序分析表(格式见表5-4所示),然后进行保本分析的一种方法。具体步骤是:

(1) 若能在累计边际贡献(ΣTcm)栏中找到与固定成本总额正好相等的数时,则该行所对应的累计销售收入就是保本额,即当累计边际贡献正好弥补固定成本时,企业就达到了保本。

(2) 若在累计边际贡献(ΣTcm)栏中找不到与固定成本总额正好相等的数,则找累计边际贡献开始大于固定成本所在的产品区,保本点就在该产品区。我们把该产品称为保本产品,然后按下式计算企业保本销售额:

$$保本额 = 保本产品前累计销售额 + \frac{固定成本总额 - 保本产品前累计边际贡献}{保本产品的边际贡献率}$$

如保本产品在 M 区,即 M 满足:

$$\sum_{i=1}^{M-1} Tcm_i < a \qquad \sum_{i=1}^{M} Tcm_i > a$$

则上式保本额的公式可化为：

$$\text{保本额}\ y_0 = \sum_{i=1}^{M-1} p_i x_i + \frac{a - \sum_{i=1}^{M-1} Tcm_i}{cmR_M}$$

例6. 仍按前面例4的资料，要求用顺序法的乐观排列测算企业保本额。

解： 根据已知资料按乐观排列法先编制顺序分析表（见表5-4），然后进行保本分析。

表5-4　　　　　　　　顺序分析表　　　　　　　　　　单位：元

顺序	品种	边际贡献率(cmR)	销售收入(px)	累计销售收入(Σpx)	边际贡献(Tcm)	累计边际贡献(ΣTcm)
1	甲	40%	12 500	12 500	5 000	5 000
2	乙	35%	20 000	32 500	7 000	12 000
3	丙	26.7%	30 000	62 500	8 000	20 000

因为 $M=3$，即保本产品是丙产品，则，

$$\text{保本额} = 32\ 500 + \frac{12\ 160 - 12\ 000}{26.7\%} = 33\ 099(元)$$

答：该企业的保本销售额为 33 099 元。

2. 图示法

此法是在以横轴代表销售额，纵轴代表边际贡献、固定成本的坐标图中，绘出不同边际贡献率的产品按一定的销售顺序对应的边际贡献线，按此线与固定成本线的交点，即以保本点的原理进行保本预测的一种方法。

这条边际贡献线是按不同产品分段编制的，是一条折线段，各段斜率反映该种产品的边际贡献率的大小，如图5-3所示。

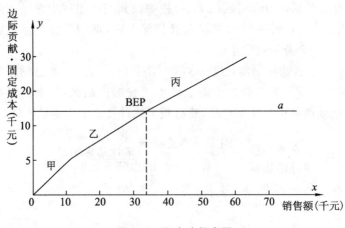

图5-3　顺序法保本图

（四）主要产品法

如果在企业生产经营的多种产品中能分清主次，即分清一种为主要产品，它提供的边际贡献占全企业的比重非常大，而其他产品的边际贡献很小；则为了简化计算，可把它们视同单一产品处理。固定成本主要由该产品负担，按主要产品的有关资料进行保本预测。这是在品种主次分明、只有一种主要产品的前提下使用的，且以边际贡献为区分标志。

采用此法进行预测，肯定会有一些误差，但由于其他产品的影响不大，我们只要事先掌握误差的方向和大致幅度，适当加以修正和调整，则不失为一种简便的方法。

四、保利点的预测分析

保本分析是比较特殊的本量利分析，它以利润为零、企业不盈亏为前提。但是，企业作为处于现代市场经济环境中独立核算、自负盈亏的商品生产者和经营者，不能以不亏本为满足，应当追求合法盈利，获取最大的经济利益。

为确保目标利润的实现，企业应预测必须完成的销售量或销售额。

企业为实现目标利润必须完成的业务量称为"保利点业务量"，具体的计算公式称为"保利公式"。

实现目标利润的销售量 $x_2 = \dfrac{\text{固定成本}+\text{目标利润}}{\text{单价}-\text{单位变动成本}} = \dfrac{a+TP}{p-b}$

实现目标利润的销售额 $y_2 = \dfrac{\text{固定成本}+\text{目标利润}}{\text{边际贡献率}} = \dfrac{a+TP}{cmR}$

式中，x_2 代表保利点销售量，y_2 代表保利点销售额，TP 代表目标利润。

例 7. 如仍按例 1 中资料，假定 2013 年的目标利润 TP 为 14.04 万元，价格和成本水平与上年完全相同。要求：计算该年实现目标利润的业务量。

解： 实现目标利润的销售量 $x_2 = \dfrac{a+TP}{p-b}$

$= \dfrac{130\,000+140\,400}{26} = 10\,400$（件）

实现目标利润的销售额 $y_2 = \dfrac{a+TP}{cmR}$

$= \dfrac{130\,000+140\,400}{40\%} = 676\,000$（元）

答： 2013 年该企业实现 14.04 万元目标利润的销售量为 1.04 万件，保利额为 67.6 万元。

必须指出，上述两公式中的"目标利润（TP）"在西方国家企业内，一般指"目标息税前利润"，若进行预测的企业的"目标利润"是指"税后利润"，则上述两公式应加以改变。

∵（目标息税前利润－利息）×（1－税率）＝目标税后利润

∴ 目标息税前利润 $= \dfrac{目标税后利润}{1-税率} + 利息$

实现目标税后利润的销售量 $= \dfrac{固定成本 + \dfrac{目标税后利润}{1-所得税率} + 利息}{单位边际贡献}$

实现目标税后利润的销售额 $= \dfrac{固定成本 + \dfrac{目标税后利润}{1-所得税率} + 利息}{边际贡献率}$

五、安全边际的意义及计算

在计算保本点后，我们就可进一步测算企业生产经营的安全程度，确定安全边际指标。

安全边际是指实际或预计的销售量（或销售额）超过保本销售量（或销售额）的差额。它有绝对量和相对量两种形式。

安全边际的绝对量具体有安全边际量和安全边际额两个指标，安全边际的相对量有安全边际率指标。它们的计算公式为：

安全边际量＝实际（或预计）销售量－保本销售量＝$x - x_0$

安全边际额＝实际（或预计）销售额－保本销售额＝$y - y_0$

安全边际率 $= \dfrac{安全边际量}{实际（或预计）销售量} \times 100\%$

$= \dfrac{x - x_0}{x} \times 100\%$

或 $= \dfrac{安全边际额}{实际（或预计）销售额} \times 100\%$

$= \dfrac{y - y_0}{y} \times 100\%$

安全边际量（安全边际额）和安全边际率都是正指示，越大越好。西方一般用安全边际率来评价企业经营的安全程度，安全边际率数值越大，说明企业的经营活动越安全。以安全边际率评价企业经营安全程度的一般标准如表5-5所示。

表 5-5 企业经营安全性检验标准

安全边际率	10%以下	10%～20%	20%～30%	30%～40%	40%以上
安全程度	危险	值得注意	比较安全	安全	很安全

例8. 某企业生产和销售甲产品，已知甲产品的单价为10元，单位变动成

本为 6 元,甲产品应负担的固定成本为 4 000。如已知计划期该企业甲产品的预计销售量为 2 000 件,试计算其安全边际率并判断甲产品的安全程度。

解：∵ 保本销售量 $x_0 = \dfrac{a}{p-b} = \dfrac{4\,000}{10-6} = 1\,000$(件)

∴ 安全边际量 $= x - x_0 = 2\,000 - 1\,000 = 1\,000$(件)

安全边际率 $= \dfrac{x - x_0}{x} \times 100\% = \dfrac{1\,000}{2\,000} \times 100\% = 50\%$

对照评价标准,该企业甲产品的销售经营状态很安全。

第三节　利润的预测分析

一、预测利润

利润是一项综合性很强的指标,它的高低直接反映了企业生产经营效益的好坏。

企业在预测保本点以后,就应当按客观的市场供需环境和企业具体的情况,合理安排生产和销售,预测利润,并在此基础上采取种种措施,挖掘降低成本的潜力,增加花色品种,扩大产品销量,提高产品质量,规划目标利润和进行利润的敏感性分析。

预测利润的方法一般有如下几种。

(一) 应用本量利分析基本公式

(1) 预计利润 P_1 = 销售收入 −(固定成本 + 变动成本)

$\qquad\qquad = px - (a + bx)$

(二) 应用边际贡献概念

(2) 预计利润 P_1 = 边际贡献总额 − 固定成本

$\qquad\qquad = (p - b)x - a$

(3) 预计利润 P_1 = 销售收入 × 边际贡献率 − 固定成本

$\qquad\qquad = px \cdot cmR - a$

(三) 应用安全边际概念

(4) 预计利润 P_1 = 安全边际量 × 单位边际贡献

$\qquad\qquad = (x - x_0) \cdot cm$

(5) 预计利润 P_1 = 安全边际额 × 边际贡献率

$\qquad\qquad = (y - y_0) \cdot cmR$

例 9. 仍按例 8 的资料,要求预测计划期甲产品的利润。

解：将资料代入上述五个公式,得：

(1) $P_1 = px - (a+bx)$
  $= 10 \times 2\,000 - (4\,000 + 6 \times 2\,000) = 4\,000(元)$

(2) $P_1 = (p-b)x - a$
  $= (10-6) \times 2\,000 - 4\,000 = 4\,000(元)$

(3) $P_1 = px \cdot cmR - a$
  $= 10 \times 2\,000 \times 40\% - 4\,000 = 4\,000(元)$

(4) $P_1 = (x - x_0) \cdot cm$
  $= (2\,000 - 1\,000) \times 4 = 4\,000(元)$

(5) $P_1 = (y - y_0) \cdot cmR$
  $= (20\,000 - 10\,000) \times 40\% = 4\,000(元)$

二、经营杠杆系数在利润预测中的作用

（一）经营杠杆系数的概念

按成本性态,在相关范围内,如假设单价、单位变动成本、固定成本总额均不变,业务量增加一般不改变固定成本总额,但会使单位固定成本降低,从而提高单位产品的利润,并使利润增长率大于业务量的增长率；反之,当业务量减少,会使单位固定成本升高,从而降低单位产品的利润,并使利润下降幅度大于业务量的下降幅度。假如,企业不存在固定成本,所有成本都是变动的,则利润变动率就和产销量变动率完全一致,但这种情况是不存在的。故这种由于企业存在固定成本而出现的利润变动率大于业务量变动率的现象,在管理会计中就被称为经营杠杆。

（二）经营杠杆系数的计算

为了便于对经营杠杆进行定量,管理会计把利润变动率相当于业务量变动率的倍数,称之为"经营杠杆系数",用符号"DOL"表示,其公式为：

$$\text{经营杠杆系数 } DOL = \frac{\text{利润变动率}}{\text{销售变动率}} = \frac{\Delta P/P}{\Delta x/x}$$

式中：P——基期利润； x——基期销售量；

ΔP——利润变动额； Δx——销售量变动额。

例10. 大明鞋厂今年生产和销售皮鞋2 000双,每双单价120元,单位变动成本80元,固定成本总额为4万元,明年准备生产和销售皮鞋2 200双,单价及成本水平不变。要求：计算大明鞋厂生产和销售该皮鞋的经营杠杆系数。

解：根据上述材料,计算销售利润如表5-6所示。

表 5-6　销售利润计算表

摘　　　要	今年(元)	明年(元)	变动额(元)	变动率%
销售收入总额 px	240 000	264 000	24 000	+10%
销售成本总额 bx	160 000	176 000	16 000	+10%
边际贡献总额 Tcm	80 000	88 000	8 000	+10%
固定成本总额 a	40 000	40 000	0	
利　　　润 P	40 000	48 000	8 000	+20%

利润变动率 $=\dfrac{\Delta P}{P}=\dfrac{8\ 000}{40\ 000}=+20\%$

销售变动率 $=\dfrac{\Delta x}{x}=\dfrac{24\ 000}{240\ 000}=+10\%$

∴ 经营杠杆系数 $DOL=\dfrac{\text{利润变动率}}{\text{销售变动率}}=\dfrac{20\%}{10\%}=2$

答：经营杠杆系数是 2，说明利润变动率是销售变动率的 2 倍。

按以上方法计算经营杠杆系数是以利润变动率和销售变动率已知为前提的，故不便于用经营杠杆系数来进行预测分析，在实际应用中，还可化为简便公式计算。

∵ $DOL=\dfrac{\Delta P/P}{\Delta x/x}$

设 $P=(p-b)x-a$

当 x 变动时，$\Delta P=(p-b)\Delta x$

∴ $DOL=\dfrac{(p-b)\Delta x/P}{\Delta x/x}=\dfrac{(p-b)x}{P}$

即 经营杠杆系数 $=\dfrac{\text{基期边际贡献}}{\text{基期利润}}$

故如用简便公式计算：$DOL=\dfrac{80\ 000}{40\ 000}=2$

(三) 经营杠杆在预测中的运用

经营杠杆原理，可以用来根据产销计划增减率，预测计划期的利润；也可以根据计划期的目标利润，测算计划期应达到的产销量增减率。

1. 预测计划期利润

如已知经营杠杆系数为 DOL，基期利润为 P，销售变动率为 $\dfrac{\Delta x}{x}$，设计划期利润为 P_1。

∵ $\dfrac{\dfrac{P_1-P}{P}}{\dfrac{\Delta x}{x}}=DOL$

$$\therefore \frac{P_1-P}{P}=DOL\cdot\frac{\Delta x}{x}$$

$$\therefore P_1=P(1+DOL\cdot\frac{\Delta x}{x})$$

即计划期利润＝基期利润(1＋销售变动率×经营杠杆系数)

例11. 已知苏达公司上年利润为10万元,下年的经营杠杆系数为1.5,如已知下期销售变动率为15％,问下期利润可达到多少?

解:$P=100\,000$(元)

$DOL=1.5\quad\frac{\Delta x}{x}=15\%$

$\therefore P_1=100\,000(1+15\%\times1.5)=122\,500$(元)

即下期利润可达到12.25万元。

2. 预测销售变动率

当反过来利用经营杠杆系数预测实现目标利润 P_1 应达到的销售变动率时,只需对上面的公式变形。

如已知经营杠杆系数为 DOL,基期利润为 P,目标利润为 P_1。

$$\therefore \frac{\frac{P_1-P}{P}}{\frac{\Delta x}{x}}=DOL$$

$$\therefore \frac{\Delta x}{x}=\frac{P_1-P}{P\cdot DOL}$$

即实现目标利润的销售变动率＝$\dfrac{\text{目标利润}-\text{基期利润}}{\text{基期利润}\times\text{经营杠杆系数}}$

例12. 如例11中苏达公司的目标利润为13万元,下年的经营杠杆系数仍为1.5,要求测算该公司为保证目标利润实现必须实现的销售变动率。

解:$\because P=100\,000\quad P_1=130\,000\quad DOL=1.5$

$\therefore$ 销售变动率＝$\dfrac{130\,000-100\,000}{100\,000\times1.5}=20\%$

即为保证下期目标利润顺利实现,公司下期销售变动率必须达到20％才行。

可见,利用经营杠杆系数预测利润,规划产销规模,既简便,又准确。

3. 反映企业的经营风险

由于利润变动率＝销售变动率×经营杠杆系数,意味着当企业销售量增加时,利润将以 DOL 倍数的幅度增加,当企业销售量下降时,利润将以 DOL 倍数的幅度下降,故经营杠杆系数扩大了市场和生产、成本等不确定因素对利润变动的影响。经营杠杆系数越大,利润的变动就越激烈,企业的经营风险也就越大。经营杠杆系数的高低反映了企业经营风险的大小,一般来说,在企业销售不稳定的情况下,经营杠杆系数较低,对企业较为有利。

由于 $DOL = \dfrac{(p-b)x}{P} = \dfrac{(p-b)x}{(p-b)x-a} = \dfrac{1}{1-\dfrac{a}{(p-b)x}}$

故降低企业经营杠杆系数的途径是:扩大产销量、提高单价、降低单位变动成本和固定成本总额。

第四节 因素变动对保本点、保利点和利润的影响

前面的本量利分析都是在假设成本、单价等因素不变的情况下进行的。实质上这些因素不可能长时间保持不变,当这些因素变动时,保本点、保利点和利润等一些指标都会发生变动。下面假设该企业生产、销售的都是单一产品。

一、因素变动对保本点、保利点的影响

(一)单价单独变动的影响

单价变动会引起单位边际贡献及边际贡献率同方向变动。

单价上涨,单位边际贡献增加,边际贡献率上升;反之,则相反。由此可知,保本点、保利点销售量计算公式中分母的改变,会使保本点和保利点向相反方向变化。售价提高后的保本如图5-4所示。

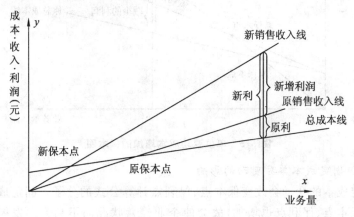

图 5-4 售价变动保本图

单价变动后保本点的测算模型为:

$$\text{售价变动后的保本点销售量} = \dfrac{\text{固定成本}}{\text{原售价} \pm \text{售价变动额} - \text{单位变动成本}}$$

$$售价变动后的保本点销售额 = \frac{固定成本}{1 - \dfrac{单位变动成本}{原售价 \pm 售价变动额}}$$

(二) 单位变动成本单独变动的影响

单位变动成本的变化会引起单位边际贡献及边际贡献率向相反方向变化,从而使得保本点、保利点的变化同单价变化的影响相反。当单位变动成本增加,则单位边际贡献、边际贡献率下降,保本点、保利点提高;反之,则相反。

单位变动成本变动后,保本点的测算模型为:

$$单位变动成本变动后保本销售量 = \frac{固定成本}{售价 - (原单位变动成本 \pm 单位变动成本变动额)}$$

$$单位变动成本变动后保本销售额 = \frac{固定成本}{1 - \dfrac{(原单位变动成本 \pm 单位变动成本变动额)}{售价}}$$

单位变动成本提高后的保本如图 5-5 所示。

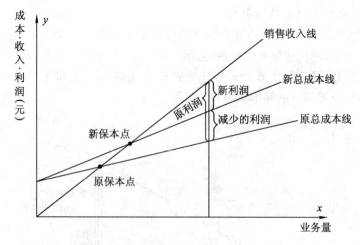

图 5-5 单位变动成本增加的保本图

(三) 固定成本单独变动的影响

固定成本的变动会改变保本点、保利点计算公式的分子。固定成本增加会使得保本点、保利点也增加,故会使企业经营状况向不利方向发展;反之,则相反。

固定成本变动后,保本点的测算模型为:

$$固定成本变动后保本销售量 = \frac{固定成本 \pm 固定成本变动额}{单位边际贡献}$$

$$\text{固定成本变动后保本销售额} = \frac{\text{固定成本} \pm \text{固定成本变动额}}{\text{边际贡献率}}$$

固定成本降低后的保本如图 5-6 所示。

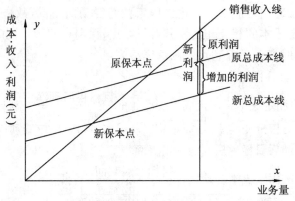

图 5-6　固定成本降低的保本图

从图 5-6 可看出,当固定成本降低时,保本点也下降,而利润则增加。

（四）目标利润单独变动的影响

目标利润变动,只影响到保利点,但不改变保本点。

$$\text{目标利润变动后保利销售量} = \frac{\text{固定成本} + \text{目标利润} \pm \text{目标利润变动额}}{\text{单位边际贡献}}$$

$$\text{目标利润变动后保利销售额} = \frac{\text{固定成本} + \text{目标利润} \pm \text{目标利润变动额}}{\text{边际贡献率}}$$

（五）销售量的单独变动不会影响保本点的计算

由于销售量单独变动时,固定成本、单位边际贡献、边际贡献率均不变,故保本点、保利点也不变。销售量增加后的保本如图 5-7 所示。

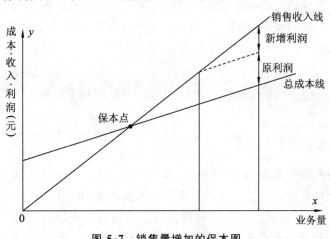

图 5-7　销售量增加的保本图

从图5-7可知,销售量变动时,保本点、保利点均不变,但利润要发生变化。

(六)多因素同时变动对保本点、保利点的影响

前面分析了在其他因素不变时某一因素单独变动对保本点、保利点的影响,但在实际工作中可能发生上述诸因素同时变动的情况,故应对单价、单位变动成本、固定成本的相互作用及其对保本点、保利点的影响同时加以考虑。

多因素同时变动后保利点的测算模型为:

多因素变动后目标税后利润的销售量

$$= \frac{\text{原固定成本} \pm \text{固定成本变动额} + \dfrac{\text{目标税后利润}}{1-\text{税率}} + \text{利息}}{\text{原售价} \times (1 \pm \text{售价变动率}) - \text{原单位变动成本} \times (1 \pm \text{单位变动成本变动率})}$$

多因素变动后目标税后利润的销售额

$$= \frac{\text{原固定成本} \pm \text{固定成本变动额} + \dfrac{\text{目标税后利润}}{1-\text{税率}} + \text{利息}}{1 - \dfrac{\text{原单位变动成本} \times (1 \pm \text{单位变动成本变动率})}{\text{原售价} \times (1 \pm \text{售价变动率})}}$$

二、因素变动对利润的影响

(1)单价的变动使销售收入变动,从而从正方向影响利润。当单价提高时,销售收入增加,在同一业务量时利润也就增加,如图5-4所示。

(2)单位变动成本的变动可通过改变变动成本总额而从反方向影响利润。当单位变动成本提高时,则变动成本总额增加,在同一业务量时利润也就降低,如图5-5所示。

(3)固定成本的变动直接从反方向改变利润。当固定成本降低时,则利润就增加,如图5-6所示。

(4)销售量的变动可通过改变边际贡献总额而从正方向影响利润。当销售量增加时,则边际贡献总额增加,在固定成本不变的情况下利润也就增加,如图5-7所示。

第五节 利润的灵敏度分析

一、灵敏度分析的含义

所谓灵敏度分析是指在求得某个模型的最优解后,研究模型中某个或若干个参数允许变化到多大,仍能使原结论保持不变,即当参数变化超出允许范围,原结论就不再成立的一种分析方法。换句话说,通过灵敏度分析,我们可以预见到预期参数在多大范围内变化,还不会改变预测、决策的有效性,若超过这一范围,原预测结论就不正确。这样就可避免对预测结论作绝对化的理解,有助于管理者重新认识预测的有效性。

在前面的利润预测中,我们已经知道影响利润的因素是很多的,如单价、单位变动成本、销售量、固定成本等,而由于原材料价格、产品价格的变化和供求数量的波动及企业技术条件(如原材料消耗和工时消耗水平波动)的变化,会使这些因素也随之发生变化,从而使得原来计算出来的利润指标失去可靠性。

故利润的灵敏度分析,主要是研究和分析有关因素在多大范围内变化才会使盈利转为亏损,以及各因素变化对利润变化的影响程度,以保证目标利润的实现。我们把稍一变化就导致利润有很大变化的因素称灵敏度高的因素,反之把虽然变动幅度较大却对利润只产生微小影响的因素称灵敏度低的因素。对灵敏度较高的因素应引起足够的重视,给予更多的关注;而对灵敏度较低的因素,则不必作为分析的重点。

二、有关因素变化的允许范围

单价、单位变动成本、销售数量、固定成本发生变化,会影响利润高低,当变化达到一定程度,会使企业利润消失;而利润的灵敏度分析,首先就要确定企业由盈利转为亏损,即使目标发生质变的各参数的变化界限。

例 13. 某公司生产和销售甲产品,单价 10 元,单位变动成本 6 元,销售量为 1 万只,固定成本总额为 3 万元,要求确定各有关因素变化的允许范围。

解:$P = (p-b)x - a$
$= (10-6) \times 10\,000 - 30\,000 = 10\,000$(元)

故按照上面的条件,公司利润为 1 万元。

(一)确定单价的变化范围

当单价下降时,它会使利润也下降,下降到一定程度,利润将变为零,对应的单价即单价下降的极限位置。

如设极限位置的单价(保本销售单价)为 p_0,则,

$(p_0 - 6) \times 10\,000 - 30\,000 = 0$

即 $p_0 = 9$ 元

故单价下降的极限位置是 9 元,即单价下降 1 元,或降低 10% 时,公司利润由 1 万元降为零,如单价再下降的话,公司就会亏损。

(二)确定单位变动成本的变化范围

当单位变动成本上升时,它会使利润下降,使利润下降到零时的单位变动成本,就是极限位置的单位变动成本。

如设极限位置的单位变动成本为 b_0,则,

$(10 - b_0) \times 10\,000 - 30\,000 = 0$

即 $b_0 = 7$ 元

故单位变动成本上升的极限位置为 7 元,这是公司能忍受的最大值,即单位变动成本上升 1 元,或提高 16.6% 时,公司由盈利 1 万元变为保本。如单位变动成本再上升的话,公司要转为亏损。

(三) 确定销售量的变化范围

当销售量下降时,它会使利润也下降,使利润下降为零时的销售量,即销售量的极限位置。

设极限位置的销售量(保本销售量)为 x_0,则,

$(10-6)x_0 - 30\,000 = 0$

即 $x_0 = 7\,500$ 只

故销售量下降的极限位置是 7 500 只,这是公司能忍受的最小值,即销售量下降 2 500 只或降低 25% 时,利润将变为零。如销售量再下降,公司就变为亏损。

(四) 确定固定成本的变化范围

当固定成本上升时,它会使利润下降,使利润降为零时的固定成本,就是固定成本上升的极限位置。

如设固定成本上升的极限位置是 a_0,则,

$(10-6) \times 10\,000 - a_0 = 0$

即 $a_0 = 40\,000$ 元

故固定成本上升的极限位置是 4 万元,这是公司能忍受的最大值,即固定成本上升 1 万元或提高 33% 时,公司由盈利转为保本。

三、各因素变化对利润变化的影响程度

由于各因素变动使利润变动的程度不同,故必须测算某因素变动使利润变动的百分比。

如设 p, b, x, a, P 分别是基期的单价、单位变动成本、销售量、固定成本和利润,p_1, b_1, x_1, a_1, P_1 分别是这些因素变动后的值。

(一) 单因素变动的灵敏度

如用灵敏系数表示因素的灵敏度,则,

$$某因素的灵敏系数 = \frac{利润变动率}{该因素变动率}$$

1. 单价的灵敏度

$$单价的灵敏系数 = \frac{\frac{P_1 - P}{P}}{\frac{p_1 - p}{p}} = \frac{\frac{p_1 x - px}{P}}{\frac{p_1 - p}{p}} = \frac{px}{P} = \frac{基期销售收入}{基期利润}$$

2. 单位变动成本的灵敏度

$$单位变动成本的灵敏系数 = \frac{\frac{P_1-P}{P}}{\frac{b_1-b}{b}} = \frac{\frac{-(b_1x-bx)}{P}}{\frac{b_1-b}{b}} = -\frac{bx}{P}$$

$$= -\frac{基期变动成本总额}{基期利润}$$

3. 销售量的灵敏度

$$销售量的灵敏系数 = \frac{\frac{P_1-P}{P}}{\frac{x_1-x}{x}} = \frac{基期边际贡献}{基期利润}$$

即销售量的灵敏系数就是经营杠杆系数。

4. 固定成本的灵敏度

$$固定成本的灵敏系数 = \frac{\frac{P_1-P}{P}}{\frac{a_1-a}{a}} = \frac{\frac{-(a_1-a)}{P}}{\frac{a_1-a}{a}} = -\frac{a}{P}$$

$$= -\frac{基期固定成本}{基期利润}$$

例 14. 仍按例 13 的资料,要求测算各因素的灵敏度。

解:∵ $P=(p-b)x-a=10\,000(元)$

∴ 单价的灵敏系数 $= \frac{10 \times 10\,000}{10\,000} = 10$

单位变动成本的灵敏系数 $= -\frac{6 \times 10\,000}{10\,000} = -6$

销售量的灵敏系数 $= \frac{(10-6) \times 10\,000}{10\,000} = 4$

固定成本的灵敏系数 $= -\frac{30\,000}{10\,000} = -3$

(二) 单一因素变动对利润的影响程度

某因素变动使利润变动的百分比=该因素变动百分比×该因素的灵敏系数

例 15. 仍按例 13、例 14 的资料和结论,如已知公司的单价和单位变动成本分别上升了 5% 和 10%,要求计算这两个因素单独变动后对利润带来的影响。

解:由题意知,

单价变动使利润变动百分比 $= 5\% \times 10 = 50\%$

单位变动成本变动使利润变动百分比=10%×(-6)=-60%

即当单价和单位变动成本分别上升5%和10%时,利润将分别上升50%和下降60%。

例16. 仍按例13、例14的资料和结论,若已知公司的固定成本下降了5%,试计算对利润带来的影响。

解：∵ 固定成本变动百分比=-5%

∴ 固定成本变动使利润变动百分比=(-5%)×(-3)=15%

即当固定成本下降5%,则利润提高15%。

（三）多因素变动对利润的影响程度

当影响利润的诸因素同时变动,则只需算出多因素同时变动后的新利润P_1,就可得到利润变动率。

多因素同时变动使利润变动百分比=$\frac{P_1-P}{P}\times 100\%$

例17. 按例13的资料,如下期公司单价上升10%,单位变动成本上升5%,销售量减少10%,固定成本下降2%。要求计算这四个因素同时变动后对利润带来的影响。

解：$P_1=(p_1-b_1)\cdot x_1-a_1$

∵ $p_1=10(1+10\%)=11$

　　$b_1=6(1+5\%)=6.3$

　　$x_1=10\,000\times(1-10\%)=9\,000(元)$

　　$a_1=30\,000\times(1-2\%)=29\,400(元)$

∴ $P_1=(11-6.3)\times 9\,000-29\,400=12\,900(元)$

利润变动百分比=$\frac{P_1-P}{P}\times 100\%$

$=\frac{12\,900-10\,000}{10\,000}\times 100\%=29\%$

答：当上述四个因素同时变动,利润将增长29%。

四、测算为实现既定的目标利润变动率应采取的单项措施

如已知目标利润变动率,则实现此变动率必须采取的单项措施的计算公式为：

某因素应变动的百分比=$\frac{目标利润变动率}{该因素灵敏系数}$

例18. 仍按例13的资料和例14的结论,如希望目标利润比基期增长48%,要求计算为实现目标利润变动率而采取的单项措施。

解：单价应变动的百分比 $=\dfrac{48\%}{10}=4.8\%$

单位变动成本应变动的百分比 $=\dfrac{48\%}{-6}=-8\%$

销售量应变动的百分比 $=\dfrac{48\%}{4}=12\%$

固定成本应变动的百分比 $=\dfrac{48\%}{-3}=-16\%$

答：企业只要提高单价 4.8%，或降低单位变动成本 8%，或扩大销售量 12%，或降低固定成本 16%，就能实现目标利润比基期利润增长 48% 这个目标。

复习思考题

1. 什么是边际贡献？它有哪几种表现形式？又是怎样计算的？
2. 什么是边际贡献率和变动成本率？它们与企业决策有何关系？
3. 什么是本量利分析？它的基本公式是怎样的？又有几种用途？
4. 什么是保本点？它是怎样预测的？
5. 什么是保利点？它又是怎样预测的？
6. 什么是安全边际和安全边际率？它们有什么意义？
7. 预测利润的方法有哪几种？
8. 什么是经营杠杆？经营杠杆系数是如何计算的？它有什么作用？
9. 因素变动是怎样影响保本点、保利点和利润的？
10. 各因素的灵敏系数怎样确定？它有什么意义？

习 题

1. A 为某企业生产的产品，2008 年至 2012 年的有关资料如下表所示，根据边际贡献的实质及其与成本性态的联系填写表中空格，并写出计算过程。

A 产品 2008—2012 年有关资料

年份	销售数量（件）	单位售价（元）	变动成本总额（元）	固定成本总额（元）	税前利润（元）	边际贡献（%）
2008	10 000	5.00		20 000		50
2009	8 000	4.80			3 300	40
2010	12 000	6.00	24 600		8 000	
2011	7 500	8.00	15 500	20 000		
2012	3 000		12 800	18 000	2 200	

2. 保安公司只销售一种产品,本年度的销售总收入为 20 万元,利润为 2 万元,公司准备在计划年度将销售量减少 10%。销售量降低后,该公司利润将减少 50%,如果计划年度产品销售单价仍维持 50 元,单位变动成本和固定成本总额也维持不变,要求测算该公司的计划年度的保本销售量。

3. 新川公司计划年度产销甲产品 20 万件,若该产品的变动成本率为 60%,安全边际率为 20%,单位边际贡献为 8 元。

要求:(1)预测该公司的保本销售额;(2)根据计划年度产销甲产品 20 万件,预计可获得多少利润?

4. 红星工厂在计划期间拟生产和销售甲、乙、丙三种产品,若固定成本总额为 1.08 万元,三种产品的产量、售价和成本资料如下:

产 品 名 称	甲产品	乙产品	丙产品
产量(件)	1 000	2 000	2 500
销售单价(元)	50	15	8
单位变动成本(元)	40	9	6

要求:(1)预测全厂保本点销售额是多少?(2)预测甲、乙、丙三种产品各自的保本销售量;(3)如甲、乙、丙三产品均按计划期产量生产和销售,则各实现多少利润?全企业实现多少利润?

5. 某公司 2012 年实现销售 A 产品 2 000 件,单价为 300 元,单位变动成本为 140 元,营业利润为 20 万元。

要求:(1)计算该公司的经营杠杆系数;(2)2013 年计划销量增加 6%,试根据经营杠杆系数预测 2013 年的息税前经营利润;(3)如果 2013 年的目标利润为 23 万元,试根据经营杠杆系数计算该企业 2013 年应达到的产品销售量。

6. 已知甲企业只生产和销售一种 A 产品,单价为 100 元/件,单位变动成本为 60 元/件,固定成本为 30 万元,本年实现销售 1 万件。

要求:(1)如下期企业的单价和单位变动成本分别上升 5%,则这两个因素单独变动后对利润带来什么影响?(2)如下期企业单价上升 5%,单位变动成本降低 3%,销售量上升 2%,固定成本上升 4%,则这四个因素同时变动对利润产生的影响是多少?(3)如下期目标利润为 16 万元,则实现目标利润应采取的单项措施有哪些?

第六章 决策分析

第一节 决策分析概述

一、决策的概念

决策是人类社会特有的一项重要活动,涉及人类生活的各个方面,如在工农业生产、基本建设、商业、外贸、金融以及军事活动、社会政治活动乃至个人的生活、学习、工作过程中就常常会遇到要作出抉择的情况,它需要我们去估计、分析、判断,并作出正确的行动对策,以达到使损失最小、收益最大等预期目标。

决策是一种思维活动,可以由普通思维来完成,也可以由科学思维方法作出。决策正在发展成为一门科学。

管理会计中的决策分析就是针对企业未来经营活动的具体问题,由各级管理人员在充分利用会计信息及其他有关资料的基础上,采用运筹学、心理学、组织理论、系统分析以及一些计算机技术等科学方法制定经营战略、方针、目标、措施和方法的过程,现已成为现代管理理论的一个重要组成部分,在指导实践中发挥了重要的作用。

当今,社会经济环境变化迅速,决策的重要性也显得愈来愈突出,随着经济的发展,经济体制、金融体制改革的深入,市场竞争的加剧,企业面临的决策问题也越来越多。管理的重心在经营,经营的重心在决策。经济决策一经确定,企业就要编制相应的预算,并将决策所确定的目标落实到各责任单位,同时还要通过预算来控制生产经营活动,促使企业有效地达到预期目标。故决策是企业实施未来经济活动计划和控制的重要组成部分,决策的正确与否直接关系到企业的兴衰成败,企业的经营者面临的不是是否应该进行决策的问题,而是如何作出正确的决策,怎样进行科学的决策的问题。

二、决策的分类

决策是人类改造自然、改造社会、控制事物发展能力的表现,为了正确作出决策和实施决策,人们必须把握决策的共性和个性、一般性与特殊性的统一。按人们认识把握决策的角度、方法等可把决策分为不同的类型。

(一) 按决策涉及的范围分

按决策涉及的范围,可把决策分为宏观决策和微观决策。

宏观决策指决策涉及的范围较大,因素多,关系复杂,随机性强,一般与企业未来发展方向等有关,具有全局性、战略性和长期性等特点。这类决策要求由较高水平、较强综合判断能力和精湛决策艺术的较高或最高层的决策集团作出。

微观决策指决策涉及的范围比较小,是局部的、某个方面的,比较具体,具有基层的、局部的、战术性的等特点。这类决策要求更多地运用科学的定量分析方法掌握事物之间的规律和联系,一般只需部门决策人员作出。

(二) 按决策条件是否肯定来分

按决策条件是否肯定来分,决策可分为确定型决策、风险型决策和不确定型决策。

确定型决策是指决策涉及的所有客观条件都已给定,且只有一种确定状态,但有多种可供选择的方案。

风险型决策是带有风险因素,可靠程度较差的决策。它指各种可行方案涉及的条件有很多种,即存在着不以人的主观意志为转移的两种或两种以上的条件或自然状态,各种条件出现的结果不肯定,但其出现的概率决策者可预先估计出来。

不确定型决策指决策涉及的条件有很多种,即存在着不以人的意志为转移的两种或两种以上的客观状态或条件,且各种条件或状态出现的可能性(客观概率)也不知道,这种决策只能靠主观判断作出,风险程度更高,要求决策者必须具备丰富的实践经验和扎实的理论基础。

(三) 按决策涉及的时间分

按决策涉及的时间分,决策可分为短期决策和长期决策。

短期决策指决策涉及的时间在一年或一个营业周期以内,是仅对该时期内的收支盈亏产生影响而进行的一次性专门业务的决策。它一般不考虑大量资金投入,主要考虑怎样使现有的人、才、物达到最好、最合理、最充分的利用,以便取得最佳的经济效益。如生产决策、存货决策、定价决策等。

长期决策指涉及的时间在一年以上,一般为3至5年,甚至15年至20年,故又称资本支出决策。它涉及大量资金投入并用于固定资产基本建设和更新改造方面,在较长时间内对企业财务状况有持续影响,故应在充分考虑货币时间价值和风险价值的基础上,进行多方案比较,选择投资省、回收快、质量高、盈利多、效果佳的最优方案,以便获得最大的经济效益。

（四）按决策方案之间的关系分

按决策方案之间的关系分，决策可分为接受或拒绝决策、互斥决策和组合决策。接受或拒绝方案决策是指只需对一个独立方案进行评价，以确定接受或拒绝，如是否接受特殊订货决策等。互斥决策是指在两个或两个以上的行动方案中选出唯一的一个最优方案，如开发新产品决策等。组合决策是指在多个备选方案中选出一组最优方案。

（五）决策的其他分类

决策除按上述标准进行分类外，还可按别的标准进行分类。如按决策的基本职能分，可分为计划的决策和控制的决策；按决策对象能否进行数量分析来分，可分为数量决策和非数量决策；按决策对象是否重复出现来分，可分为重复性决策和一次性决策。

三、决策分析的程序

在企业中，决策并不是一个单纯选择方案的简单行动，而是一个提出问题、分析问题、解决问题的复杂过程。决策的程序就是决策过程要经过的步骤及其次序。一个决策过程大致可以分为四大步骤：即明确问题所在，提出和确定决策目标（又称参谋活动）；发现和拟定各种行动方案（又称设计活动）；从各种可能方案中选出最合适的方案（又称选择活动）；执行方案分析和评价（又称实施活动）。

（一）明确问题所在，提出和确定决策目标

进行决策分析首先要明确决策分析主要解决什么问题，必须把需要解决的问题的症结所在及其产生的原因分析清楚，从而确定经营目标，明确未来奋斗方向。在确定目标时应注意以下三点：

(1) 目标应具体明确，不能笼统抽象；

(2) 目标可以定量，并有考核标准；

(3) 目标能分清经济责任、落实到人。

（二）拟定各种备选方案

目标确定后，就应拟定供选择用的各种可能方案。只有拟定出一定数量和质量的可能方案供对比选择，决策才能公正合理。具体可分为两步：

(1) 先从不同角度和不同途径，尽可能多地大胆设想出各种可能的行动方案；

(2) 精心设计、确定方案的细节，并且估计方案的实施结果，对方案进行评价。

（三）选择方案

这是决策过程的关键阶段。按照合理的选择标准，通过采用经验判断、数学分析和实验分析等科学方法对方案的经济效益和社会效益进行综合评价,最终筛选出最优方案。

（四）执行方案,并进行分析和评价

所选出的方案是否最优,是否符合客观实际,还须进行实践检验。对方案应进行跟踪检查,及时反馈信息,以便评估方案执行情况,从而发现问题、纠正偏差,使决策目标得以实现。

这四大步骤是一动态过程,正确的决策往往不是一次完成的,而要经过"决策—执行—再决策—再执行"这样一个循环往复的动态过程。故需按照执行的结果不断补充修正原决策,直到最后找到最满意的为止。这几个步骤间的关系如下:

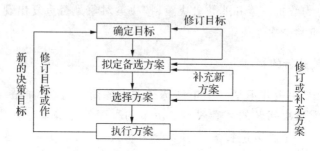

图 6-1　决策分析程序

当然,在各个步骤之间也有一定的灵活性,并不是千篇一律地作硬性规定。如一个人经验很丰富,对该问题该决策十分熟悉和了解,就可以跳过某些步骤,直接得到满意的答案。

第二节　确定型决策

如决策所述及的客观条件已经给定,只有一种确定状态,每一种行动方案也只能产生一个确定的结果,那么,如何对各个备选方案进行决择,从而使收益最大或损失最小呢?这就是确定型决策。具体方法一般有如下几种。

一、差量分析法

差量分析法是通过计算不同方案间的差量收入和差量成本及差量损益,从而评价方案优劣的一种决策分析方法。

此法往往在互斥决策时用到。这里的差量收入是指两个备选方案的预期收入之差,差量成本是指两个备选方案的预期成本之差,差量损益是指两个备选方案的预期损益之差。

如现有 A、B 两个备选方案,预期收入分别为 S_a 和 S_b,预期成本分别为

Ca 和 Cb,则,

差量损益＝(Sa－Sb)－(Ca－Cb)

当差量损益大于零,则宜选用 A 方案;如小于零,则宜选用 B 方案;而如等于零,则说明 A,B 效益相同。

新产品开发决策、半成品是自制还是外购决策等往往采用此法。

(一) 新产品开发

企业在开发新产品时,往往涉及开发哪种新产品的问题,如果各种新产品的收入成本资料已知,或差量收入或差量成本已知,就可用差量分析法进行决策。

例 1. 某企业利用闲置设备准备开发新产品,现有 A,B 两种产品可供选择,如表 6-1 所示。

表 6-1 资　料

项　目	A	B
预计单价(元/件)	100	200
预计单位变动成本(元/件)	80	150
预计销量(件)	200	100

要求:作出开发何种产品的抉择。

解:A,B 方案的差量收入＝100×200－200×100＝0

A,B 方案的差量成本＝80×200－150×100＝1 000

A,B 方案的差量损益＝0－1 000＝－1 000＜0

故宜选用 B 种方案,因为 A 比 B 少得 1 000 元利润。

(二) 半成品是自制还是外购决策

企业的半成品可以立即出售,也可以把它加工成产成品后再出售,这就面临着这样一个决策问题,加工后的产品售价一定要高于半成品售价,但相应地要追加一定的深加工成本,当把现有加工能力是否可转移等问题考虑进去后,就能用差量分析法进行抉择。

例 2. 某企业生产半成品可立即出售,单价 80 元/件,单位变动成本为 60 元/件,年产量 2 000 件,若经过深加工后为完工产品,每件变动加工成本为 30 元/件,完工产品售价为 200 元/件,但投入产出比为 2∶1。要求:就以下各不相关情况作出要否深加工的决策。

(1) 企业现已具备深加工能力,且无法转移;

(2) 企业深加工能力可以转移,获 20 000 元的收入。

解:(1) 差量收入＝200×1 000－80×2 000＝40 000

　　　　差量成本＝30×1 000＝30 000
　　　　差量损益＝40 000－30 000＝10 000＞0
　　故宜进行深加工。
　　（2）差量收入＝40 000
　　　　差量成本＝30×1 000＋20 000＝50 000
　　　　差量损益＝40 000－50 000＝－10 000＜0
　　故不宜进行深加工，而宜立即出售。

二、边际贡献分析法

　　边际贡献分析法是通过比较两个备选方案所提供的边际贡献总额的大小从而进行抉择的方法。

　　在企业的生产经营活动中，很多情况下固定成本是个常数，与决策无关，故要比较两个方案利润的大小，只需比较它们边际贡献的大小。在资源有限的情况下，也可通过计算各方案和单位资源提供的边际贡献的大小来进行抉择。

　　亏损产品停产问题决策、特殊订货决策、新产品开发决策等常采用此法。

　　（一）亏损产品停产问题决策

　　企业在生产经营中某些产品由于种种原因会出现非政策性亏损情况，对亏损产品如何处理，这是决策者们面临的严峻问题。

　　1．停产后剩余能力无法利用

　　当亏损产品停产后剩余生产能力无法利用或转移时，亏损产品是否停产完全取决于该亏损产品提供的边际贡献是否大于零。当亏损产品提供的边际贡献小于零，应立即停产，否则应继续生产。

　　2．停产后剩余能力可以转移

　　当亏损产品停产后其生产能力能利用或转移时，则应将转移得到的边际贡献与亏损产品的边际贡献相比，当转移得到的好处大于亏损产品的边际贡献时，则应将亏损产品停产，然后将能力转移，否则应继续生产。

　　例3． 企业生产甲、乙两种产品，资料如表6-2所示。

表6-2　资　　料

项　　目	甲	乙
销售单价（元/件）	10	20
单位变动成本（元/件）	8	15
销售量（件）	1 000	1 200
固定成本（元）	3 000	3 000

试问：在如下两种不相关情况下，甲产品应否停产？

(1) 停产后生产能力不能利用；

(2) 停产后闲置下来的生产能力可转产新产品丙，可获得边际贡献 2 500 元。

解：甲产品是亏损产品，乙产品是盈利产品，编制收益表如表 6-3 所示。

表 6-3 损 益 表　　　　　　　　　　　　　　单位：元

摘　　要	甲	乙	合　计
销售收入总额	10 000	24 000	34 000
减：变动成本总额	8 000	18 000	26 000
边际贡献总额	2 000	6 000	8 000
减：固定成本总额	3 000	3 000	6 000
税前利润	−1 000	3 000	2 000

(1) 如果甲产品停产后其生产能力不能利用，则甲产品不能停产，因为甲产品能提供 2 000 元边际贡献。如果将它停产，则原由它负担的固定成本 3 000 元仍存在，只不过转到由乙产品负担，而原来可得到的边际贡献 2 000 元也损失掉了，这时乙产品需弥补的固定成本为 6 000 元，这时乙就成了保本产品。

(2) 而如生产能力能转移，可获得 2 500 元边际贡献的话，则由于 2 500−2 000=500＞0，故应将甲产品停产，而将其能力转产新产品丙，这时可比原来多得 500 元。

(二) 特殊订货决策

如企业生产能力尚有剩余，则是否可接受低于正常价格甚至低于单位产品成本的特殊订货呢？我们可借助于边际贡献分析法进行决策。

(1) 如企业生产能力有足够的剩余，即接受该特殊订货无需追加生产能力，也无需压缩正常销售任务，剩余的生产能力也无法利用，则接受该特殊订货的条件是：特殊订货的边际贡献大于零，或特殊订货的单价大于单位变动成本。

(2) 如接受特殊订货需追加专属成本，则只要特殊订货的剩余边际贡献（特殊订货的边际贡献扣除专属成本）大于零就可以接受。

(3) 如接受特殊订货需压缩正常销售任务，则应将由于压缩正常销售而损失的边际贡献作为接受订货时的机会成本处理，此时，接受特殊订货的条件是：特殊订货的边际贡献大于机会成本。

(4) 如剩余能力可转移（前面三种情况均假设无法转移），则只需将转移得到的好处作为接受特殊订货时的机会成本处理。

例 4. 某企业本年计划生产甲产品 5 000 件,甲的正常市场价格为 60 元/件,甲具体资料如表 6-4 所示。

表 6-4　资　　料　　　　　　　单位:元/件

成本项目	单位成本
直接材料	20
直接人工	10
变动制造费用	10
固定制造费用	8

现有一购货单位向企业订购甲产品 2 000 件,单位产品开价 45 元,要求就以下各不相关情况作出应否接受该订货的决策。

(1) 企业最大生产能力为 7 000 件,剩余能力无法利用,追加订货不需要追加专属成本;

(2) 企业最大生产能力为 6 000 件,剩余能力无法利用,也不需追加专属成本;

(3) 最大生产能力为 6 800 件,剩余能力可以转移,若对外出租,可获租金收入 2 000 元,追加订货要增加 3 000 元专属成本。

解:(1) 甲的单位变动成本为 20+10+10=40

故特殊订货提供的边际贡献为:

(45－40)×2 000=10 000(元)

故可以接受该订货。

(2) 由于企业最大生产能力为 6 000 件,故如接受特殊订货 2 000 件则需压缩正常销售 1 000 件,故是否接受该订货应取决于剩余边际贡献(特殊订货提供的边际贡献减由于减少正常销售而损失的边际贡献)是否大于零。

由于剩余边际贡献=(45－40)×2 000－(60－40)×1 000

=－10 000＜0

故不宜接受特殊订货。

(3) 由于最大生产能力为 6 800 件,故如接受特殊订货应压缩正常生产 200 件,同时还需追加专属成本 3 000 元,且如对外出租得到的租金应作为接受特殊订货的机会成本处理。

剩余边际贡献=(45－40)×2 000－(60－40)×200－3 000－2 000=1 000＞0

故应接受。

（三）新产品开发决策

在新产品开发决策中，当资源有限时，可通过计算单位资源边际贡献指标而进行抉择。

$$单位资源边际贡献=\frac{单位边际贡献}{单位产品资源消耗定额}$$

例 5. 某企业准备利用剩余机器小时开发新产品 A 或 B，具体资料如表 6-5 所示。

表 6-5 资 料

项　　目	A	B
销售单价（元/件）	10	20
单位变动成本（元/件）	9	16
每件定额机器小时（小时/件）	1	5

试作出开发何种产品的决策。

解：计算单位资源边际贡献指标。

A 每小时提供的边际贡献为 1 元/小时；

B 每小时提供的边际贡献为 $\frac{20-16}{5}=0.8$ 元/小时。

由于 A 每小时提供的边际贡献大于 B，故在一定的机器小时中，A 提供的边际贡献总额也一定大于 B，故宜选用 A 方案。

三、成本无差别点法

此法是根据各备选方案成本与业务量之间的依存关系，在各备选方案的业务量不确定的情况下，通过比较各备选方案总成本的高低从而进行抉择的方法。这里的成本无差别点是使两个方案总成本相等时的业务量，通过作图法等来帮助判断和抉择。

这种方法的业务量一般是不确定的，且常在不涉及备选方案预期收入变化的情况下使用。如零部件自制或外购决策、工艺方案的决策等常使用此法。

（一）零部件自制或外购决策

企业需要的零部件既可以从市场上购得，也可以自己加工制作，自制时需要发生料、工、费的消耗，外购时也要发生购买价及运输费，是自制还是外购应根据不同的条件，采用成本无差别点法进行抉择。

1. 零部件需要量确定时

零部件需要量确定时，自制或外购的抉择只需算出各备选方案的总成本，择其低者即最优。

例 6. 某企业需要甲部件,每年需要 2 000 件,该部件既可以从市场采购,单价包括运杂费为 20 元,也可利用企业部分生产能力进行自制,自制时每件发生直接材料费 5 元、直接人工费 5 元、变动制造费用 6 元,另外,自制时还需添置一部分机器设备,增加专属成本 2 000 元,问宜自制还是外购。如企业部分生产能力不利用的话可转移,每年可得租金收入 8 000 元,问此时宜自制还是外购。

解:外购总成本 $=20\times 2\,000=40\,000$(元)

自制总成本 $=(5+5+6)\times 2\,000+2\,000=34\,000$(元)

由于自制比外购节约 6 000 元,故宜选自制。

而如企业部分生产能力不利用则可转移的话,

自制总成本 $=(5+5+6)\times 2\,000+2\,000+8\,000=42\,000$(元)

由于外购比自制节约 2 000 元,故宜选外购方案。

2. 零部件需要量不确定时

在零部件需要量不确定时,自制或外购决策往往采用成本无差别点法,即先确定成本无差别点产量,然后通过作图法等判断。

例 7. 仍按例 6 的资料,但假设甲部件年需要量不确定,试确定甲部件年需要量在什么范围内宜自制,在什么范围内宜外购。

解:设零部件需要量为 x。

外购总成本 $=20x$

自制总成本 $=16x+2\,000$

解方程得 $x=500$(件)

故当 $x\leqslant 500$ 件时,宜选外购;

当 $x\geqslant 500$ 件时,宜选自制。

当能力可转移时,

外购总成本 $=20x$

自制总成本 $=16x+2\,000+8\,000$

解方程得 $x=2\,500$(件)

故当 $x\leqslant 2\,500$ 件时,宜选外购;

当 $x\geqslant 2\,500$ 件时,宜选自制。

(二)工艺方案的决策

企业在生产、加工某种产品的时候,会涉

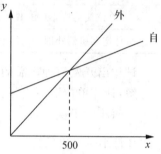

图 6-2　自制与外购的成本无差别点分析图

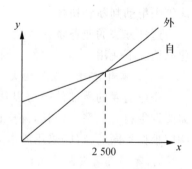

图 6-3　自制与外购的成本无差别点分析图

及用哪一种工艺、哪一种设备进行加工的问题。用先进的、自动化程度较高的工艺设备加工生产产品,单位产品成本较低,但相应的固定成本会较高;反之,用原始的普通的工艺设备生产和加工,单位产品成本较高,但相应的固定成本较低。一般来说,当生产加工的批量较大时,宜采用先进的、自动化程度较高的工艺和设备进行生产和加工;否则,采用普通的工艺和设备。具体抉择时,可借用成本无差别点法进行。

例 8. 某厂分别可用甲、乙、丙三种工艺方案生产产品 A,具体资料如表 6-6 所示。

表 6-6 资　　料

工艺方案	单位变动成本(元/件)	年固定成本(元)
甲	10	2 000
乙	8	3 000
丙	4	6 200

问:A 产品年需要量在什么范围内宜选用甲方案?在什么范围内宜选用乙方案和丙方案?

解:设 A 产品年需要量为 x。

甲方案总成本 $y_甲 = 10x + 2\,000$

乙方案总成本 $y_乙 = 8x + 3\,000$

丙方案总成本 $y_丙 = 4x + 6\,200$

两两求交点:

$$\begin{cases} y_甲 = 10x + 2\,000 \\ y_乙 = 8x + 3\,000 \end{cases}$$

得 $x = 500$

$$\begin{cases} y_乙 = 8x + 3\,000 \\ y_丙 = 4x + 6\,200 \end{cases}$$

得 $x = 800$

$$\begin{cases} y_甲 = 10x + 2\,000 \\ y_丙 = 4x + 6\,200 \end{cases}$$

得 $x = 700$

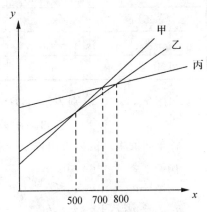

图 6-4　成本无差别点分析法

故当零部件的需要量在 500 件以内时,宜采用甲方案,在 500 件至 800 件时宜用乙方案,在 800 件以上时宜采用丙方案。

四、线性规划法

线性规划法是运筹学的一个重要组成部分,是专门用来对具有线性关系的极值问题进行求解的一种现代数学方法。它能针对若干约束条件(如机器设备的生产能力、材料供应、销售情况等)合理组织人、财、物,使企业的有限资源得到最佳运作,从而获得最大的经济效益。可以说,线性规划是经营决策中常用的一种定量技术。它把实际决策问题通过建立线性规划模型转化为数学问题来处理。

如某企业生产 A,B,C 三种产品,生产每种产品在各车间所需加工的工时、利润及各车间的生产能力如表6-7所示。问该企业应如何安排 A,B,C 产品的生产量,才能既充分利用企业的资源(即各车间的工时),又能使该企业获得最大的利润。

表6-7 各车间生产各种产品的能力、工时及利润表

工时/件＼产品＼车间	A	B	C	可供使用量
甲	a_{11}	a_{12}	a_{13}	b_1
乙	a_{21}	a_{22}	a_{23}	b_2
丙	a_{31}	a_{32}	a_{33}	b_3
利润(元/件)	c_1	c_2	c_3	

如用 x_1,x_2,x_3 分别表示 A,B,C 三种产品的件数,则企业可获的利润为:
$Z=c_1x_1+c_2x_2+c_3x_3$(目标函数)

各车间的生产能力可由以下一组不等式表示(约束条件)。

$a_{11}x_1+a_{12}x_2+a_{13}x_3 \leqslant b_1$

$a_{21}x_1+a_{22}x_2+a_{23}x_3 \leqslant b_2$

$a_{31}x_1+a_{32}x_2+a_{33}x_3 \leqslant b_3$

另外,产量 x_1,x_2,x_3 非负。

这样,我们就得到了该企业各种产量问题的线性规划模型:

$Z=\sum_{j=1}^{3}c_jx_j$

$\sum_{j=1}^{3}a_{ij}x_j \leqslant b_i (i=1,2,3)$

$x_j \geqslant 0$

然后,我们只需用图解法,或用单纯形法,求目标函数的极大(或极小)值,就能作出抉择。

（一）图解法

在解决只有两个变量的线性规划问题时，常用此法以求得满足约束条件的合理解。其具体步骤是：

（1）确定问题中的目标函数和约束条件，并以代数式表示；

（2）根据约束条件在平面直角座标系中绘制图式，确定产品组合的"可行性面积"，有这区域内所有产品组合都符合公共约束条件；

（3）在可行性面积内，确定能使目标函数得到极大（或极小）值的产品最优组合。

（二）单纯形法

单纯形法是应用最广泛和最有效的线性规划方法，也是线性规划问题的通用解法，它的主要优点在于能够解多变量的线性方程，解决图解法解决不了的最优化问题。

单纯形法的计算过程是一系列的迭代过程，每次迭代都进一步接近最优解，每次新解总是比先前的解产生较大的（或较小的）目标函数，经过有限次迭代，最后找出最优解。具体步骤有以下几个。

1. 引入松弛变量

对于 n 个变量 m 种约束条件的线性规划问题，一般可引入 m 个松弛变量 $x_{n+1}, x_{n+2}, x_{n+m}$，这时通用形式为

$$Z = c_1 x_1 + c_2 x_2 + \cdots + c_n x_n + 0 x_{n+1} + \cdots + 0 x_{n+m}$$

$$\begin{cases} a_{11} x_1 + a_{12} x_2 + \cdots + a_{1n} x_n + x_{n+1} = b_1 \\ a_{21} x_1 + a_{22} x_2 + \cdots + a_{2n} x_n + x_{n+2} = b_2 \\ \cdots \cdots \\ a_{m1} x_1 + a_{m2} x_2 + \cdots + a_{mn} x_n + x_{n+m} = b_m \end{cases}$$

$$x_i \geq 0 (i = 1, 2, 3 \cdots n + m)$$

2. 列出单纯形表

对于 n 个变量的线性规划问题，其单纯形表如表 6-8 所示。

表 6-8　单纯形表

C'_B	C_j x_B	C_1 x_1	C_2 x_2	...	C_n x_n	C_{n+1} x_{n+1}	C_{n+2} x_{n+2}	...	C_{n+m} x_{n+m}	b_1
C'_1	x_{n+1}	a_{11}	a_{12}	...	a_{1n}	1	0	...	0	b_1
C'_2	x_{n+2}	a_{21}	a_{22}	...	a_{2n}	0	1	...	0	b_2
...	...	...	...	...	...	...	...	...	...	...
C'_m	x_{n+m}	a_{m1}	a_{m2}	...	a_{mn}	0	0	...	1	b_m
	Z_j	Z_1	Z_2	...	Z_n	Z_{n+1}	Z_{n+2}	...	Z_{n+m}	Z
	$C_j - z_j$	$C_1 - z_1$	$C_2 - z_2$	...	$C_n - z_n$	$C_{n+1} - Z_{n+1}$	$C_{n+2} - Z_{n+2}$	...	$C_{n+m} - z_{n+m}$	

其中，迭代前 c'_i 均取 0。

$$\sum_{i=1}^{m} c'_i a_{ij} = Z_j \quad \sum_{i=1}^{m} b_i c'_i = Z$$

$C_j - z_j (j=1,2,\cdots,n+m)$ 为检验数。

单纯形法求解最优解，实际上是利用单纯形表经过有限次迭代求解。当检验数 $C_j - Z_j(j=1,2,\cdots,n+m)$ 全部为非正数时，则迭代完毕，所得解即最优解。

第三节 非确定型决策

决策者在对未来事件虽有一定程度的了解，知道可能出现的各种自然状态，但又无法确定各种自然状态可能发生概率的情况下所作的决策就是非确定型决策。这种决策的有关因素由于难以确定，完全取决于决策者的经验判断和估计，故带有某种程度的主观随意性，具有一定的风险性。

进行非确定性决策常用的方法有以下几种。

一、乐观决策法

此法也叫"最大的最大收益值法"或"大中取大"法，是在每一决策方案的最佳结果中，选择结果最好的方案的方法。这种方法常为乐观的、有信心取得每一决策方案最佳结果的、敢担风险的进取型决策者所采用。

具体步骤是：

(1) 确定各种可行方案，如设有 m 个方案：$A_1, A_2, A_3, \cdots A_m$；

(2) 确定决策问题所面临的各种自然状态，如设有 n 种状态：$Q_1, Q_2, Q_3, \cdots Q_n$；

(3) 将每种方案在各种自然状态下的效益值 $a_{ij}(i=1,2,\cdots m; j=1,2,\cdots n)$ 布于决策表中；

(4) 求出每种方案在各种自然状态下的最大效益值，列于决策表的最右一列：$\max\limits_{Q_j}(a_{i1}, a_{i2}, \cdots a_{in})(i=1,2\cdots m)$；

(5) 取 $\max\limits_{Q_j}[a_{ij}]$ 中的最大值 $\max\limits_{A_i}\{\max\limits_{Q_j}[a_{ij}]\}$，所对应的方案 A_i 为最优方案。

表 6-9 决 策 表

效益(损失)值 \ 方案 \ 自然状态	Q_1	Q_2	$\cdots$	Q_n	$\max\limits_{Q_j}[a_{ij}]$
A_1	a_{11}	a_{12}	$\cdots$	a_{1n}	
A_2	a_{21}	a_{22}	$\cdots$	a_{2n}	
$\vdots$			$\vdots$		
A_m	a_{m1}	a_{m2}	$\cdots$	a_{mn}	
方案	$\max\limits_{A_i}\left\{\max\limits_{Q_j}[a_{ij}]\right\}$				

注意:如决策表是属于损失型的,则应采取"最小的最小损失值法"。

二、悲观决策法

这是在客观形势对决策者不利,决策者认为没有希望获得最理想结果形势下所作的决策,常为悲观的、保守的,或不求大利的稳健型决策者所用。具体分"小中取大法"和"大中取小法"两种。

(一)小中取大法

此法也叫"最大的最小收益值法",是从每个方案的最坏结果中选择一个最佳值,即在所有最不利的收益中,选取一个收益最大的方案作为决策方案的方法。此法与乐观决策法的区别在于第四步是求出每种方案在各种自然状态下的最小收益值,而不是最大值,列于决策表的最右一列。

表 6-10 决 策 表

效益(损失)值 \ 方案 \ 自然状态	Q_1	Q_2	$\cdots$	Q_n	$\min\limits_{Q_j}[a_{ij}]$
A_1	a_{11}	a_{12}	$\cdots$	a_{1n}	
A_2	a_{21}	a_{22}	$\cdots$	a_{2n}	
$\vdots$			$\vdots$		
A_m	a_{m1}	a_{m2}	$\cdots$	a_{mn}	
方案	$\max\limits_{A_i}\left\{\min\limits_{Q_j}[a_{ij}]\right\}$				

注意:如决策表是属于损失型的,则应采取"最小的最大损失值法"。

(二)大中取小法

此法亦称"最小的最大后悔值法",它是在各方案不同自然状态下的最大后悔值中找最小值,以其对应的方案为最优方案的决策分析方法。这是由于决策制定以后,若未来实现的状态表明本决策非最佳决策,而选另一个方案收益更大时,决策者必感到后悔,为了减少决策者的后悔程度,从心理平衡角度出发,就采用此法。具体步骤是:

（1）计算各方案在各种自然状态下的后悔值。某方案在某种自然状态下的后悔程度为:

后悔值＝该状态下最大收益值－该状态该方案的收益值

（2）选出每一方案的最大后悔值;

（3）在最大后悔值中找最小值,其对应方案即决策方案。

三、乐观系数法

乐观系数法又称折中决策法,是通过乐观系数 α 和悲观系数 $1-\alpha$ 对每个方案的最大收益和最小收益值分别打一个折扣,进行加权平均,计算方案的可能收益值,再从中选择最大值,其对应方案即为最优方案的决策分析方法。

乐观系数常以 α 表示,$0 \leqslant \alpha \leqslant 1$。一般来说,较乐观的决策者乐观系数可能会选大些;而悲观的决策者,其乐观系数较小些。

如以 $E(A_i)$ 代表第 i 个方案的加权平均收益值,则

$$E(A_i) = \alpha \max_{\theta_j}[a_{ij}] + (1-\alpha) \min_{\theta_j}[a_{ij}]$$

设 $E(A_i)$ 中的最大值为 E,则

$$E : \max\{E(A_i)\} (i=1,2\cdots m)$$

其对应的方案即决策方案。

第四节 风险型决策

风险型决策是决策者根据几种不同自然状态可能发生的概率所进行的决策。当每种方案的实施都受两种或两种以上的自然状态影响并引起不同的结果且每种结果出现的可能性可以用概率来表示时,决策者不管选用哪种方案,都要承担一定的风险,故属于风险型决策。

风险型决策一般需要具备以下几个条件:

（1）存在着决策人企图达到的一个明确的目标;

（2）存在着决策人可以选择的两个以上的行动方案;

（3）存在着不以决策人的主观意志为转移的两种以上的客观状态;

（4）不同行动方案在不同自然状态下的损失和利益可以计算出来;

（5）未来的各种自然状态可能出现的概率,决策者可以预先估计出来。

风险型决策常用的分析方法有如下几种。

一、期望值决策法

期望值决策法是以不同方案的期望值(收益或损失)作为选优的标准,从而进行的抉择。

(一)期望收益值法

此法是通过比较不同方案的期望收益值,并选期望收益值最大方案为决策方案的决策分析方法。

例 9. 某水果商在夏季购进鲜荔枝,每公斤进价 15 元,售价 30 元,但如果当日不能卖出,则由于变质等原因每公斤只能卖 10 元。如今年市场需求情况不清楚,但去年同季销售情况如表 6-11 所示。

表 6-11 资　　料

日销售量(公斤)	完成日销售量的天数
80	12
90	20
100	32
110	16
累计	80

问怎样制订荔枝的日进货计划,才能得到最大利润?

解:(1) 先确定去年同季日销售量的概率。

日销售量为 80 公斤、90 公斤、100 公斤、110 公斤的概率分别为

$\frac{12}{80}=0.15$　$\frac{20}{80}=0.25$　$\frac{32}{80}=0.4$　$\frac{16}{80}=0.2$

(2) 按照每天可能的日销售量,编制不同进货方案的条件收益表,具体条件收益表计算如下:

如以 q 代表日进货量,d 代表日销售量,则

当 $q \leqslant d$ 时

条件收益 $=(30-15)q$

当 $q > d$ 时

条件收益 $=(30-15)d+(10-15)(q-d)=15d-5(q-d)=20d-5q$

表 6-12　不同日进货量的条件收益表

条件收益（元）＼日销售量（公斤）＼日进货量（公斤）	80	90	100	110	期望收益
概率	0.15	0.25	0.4	0.2	
80	1 200	1 200	1 200	1 200	1 200
90	1 150	1 350	1 350	1 350	1 320
100	1 100	1 300	1 500	1 500	1 390
110	1 050	1 250	1 450	1 650	1 380

（3）计算期望收益值。

在某日进货量下的期望收益值为

期望收益＝Σ条件收益×概率

（4）决策。

本例中，由于日进货量为 100 公斤时的期望收益值最大，故日进货量为 100 公斤时，该水果商可获得最大利润。

（二）期望损失值法

此法是通过比较各备选方案的期望损失，并选期望损失最小的方案为决策方案的决策分析方法。

其具体程序是：

（1）先确定对应的概率；

（2）编制条件损失表。

当日进货量 q＜日销售量 d 时

条件损失＝进货不足造成的机会损失＝（售价－进价）×$(d-q)$

当 q＞d 时

条件损失＝进货超过销售量造成的经营损失

　　　　＝单位损失×$(q-d)$

当 $q＝d$ 条件损失＝0

仍以例 9 为例。

表 6-13　不同日进货量的条件损失表

条件收益（元）＼日销售量（公斤）＼日进货量（公斤）	80	90	100	110	期望损失
概率	0.15	0.25	0.4	0.2	
80	0	150	300	450	247.5
90	50	0	150	300	127.5
100	100	50	0	150	57.5
110	150	100	50	0	67.5

表 6-13 中,对角线右上方均为机会损失,左下方均为经营损失。

(3) 计算期望损失值。

某日进货量下的期望损失值为

期望损失 = Σ 条件损失 × 概率(见表 6-13 最右一列)

(4) 决策。

由于日进货量为 100 公斤时的期望损失值最小,为 57.5 元,故应选日进货量为 100 公斤的方案。

二、决策树法

决策树法是用树形图来反映各方案的概率期望值并从中选择最优方案的方法。

其基本结构如图 6-5 所示。

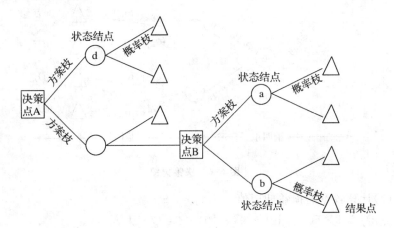

图 6-5　决策树图

图 6-5 中,方框为决策点,由决策点伸出的枝为方案枝,方案枝的末端上的圆圈为状态结点,由状态结点引出的线为概率枝,概率枝末端的三角是结果点。

决策树法的具体决策过程是:由左向右,根据最右端的结果点和概率枝对应的概率,计算出方案在不同状态下的期望值,并通过优选进行抉择。倘若是一个多阶段的决策项目,则前一个状态结点的期望值由后若干个状态结点的期望值与其概率"连乘加"得到。最后修剪掉不合理的方案枝,留下期望值最大的方案枝,即最优方案。

例 10. 某企业面临扩大生产能力决策。现有两个方案可供选择:(1) 扩建分厂;(2) 增设车间。扩建分厂需投资 200 万元,增设车间则需 100 万元,可使用寿命都为 8 年,前四年销路好的可能性是 0.6,差的可能性是 0.4。而前四年销路好,则后四年销路好的概率是 0.9;如前四年销路差,则后四年销路好的概率为 0.2。如销路好,扩建分厂每年可获得收益 50 万元,增设车间每年可获益 30 万元;如销路差,扩建分厂每年亏损 10 万元,增设车间每年可获益 10 万元。试用决策树法分析。

(1) 先画出决策树图(图 6-6)。

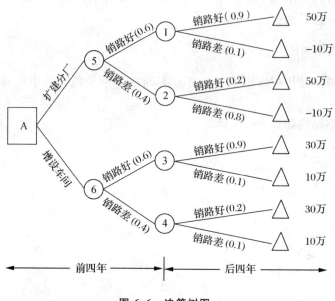

图 6-6　决策树图

(2)计算各点的损益期望值。

点①:0.9×50×4+0.1×(-10)×4=176(万元)

点②:0.2×50×4+0.8×(-10)×4=8(万元)

点⑤:0.6×50×4+0.6×176+0.4×(-10)×4+0.4×8-200=12.8(万元)

点③:0.9×30×4+0.1×10×4=112(万元)

点④:0.2×30×4+0.8×10×4=56(万元)

点⑥:0.6×30×4+0.6×112+0.4×10×4+0.4×56-100=77.6(万元)

(3)决策。

由于扩建分厂方案的期望值为 12.8 万元,比增设车间方案的期望值 77.6 万元小,应删去。故该企业应选的最优方案为增设车间。

复习思考题

1. 什么是决策？它有几种分类？
2. 什么是差量分析法？试举例说明。
3. 什么是边际贡献分析法？试举例说明。
4. 产品亏损了应马上停产对不对？为什么？
5. 接受特殊订货的前提条件是什么？
6. 什么是成本无差别点？它是如何确定的？
7. 什么叫风险型决策和不确定型决策？它们是如何决策的？

习 题

1. 某厂生产甲产品,只利用了生产能力1万机器小时的70%。该厂为了增加盈利,拟准备利用剩余生产能力开发一种新产品,有A,B两个新品种可供选择。已知A品种和B品种有关单价、单位变动成本和单位定额工时的预测资料如下表所示,不需追加专属成本。

项　　目	A产品	B产品
销售单价单位(元)	16	22
单位变动成本(元)	10	12
每件定额机器小时	3	4

要求:(1)根据资料作出开发哪种新产品较为有利的决策分析。

(2)如开发A产品和开发B产品分别要添置不同的设备,相应分别需要追加专属固定成本2 000元和4 000元,作出开发哪种新产品较为有利的决策分析。

2. 某企业本年计划生产1万件甲产品,正常价格为70元/件。其单位成本构成如下:直接材料20元,直接人工15元,变动制造费用5元,固定制造费用5元。现有一企业向该企业特殊订货2 000件甲产品,特殊订货价格为50元/件。要求就以下各不相关方案作出可否接受特殊订货的决策。

(1)企业最大生产能力为12 000件,剩余能力无法转移,追加订货不需追加专属成本。

(2)企业最大生产能力为11 000件,剩余能力无法转移,也不需追加专属成本。

(3)企业最大生产能力为12 000件,剩余生产能力也无法转移,但追加订货要求经过某台专用设备加工,设备价值为1万元。

(4) 最大生产能力为 11 800 件,剩余生产能力可以转移,若对外出租可获租金收入 4 000 元,追加订货要求追加 5 000 元专属成本。

3. 某厂可用三种工艺技术方案生产 A 零件。可分别用普通车床、六角车床、自动化车床来进行加工生产。三种车床加工发生的成本资料如下表所示：

车床名称	单位变动成本(元/件)	年固定成本(元)
普通车床	10	1 000
六角车床	5	2 000
自动化车床	2	3 000

A 零件的年生产量在什么范围内宜采用普通车床,又在什么范围内宜采用六角车床或自动化车床?

4. A 企业每年需用零部件 1 万只。该零部件可从市场采购(价格为 10 元/只),也可利用企业部分生产能力自行制作。试就以下各不相关情况作出零部件是自制或外购的决策分析。

(1) 企业辅助车间完全有能力自制该零部件,且生产能力无法转移,自制时每只发生的变动成本为 7 元,辅助车间的年固定成本总额为 4 万元。

(2) 企业辅助车间如自制零部件还需添置一部分机器设备,增加专属成本 2 万元,自制时每只的变动成本为 7 元。

(3) 企业辅助车间可以自制该零部件,自制时它的单位变动成本为 7 元,但生产能力可以转移,一部分出租给 B 企业,每月可获租金 2 000 元,另一部分同时可用于加工另一种零部件,每年可获边际贡献 12 000 元。

仍按上述资料,但每年需要的零部件的数量不确定,试判断在题中各不相关的三种情况下,零部件需要量在什么范围内宜选用自制方案?在什么情况下宜选用外购方案?

5. 某配件厂在计划期间,要安排生产甲、乙两种产品,这些产品要在车、刨、铣、磨四种机床上加工,按工艺规定,甲、乙产品在这几种机床上所需的台时数如下表所示：

单位产品所耗资源　　　　　　　　　单位:台时

产 品	车 床	刨 床	铣 床	磨 床
甲	4	2	8	0
乙	6	6	0	8

已知在计划期间,车、刨、铣、磨四种机床可用于加工甲、乙产品的有效台时数分别为 132 台时、96 台时、120 台时、104 台时,并知该厂生产销售一件甲

产品可获边际贡献 160 元,而销售一件乙产品可获边际贡献 200 元。问如何安排生产甲、乙两产品的生产,工厂才能获得最大利润?

6. 红枫公司计划期间准备推销新产品乙,根据市场调查,提出四种产量方案,即推销 5 000 台、6 000 台、7 000 台和 8 000 台,在销路好坏不同的情况下,四种产量方案估计可能获得的边际贡献资料如下:

单位:元

	畅销	一般	滞销
5 000 台	520 000	430 000	36 000
6 000 台	610 000	420 000	38 000
7 000 台	720 000	500 000	46 000
8 000 台	800 000	600 000	32 000

要求分别用以下三种方法进行选优:

(1) 大中取大法;

(2) 大中取小法;

(3) 小中取大法。

第七章 长期投资决策分析

第一节 长期投资决策概述

一、长期投资决策的概念

长期投资通常是指投入财力以增加企业生产经营能力,从而在未来长时期内获得更多收益的一种经济活动。凡涉及投入大量资金,获取报酬或收益的持续期间超过1年,能在较长时间内影响企业经营获利能力的投资就称为长期投资,如厂房设备的扩建、改建、更新,资源的开发和利用,现有设备的改造等投资。长期投资决策要对投资项目的成本和效益进行预测、分析,对投资方案的合理性进行比较评价,从而选出投资省、见效快、质量好、效益高的最佳方案。

由于长期投资决策涉及的资金数额大,并要经过一定时间才能回收,故在较长时间内对企业财务状况有持续影响,风险也较短期决策大。若投资决策合理,企业未来一段期间内的经营状况就好,经济效益就高;反之,如决策失误,轻者会使企业蒙受巨大的经济损失,重者会使企业破产或倒闭。故长期决策直接影响着企业未来长期效益和发展。我们应尽可能掌握和搜集有关资料开展宏观评估,考虑投资项目满足社会需要的程度,并在经济技术可行性分析的基础上,借鉴国外先进的投资决策经验,采用一定的科学方法,结合我国国情,对投资项目进行财务评价。

二、长期投资的特点

综上所述,长期投资的特点,可归为如下几点。

(一) 耗资多

长期投资的项目一般需要大量投资,对企业财务成果和资本构成的影响也大,故在决策前要计算所需的固定资产投资及相应的流动资金支出,并进行相应的筹资工作。

(二) 时间长

投资决策是在较长时间(超过1年)内对企业有持续影响的决策,故应结合货币的时间价值,把在不同时点上的货币折算到同一时点,从而进行分析比较。

(三)风险大

投资项目交付使用后的收益情况及项目寿命,受内、外部多种因素制约,任何长期投资决策都不同程度地存在着风险,故在选择投资方案时,必须结合投资风险价值,慎重地选择。

(四)不可逆转性

长期投资一旦完成,再想改变往往不是代价付出太大,就是损失已无法弥补。故在决策时投资者必须深入、细致地进行可行性分析,通过系统的调查研究,全面分析投资项目的相关因素,从经济上、技术上、财务上论证各种投资方案的经济效果,从而评选出最佳方案。

三、长期投资决策的分类

长期投资决策通常可按以下三个标准分类。

(一)按投资影响范围的广狭,可分为战略性投资决策和战术性投资决策

战略性投资决策主要指对整个企业的经济业务会发生重大影响的投资决策,如企业改变经营方向的决策,企业开发对其未来有影响的新产品的决策等。这类投资决策影响面较广,其成败与否直接关系到企业的未来命运,故必须慎重对待。具体决策时一般由企业最高管理当局筹划,报经董事会或上级主管部门批准。战术性投资决策一般不改变企业的经营方向,是只限于改善局部条件的决策,如对原有产品更新换代、增加花色品种、提高产品质量、降低产品成本等所进行的影响范围较小的投资决策。这类决策一般由企业的中低层或职能管理部门筹划,由高层管理部门参与制定。

(二)按投资具体要求的不同,可分为固定资产投资决策和有价证券投资决策

固定资产投资决策是为了扩大生产能力而进行的增加固定资产数量或提高固定资产效率的投资决策。它主要是对新建、扩建、改建固定资产,购置或租赁固定资产等不同情况进行的投资决策。有价证券的投资决策是为了提高资金使用效益而进行的不能在1年以内变现的投资决策,具体包括股权投资决策(即以现金或资产投入附属企业或其他企业进行直接投资的决策,以及在证券市场上购买其他企业的股票进行间接投资的决策)和债券投资决策(即认购国库券、公债以及向市场购买其他企业发放的公司债券等各项投资决策)。

(三)按投入资金是否分阶段,可分为单阶段投资决策和多阶段投资决策

单阶段投资决策是指投资一次就能完成或建成一个投资项目的决策,这

种决策涉及的方法比较简单,通常大多数的投资项目都属这种性质。多阶段投资决策是指需要分几次投资才能完成或建成一个投资项目的决策,这种决策分析方法比较复杂,有时需要采用决策树方法。

第二节　资金成本和现金流量

一、资金成本

企业进行长期投资所使用的资金是通过长期借款、发行股票和债券、留存一部分税后净利等途径取得的,但企业取得并使用这些资金是要付出代价的。所谓资金成本,就是以百分率表示的、企业取得并使用资金所需负担的成本。

如果投资项目的资金是借入的,则资金成本就是借款利率;如果投资项目的资金是通过发行股票得到的,则资金成本就是股息率;如果资金是投资者自有的,则资金成本就是投资者希望获得的投资报酬率。由于一个企业进行长期投资所需的资金往往有各种不同的来源,而不同的资金来源,其资金成本是不一样的,故需用一个综合的资金成本来表达。这个综合的资金成本可以根据各种资金来源的资金成本,用加权平均的方法来计算,其计算公式为:

$$K_0 = \Sigma W_j K_j$$

式中:

K_0——资金来源的资金成本;

W_j——资金来源 j 所占的比重;

K_j——资金来源 j 的资金成本。

资金成本在长期投资决策中是计算货币时间价值的根据,也是企业用于确定投资项目取舍的"舍弃率"。当投资方案未来现金流入量按资金成本折为现值的总和大于现金流出量的总现值时,说明该投资方案是有利的,可以接受;反之,当未来现金流入量按资金成本折成现值的总和小于现金流出量的总现值,即企业利用这些资金进行投资所得到的报酬还不够这些资金的成本时,则说明该投资方案不能接受。资金成本是新投资方案是否能接受的最低报酬率,或"极限利率"。

二、现金流量

现金流量是资本循环过程中现金流入、流出的数量。增加资本、增加负债和减少非现金资产,会引起现金流入;减少资本、减少负债和增加非现金资产,会引起现金流出。

管理会计中的现金流量则单纯指由于一项长期投资方案(或项目)而引起的、在未来一定期间内所发生的现金流量。现金流量包括现金流出量、现金流入量和现金净流量三个方面。

(一)现金流出量

现金流出量是指投资方案引起的企业现金支出的增加额。具体包括:

1. 原始投资

原始投资指投资项目在初始投资时发生的现金流出,具体包括以下三项:

(1)固定资产投资。即房屋、建筑物的造价,机器设备的买价、运杂费和安装费等。

(2)流动资金垫支。即为了生产经营而在原材料、在产品、产成品、存货和货币资金等流动资产上的垫支。由于投资扩大了企业的生产能力,引起对流动资产需求的增加,企业需追加的流动资金量是由于该投资所引起的,故应作为该投资的现金流出。

(3)其他投资费用。指与长期投资项目有关的谈判费、注册费、职工培养费等筹建费用。

2. 付现的营运成本

它指使用固定资产发生的各项付现的营运成本,也可称付现成本。具体由付现的变动成本和付现的固定成本构成。

付现成本加上该年不付现的成本(如该年固定资产折旧、无形资产摊销等),就得到当年的总成本。

3. 税

它指企业在该固定资产投产后依法缴纳的营业税、消费税、所得税等。

(二)现金流入量

现金流入量是指投资方案所引起的企业现金流入的增加额。具体包括:

1. 营业现金收入

它指实施该方案后每年实现的全部销售收入或业务收入。

2. 终结回收

它指项目在寿命周期终了时发生的各项现金回收,具体有:

(1)残值收回,即固定资产在报废时的残值收入或中途的变价收入;

(2)垫支收回,即在固定资产使用期满时,因不再发生新的替代投资而收回的原来投放在各种流动资产上的垫支。

在上述的现金流出量和现金流入量中,原始投资一般发生在建设起点及投产前,终结回收一般发生在项目终了时(特殊情况除外),而付现的营运成本、所得税金、营业现金收入则在投产后生产经营期的每年中都要发生。

(三) 现金净流量

1. 现金净流量的概念及计算公式

现金净流量指一定期间现金流入量和现金流出量的差额。

这里所说的"一定期间",有时是指1年内,有时是指投资项目持续的整个年限内。我们假设投资项目的有效持续期间(即从建设到清理的全部年份)分为建设期和生产经营期两个阶段。其中第0年称为建设起点,项目经营期的最后1年称为终结点。当流入量大于流出量时,现金净流量为正值;反之,净现值为负值。

$$\text{某年的现金净流量} = \text{该年的现金流入量} - \text{该年的现金流出量} \tag{1}$$

(1) 在正常的生产经营期(假设原始投资都发生在建设期),由于年生产经营带来的现金净流量又称为年经营现金净流量。在非终结点上,年经营现金净流量的公式具体可化为:

$$\begin{aligned}
\text{某年经营现金净流量} &= \text{该年营业现金收入} - \text{该年付现营运成本} - \text{该年应交税金} \\
&= \text{该年营业现金收入} - \text{该年营业税金等} \\
&\quad - \left(\text{该年的总成本} - \text{该年不付现的成本}\right) - \text{该年所得税金} \\
&= \text{该年税前利润} - \text{该年所得税金} + \text{该年不付现的成本} \\
&= \text{该年税后利润} + \text{该年不付现的成本}
\end{aligned}$$

由于某年不付现的成本主要指固定资产折旧、无形资产摊销、债券折价摊销等,故上面公式可化为:

$$\text{某年的现金净流量} = \text{该年税后利润} + \text{该年折旧} + \text{该年摊销} \tag{2}$$

特别是如果不考虑所得税的影响,则,

$$\begin{aligned}
\text{某年的现金净流量} &= \text{该年税前利润} + \text{该年折旧} + \text{该年摊销} \\
&= \text{该年边际贡献总额} - \text{该年固定成本总额} + \text{该年折旧} + \text{该年摊销} \\
&= \text{该年边际贡献总额} - \text{除折旧、摊销外的固定成本}
\end{aligned} \tag{3}$$

(2) 终结点现金净流量公式为:

$$\text{该年的现金净流量} = \text{该年税后净利} + \text{该年折旧} + \text{该年摊销} + \text{终结回收} \tag{4}$$

(3) 建设期现金净流量。由于在建设期只有现金流出而没有现金流入,故建设期每年的现金净流量是一负值式为零。

$$\text{某年的现金净流量} = 0 - \text{该年发生的原始投资}$$
$$= -\text{该年发生的原始投资} \tag{5}$$

由上可知,如以税前利润作为计算的依据,则折旧模式的不同或折旧额的高低不影响年现金净流量。因由(3)式知,折旧与年现金净流量的计算无关。但是,如以税后利润作为计算的依据,则折旧额的高低会影响年现金净流量。

如设 S 为某年营业现金收入, E 为该年付现营运成本, D 为该年折旧额, r 为所得税率,则

$$\text{年现金净流量} = (S-E-D)(1-r) + D$$
$$= (S-E)(1-r) + Dr$$

如折旧额增加为 D_1,则年现金净流量 $=(S-E)(1-r)+D_1 r$,故年现金净流量增加 $(D_1-D)r$。

可见,折旧额的改变对年现金净流量的影响大小等于折旧的变化额乘所得税率。

2. 以现金净流量作为长期投资决策重要信息的原因

在投资决策中,评价投资效果时应研究的重点是现金流量而非利润。这是因为:

(1)货币由于具有时间价值,即在不同时点上的收入或支出具有不同的价值,故投资决策应弄清每笔预期收入款项或支出款项的具体时间,即应根据各项目寿命周期内各年的现金净流量,并结合货币的时间价值来确定;而净利的计算是以权责发生制为基础的,并不考虑现金收付的实际时间。

(2)利润在各年中受折旧计提方法、存货计价方法等人为因素的影响。如该期折旧提得多,利润就减少,折旧提得少,利润就增加,折旧计提方法不同利润额也会不同。另外,不同的存货计价方法、不同的间接费用分摊方法、不同的成本计算方法也直接左右着各期的利润。为了避免由于折旧过高或过低等人为因素对利润造成的影响,为了保证评价的客观可比性,必须采用现金流量。因为现金流量分布具有客观性,不受人为选择的影响,并能帮助人们结合方案进行公正、客观的评价。

(3)在投资决策中,现金流量比利润更重要。因为,一个投资项目能否维持,不是取决于在某一时点上它能得到多少利润,而是取决于有没有足够的现金来支付。一个效益非常好的企业,也会由于暂时的资金周转不灵而导致倒闭或破产。

例1. 万事达公司投资某项目,原始总投资为100万元,其中固定资产投资90万元,于建设起点投入,流动资金投资10万元,于完工时投入。如项目寿命期为10年,预计投产后前6年每年可获净利润15万元,后4年每年可获净利润16万元。如按直线法折旧,不考虑所得税因素,流动资金于终结点一次回收。

要求:就以下各种不相关情况计算项目每年的现金净流量。

(1) 当年完工并投产,流动资金于建设起点投入,期末无残值;

(2) 建设期为1年,期末无残值;

(3) 建设期为2年,期末有净残值10万元。

解:如以 NCF_t 代表第 t 时点上的现金净流量:

(1) 固定资产年折旧额 $= \dfrac{\text{固定资产原值} - \text{净残值}}{\text{使用年限}}$

$$= \frac{90}{10} = 9(\text{万元})$$

$NCF_0 = -100$ 万元

$NCF_{1\sim6} = 15 + 9 = 24(\text{万元})$

$NCF_{7\sim9} = 16 + 9 = 25(\text{万元})$

$NCF_{10} = 16 + 9 + 10 = 35(\text{万元})$

(2) 固定资产年折旧额也为9万元。

建设期现金净流量:

$NCF_0 = -90$ 万元

$NCF_1 = -10$ 万元

经营期现金净流量:

$NCF_{2\sim7} = 15 + 9 = 24(\text{万元})$

$NCF_{8\sim10} = 16 + 9 = 25(\text{万元})$

$NCF_{11} = 16 + 9 + 10 = 35(\text{万元})$

(3) 固定资产年折旧额 $= \dfrac{90 - 10}{10} = 8(\text{万元})$

建设期现金净流量:

$NCF_0 = -90$ 万元

$NCF_1 = 0$

$NCF_2 = -10$ 万元

经营期现金净流量:

$NCF_{3\sim6} = 15 + 8 = 23(\text{万元})$

$NCF_{9\sim11} = 16 + 8 = 24(\text{万元})$

$NCF_{12} = 16 + 8 + 10 + 10 = 44(\text{万元})$

答:(略)

例 2. 某企业考虑用新设备替换旧设备,旧设备账面净值 5.5 万元,估计还可用 5 年,期末残值 5 000 元,使用该设备后年产品销售收入增加 5 万元,同时经营成本增加 1.5 万元。如现在用 6.2 万元的新设备更换旧设备,旧设备作价 3 万元,新设备可用 6 年,期末残值 2 000 元,使用新设备不增加收入,但可使每年经营成本降低 8 000 元,设备替换不会影响生产计划,所得税率为 40%。要求:分别确定新旧设备有关期间的年现金净流量,并据以确定两者的差额 ΔNCF。(假设不考虑税金减免问题)

解:更新时旧设备的作价收入应作为继续使用旧设备时的现金流出。故继续使用旧设备时:

旧 $NCF_0 = -30\ 000$ 元

旧 $NCF_{1\sim4}$ = 税后净利 + 折旧
　　　　　= [销售收入 − (付现成本 + 折旧)]
　　　　　　× (1 − 税率) + 折旧
　　　　　= $\left[50\ 000 - \left(15\ 000 + \dfrac{55\ 000 - 5\ 000}{5}\right)\right]$
　　　　　　$\times (1 - 40\%) + \dfrac{55\ 000 - 5\ 000}{5}$
　　　　　= 25 000(元)

旧 $NCF_5 = 25\ 000 + 5\ 000 = 30\ 000$(元)

采用新设备时:

新 $NCF_0 = -62\ 000$ 元

新 $NCF_{1\sim5} = \left[50\ 000 - \left(7\ 000 + \dfrac{62\ 000 - 2\ 000}{6}\right)\right]$
　　　　　　$\times (1 - 40\%) + \dfrac{62\ 000 - 2\ 000}{6}$
　　　　　= 29 800(元)

新 $NCF_6 = 29\ 800 + 2\ 000 = 31\ 800$(元)

新旧设备 NCF 之差 ΔNCF 如表 7-1 所示。

表 7-1　现金净流量比较表　　　　　　　　　单位:元

第七年	0	1~4	5	6
新设备 NCF	−62 000	29 800	29 800	31 800
旧设备 NCF	−30 000	25 000	30 000	0
ΔNCF_i	−32 000	4 800	−200	31 800

本题也可采用差量分析法,即从新设备替换旧设备的角度出发,逐一分

析现金流量各项内容变动量对 ΔNCF 的影响,从而计算 ΔNCF,如表 7-2 所示。

表 7-2 更新设备差量现金流量表

项目(差量)	0	1～4	5	6
1. 现金流入				
(1)销售收入		0	0	+50 000
(2)回收固定资产余值			－5 000	+2 000
(3)旧设备变现收入	+30 000			
小　　计	+30 000	0	－5 000	+52 000
2. 现金流出				
(1)更新投资	+62 000	0		
(2)经营成本		－8 000	－8 000	+7 000
(3)所得税		+3 200	+3 200	+13 200
小　　计	+62 000	－4 800	－4 800	+20 200
3. 差量现金净流量 (ΔNCF_t)	－32 000	4 800	－200	+31 800

表 7-2 中第 1～4 年更新时不会改变销售收入,但每年节约经营成本 8 000 元,由于年折旧没有发生变化,故每年增加利润 8 000 元,从而每年增加所得税(8 000×40％)3 200 元;第 5 年年末原旧设备的回收余值 5 000 元在更新时就没有了;第 6 年新设备得到的销售收入 5 万元,发生的经营成本 7 000 元,所交的税 13 200[(50 000－7 000－10 000)×40％]元均构成 ΔNCF 的内容。

第三节　投资效果的简单计算方法

投资效果的简单计算方法,就是在不考虑货币的时间价值和预计收入实现的可能性条件下,计算评价投资效果优劣的方法。在简单计算法下,常用以下两种方法。

一、静态投资回收期法

静态投资回收期是指以投资项目经营现金净流量抵偿原始投资所需要的全部时间。静态回收法就是通过计算静态回收期从而作出决策的方法。回收期的长短,常作为企业评选投资方案优劣的依据。回收期越短,说明投资所冒的风险越小,投资效果越好。静态回收期的计算方法如下:

(1)当经营期年经营现金净流量相等时:

$$\text{回收期}(n_0) = \frac{\text{原始投资总额}}{\text{年经营现金净流量}} \qquad (6)$$

而包含建设期的回收期只需在此基础上加上建设期年数就行。

实际上,只要经营期前 L 年经营现金净流量相等,且 L 年累计经营现金净流量大于原始投资总额就能用(6)式进行计算。

例 3. 要求根据例 1 的资料,分别计算各种情况下不含建设期和含建设期的静态回收期。

解:由于在例 1 的资料中,建设期分别为 0 年、1 年和 2 年,且前几年的年经营现金净流量相等,累计数也超过原始投资额,故可用(6)式计算。

不包含建设期的回收期分别为:

① $\frac{100}{24} = 4.17$(年)

② 4.17 年

③ $\frac{100}{23} = 4.35$(年)

而含建设期的回收期分别为 4.17 年、5.17 年和 6.35 年。

(2) 当经营期年经营现金净流量不相等时,回收期的计算要考虑每年年末的现金净流量与各年年末尚未收回的投资额。具体可通过列表计算,此时的回收期包括建设期。

具体步骤是:

① 先编制投资回收期计算表。

② 在投资回收期计算表中:

1) 如某一年年末尚未回收的投资额为零,则这一年对应的年份就是回收期;

2) 如第 M 年年末尚未回收的投资额大于零,而第 $M+1$ 年年末尚未回收的投资额小于零,则

$$\text{回收期} = M + \frac{\text{第 } M \text{ 年年末尚未回收的投资额}}{\text{第 } M+1 \text{ 年经营现金净流量}}$$

例 4. 某企业现有甲、乙两个投资方案可供选择。已知甲、乙的原始投资额分别为 2.3 万元和 2 万元,于建设起点投入,使用年数和年经营净现金流量指标如表 7-3 所示,试分别计算它们各自的回收期。

表 7-3　经营现金流量表　　　　　　　　　　单位:元

年　份	1	2	3	4	5	6
甲年现金流量	0	8 000	8 000	7 000	7 000	7 000
乙年现金净流量	10 000	8 000	7 000	5 000	4 500	3 000

解：根据上述资料编表 7-4。

表 7-4 投资回收期计算表   单位：元

年　份	1	2	3	4	5	6
甲年经营现金净流量	0	8 000	8 000	7 000	7 000	7 000
年末尚未回收的投资额	23 000	15 000	7 000	0	−7 000	−14 000
乙年经营现金净流量	10 000	8 000	7 000	5 000	4 500	3 000
年末尚未回收的投资额	10 000	2 000	−5 000	−10 000	−14 500	−17 500

故知：

甲方案的回收期为 4 年；

乙方案的回收期为 $2+\dfrac{2\ 000}{7\ 000}=2.29$（年）。

静态回收期法的优点是计算简便，可以促使企业及早收回投资，缺点是没有考虑到货币的时间价值，且忽略了投资回收期后的现金净流量。因为回收期仅仅说明把本收回来所需的时间，而没有说明投资项目的寿命和回收期满后的现金净流量的总和。对于两个投资额相同、回收期相同，而投资获利总量不同的方案如单用回收期法就无法判断。

二、投资利润率法

在简单情况下，投资利润率法是指通过计算投资方案的投资利润率指标而进行决策分析的方法。

投资利润率（或称投资报酬率）是指投产后正常年份的利润或年平均利润占投资总额（原始投资与资本化利息之和）的百分比。即投资利润率＝$\dfrac{\text{年利润或年平均利润}}{\text{原始投资}+\text{资本化利息}}\times 100\%$

例 5. 仍按前面例 1 的资料，计算各种情况下的投资利润率指标。

解：由于各种情况下年平均利润为：$\dfrac{15\times 6+16\times 4}{10}=15.4$（万元），投资总额都为 100 万元；

故各种情况下的投资利润率＝$\dfrac{15.4}{100}\times 100\%=15.4\%$

答：（略）

该种方法的优点是计算简便；缺点是没有考虑货币的时间价值，不能正确反映建设期长短及投资方式不同对项目的影响，并无法直接利用现金净流量信息。

第四节 投资效果的现值计算方法

投资效果的现值计算方法是指在充分考虑和使用货币时间价值的基础上,通过结合方案未来现金净流量和有关指标的计算,对投资效果的优劣进行分析评价的方法。

由于方案未来得到的年现金净流量发生在不同时点上,故必须结合货币的时间价值把不同时点上的现金净流量折算到同一时点上,而现值计算往往能把它们都折算到现值这个时点上。在现值情况下,基本的决策分析方法有如下四种。

一、动态回收期法

按现值计算的动态回收期法,是指结合货币时间价值计算动态回收期,从而进行决策的方法。

动态回收期的计算方法,因各年现金净流量是否相等而异。

(1) 当经营期年经营现金净流量相等,或前 L 年经营现金净流量相等,且前 L 年经营现金净流量在投产时点的现值之和大于此点的原始投资价值之和时:

① 先求年金现值系数。如设 i 代表资金成本,n_0 代表投资项目不包含建设期的回收期,则,

$$(P/A, i, n_0) = \frac{原始投资在投产时点的价值之和}{相等的年经营现金净流量} = C$$

② 在"年金现值表"确定的 i 栏内,找与年金现值系数 C 对应的年份。

1) 若在"年金现值表" i 栏内恰好能找到上述系数 C,则该系数对应的年数即为回收期。

2) 若在"年金现值表" i 栏内找不到上述系数 C,则可利用系数表上 i 栏内略大及略小于该数值的两个临界值 C_m 和 C_{m+1} 及相对应的两个年数 m 及 $m+1$,应用插值法求解。

$$\frac{n_0 - m}{C - C_m} = \frac{1}{C_{m+1} - C_m}$$

故 $n_0 = m + \dfrac{C - C_m}{C_{m+1} - C_m}$

例 6. 仍按例 1 中的资料,计算在第一种情况下当资金成本为 10% 的动态回收期。

解:本题前 6 年年现金净流量相等为 24 万元,且 $NCF(P/A, 10\%, 6) = 24 \times 4.355 = 104.52 > 100$,即满足例 1 中的条件。

故 $(P/A, 10\%, n_0) = \dfrac{100}{24} = 4.167$

查 10% 的"年金现值系数表":
$(P/A, 10\%, 5) = 3.791$
$(P/A, 10\%, 6) = 4.355$
∴ $5 < n_0 < 6$

$n_0 = 5 + \dfrac{4.167 - 3.791}{4.355 - 3.791} = 5.67 (年)$

而包含建设期的回收期只需在此基础上加上建设期就行。投资回收期是 5.67 年,由于回收期比基准回收期 5 年多 0.67 年,故如单从回收期指标看,该投资效果不是很理想。

(2) 动态回收期的一般计算方法。如投资方案不满足上面(1)中的条件规定,则可常用下面的一般计算方法。此时的回收期包括建设期。具体步骤是:

① 先编制动态投资回收期计算表;
② 再分析该计算表。

1) 如某一年年末尚未回收的投资额为零,则这一年对应的年份就是回收期。

2) 如第 M 年年末尚未回收的投资额大于零,而第 $M+1$ 年年末尚未回收的投资额小于零,则

回收期 = $M + \dfrac{第 M 年年末尚未回收的投资额 \times (F/P, i, 1)}{第 M+1 年经营现金净流量}$

例 7. 仍按例 4 的资料,如已知资金成本为 10%,求甲、乙两方案各自的动态回收期。

解:根据已知资料编表 7-5 所示。

表 7-5　动态回收期计算分析表　　　　　　　单位:元

年份	甲方案年经营现金净流量	各年年末投资额	年末尚未回收的投资额	乙方案年经营现金净流量	各年年末投资额	年末尚未回收的投资额
1	0	23 000×(1+10%)=25 300	25 300	10 000	20 000×(1+10%)=22 000	12 000
2	8 000	25 300×(1+10%)=27 830	19 830	8 000	12 000×(1+10%)=13 200	5 200
3	8 000	19 830×(1+10%)=21 813	13 813	7 000	5 200×(1+10%)=5 720	-1 280
4	7 000	13 813×(1+10%)=15 194	8 194	5 000		
5	7 000	8 194×(1+10%)=9 013	2 013	4 500		
6	7 000	2 013×(1+10%)=2 214	-4 786	3 000		

由该表知甲方案的动态回收期为:

$$5+\frac{2013(1+10\%)}{7\ 000}=5.32(年)$$

乙方案的动态回收期为：

$$2+\frac{5\ 200(1+10\%)}{7\ 000}=2.82(年)$$

由于甲的回收期超过了基准回收期,而乙的回收期比基准回收期小,故如单从回收期指标看,甲方案不可取,乙方案可行。

动态回收期法由于考虑了货币的时间价值,故能反映前期现金净流量的影响,比简单情况下的回收期更符合实际,但由于计算比较复杂,且仍没有考虑回收期后现金净流量的总值和整个投资项目的盈利程度,故仍有局限性。在具体评价时,还应结合其他指标进行综合评价。

二、净现值法

净现值法是以投资方案净现值的大小来评价投资方案是否可行的一种决策分析方法。

净现值是指在长期投资项目计算期内,按资金成本折算的各年现金净流量现值的代数和。如用 NPV 代表净现值,i 代表资金成本,则

$$净现值 = \sum_{t=0}^{n}(第\ t\ 年现金净流量 \times 第\ t\ 年的复利现值系数)$$

$$NPV = \sum_{t=0}^{n}[NCF_t \cdot (P/F,i,t)]$$

在原始投资均于建设期投入的情况下,净现值也是经营期现金净流量在建设起点的总现值与原始投资总现值的差。

在具体计算净现值指标时,由于原始投资可能表现为即付年金的形式,建设期可能不为零,经营期年现金净流量可能表现为普通年金等形式,故应结合即付年金求现值、递延年金求现值等方法,灵活处理。

例8. 仍按例1所示的各种情况下的现金净流量信息,如已知资金成本为 10%,试用净现值指标(NPV)评价各行动方案的可行性。

解：在第(1)种情况下：

$$NPV = 24 \times (P/A,10\%,6) + 25 \times [(P/A),10\%,9$$
$$-(P/A,10\%,6)] + 35 \times (P/F,10\%,10) - 100$$
$$= 24 \times 4.355 + 25 \times (5.759 - 4.355) + 35 \times 0.386 - 100$$
$$= 53.13(万元)$$

在第(2)种情况下：

$$NPV = 24 \times [(P/A,10\%,7) - (P/A,10\%,1)]$$
$$+ 25 \times [(P/A,10\%,10) - (P/A,10\%,7)] + 35$$

$$\times (P/F,10\%,11)-90-10\times (P/F,10\%,1)$$
$$=24\times (4.868-0.909)+25\times (6.145-4.868)+35$$
$$\times 0.351-90-10\times 0.909$$
$$=40.14(万元)$$

在第(3)种情况下：
$$NPV=23\times [(P/A,10\%,8)-(P/A,10\%,2)]+24$$
$$\times [(P/A,10\%,11)-(P/A,10\%,8)]+44$$
$$\times (P/F,10\%,12)-90-10\times (P/F,10\%,2)$$
$$=23\times (5.335-1.736)+24\times (6.495-5.335)+44$$
$$\times 0.319-90-10\times 0.826$$
$$=26.39(万元)$$

当用净现值指标评价投资方案的优劣，且净现值 NPV 大于等于零时，则该方案就是可行的，净现值越大，效果越好。

由于这三种方案的净现值都大于零，故方案都可接受，但相比之下，第一种情况下的净现值最大，故效果最好。

当然，净现值指标还可由列表法得到。

如仍以例4的资料，现用列表法计算资金成本10%时乙方案的净现值指标，如表7-6所示。

表7-6 乙方案净现值计算表

年份(t)	各年现金净流量 NCF_t（元）	1元现值系数（$P/F,10\%,t$）	现值（元）
1	10 000	0.909	9 090.00
2	8 000	0.826	6 608.00
3	7 000	0.751	5 257.00
4	5 000	0.683	3 415.00
5	4 500	0.621	2 794.50
6	3 000	0.565	1 695.00
经营期现金净流量总现值			28 859.50
原始投资总额			20 000.00
净现值			8 859.50

由于乙方案的净现值大于零，故可接受。

净现值指标是投资决策评价指标中最重要的指标之一，它既考虑了货币的时间价值，又反映了投资某个项目可以净得的报酬；但它是个绝对数，并不能揭示方案本身能达到多少报酬率，并且在投资额不同、项目寿命不同的投资方案中，有时单凭净现值的绝对数还不能对投资方案进行客观公正的评价。

三、净现值率法

净现值率法是通过计算投资方案的净现值率,从而对方案的优劣进行分析评价的方法。

净现值率是指投资项目的净现值占原始投资现值总和的百分比。即

$$净现值率 = \frac{净现值}{原始投资现值总和} \times 100\%$$

如用 $NPVR$ 代表净现值率,S 代表建设期年数,则

$$NPVR = \frac{NPV}{\left|\sum_{t=0}^{s} \frac{NCF_i}{(1+i)^t}\right|} = \frac{NPV}{\left|\sum_{t=0}^{s} NCF_t \cdot (P/F,i,t)\right|}$$

当单用净现值率指标评价投资方案的优劣,且净现值率大于或等于零时,方案是可行的;否则,则不可行。净现值率越高,效果越好。

例 9. 要求按例 8 的计算结果,计算例 1 各种情况下的净现值率。

解: 在第(1)种情况下,净现值为 53.13 万元,原始投资现值为 100 万元,故

$$NPVR = \frac{53.13}{100} \times 100\% = 53.13\%$$

在第(2)种情况下,净现值为 40.14 万元,原始投资现值总和为 $90 + 10 \times 0.909 = 99.09$(万元),故

$$NPVR = \frac{40.14}{99.09} \times 100\% = 40.51\%$$

在第(3)种情况下,净现值为 26.39 万元,原始投资现值总和为 $90 + 10 \times 0.826 = 98.26$(万元),故

$$NPVR = \frac{26.39}{98.26} \times 100\% = 26.86\%$$

由于这三种方案的净现值率都大于零,故方案都可接受,但由于第一种方案的净现值率最大,故效果最好。

净现值率由于能对不同投资水平的多个方案进行比较,故比净现值指标要好。

四、获利指数法

获利指数法是通过计算投资方案的获利指数对方案的优劣进行分析、评价的方法。

获利指数为经营期按资金成本折算的各年现金净流量的总现值与原始投资总现值之比,即

$$获利指数 = \frac{经营期各年现金净流量的总现值}{原始投资总现值}$$

如用 PI 代表获利指数,则

$$PI = \frac{\sum_{t=s+1}^{n} \frac{NCF_t}{(1+i)^t}}{\left|\sum_{t=0}^{s} \frac{NCF_t}{(1+i)^t}\right|} = \frac{\sum_{t=s+1}^{n}[NCF_t \cdot (P/F,i,t)]}{\left|\sum_{t=0}^{s}[NCF_t \cdot (P/F,i,t)]\right|}$$

当单用获利指数指标评价投资方案的优劣,则获利指数大于或等于1时,方案是可行的;否则,便不可行。获利指数越大,方案的效果越好。

例 10. 仍按例 8 的计算结果,计算例 1 中各种情况下的获利指数。

解:在第(1)种情况下:

$$PI = \frac{24 \times (P/A,10\%,6) + 25 \times [(P/A,10\%,9) - (P/A,10\%,6)] + 35 \times (P/F,10\%,10)}{100}$$

$$= \frac{153.13}{100} = 1.5313$$

在第(2)种情况下:

分子 $= 24 \times [(P/A,10\%,7) - (P/A,10\%,1)]$
$\qquad + 25 \times [(P/A,10\%,10) - (P/A,10\%,7)]$
$\qquad + 35 \times (P/A,10\%,11) = 139.23$

分母 $= 90 + 10 \times (P/A,10\%,1) = 99.09$

故 $PI = \frac{139.23}{99.09} = 1.4051$

在第(3)种情况下:

分子 $= 23 \times [(P/A,10\%,8) - (P/A,10\%,2)]$
$\qquad + 24 \times [(P/A,10\%,11) - (P/A,10\%,8)]$
$\qquad + 44 \times (P/F,10\%,12) = 124.65$

分母 $= 90 + 10 \times (P/F,10\%,2) = 98.26$

故 $PI = \frac{124.65}{98.26} = 1.2686$

由于这三种方案的获利指数都大于1,故方案都可接受,但由于第一种方案的获利指数最大,故效果最好。

由于获利指数是一个相对数指标,反映的是每1元现值原始投资可以获得的报酬的现值,故它可在投资额不同的方案间进行对比,作为评价投资额不同方案效果的一个依据。

另外,从上可知,当原始投资在建设期内全部投入时,净现值率 $NPVR$ 和获利指数 PI 有如下关系:

$$PI = 1 + NPVR$$

五、内部收益率法

此法是通过计算投资方案的内部收益率从而对方案的优劣进行分析评价的方法。

内部收益率又称内部报酬率或内含报酬率,是指一项长期投资方案在其寿命周期内按现值计算的实际投资报酬率,亦可将其定义为能使投资项目的净现值等于零时的折现率。

其基本原理是,把这个报酬率作为投资方案的折现率进行折现,则该方案对应的净现值应为零。如用 IRR 代表内部收益率,显然内部收益率应满足下列条件:

$$\sum_{t=0}^{n}[NCF_t \cdot (P/F, IRR, t)] = 0$$

计算出方案的内部收益率后,就可以根据企业的资金成本进行取舍。如内部收益率高于资金成本,则方案可取,且内部收益率最高者为最佳方案;如内部收益率低于资金成本,则方案不可取。

求内部收益率的方法,因各年现金净流量是否相同而异。

(1) 建设期为零,经营期年现金净流量相等时:

① 计算年金现值系数。按内部收益率的要求,净现值应为零,故

$$年金现值系数 = \frac{原始投资}{经营期年现金净流量}$$

$$(P/A, IRR, n) = \frac{I}{NCF_{1\sim n}} = C$$

式中:

I——原始投资。

② 在"年金现值表"确定的 n 栏内,对 i 插值。具体步骤是:

1) 在 n 栏内如恰好能找到上述系数 C,则其所对应的报酬率即内部收益率;

2) 如 n 栏内没有 C,则找与 C 最临近的略大于 C 的 C_p 和略小于 C 的 C_q 及它们所对应的报酬率 r_p 和 r_q,一般 $r_q - r_p < 5\%$,应用插值法求解:

$$\frac{IRR - r_p}{C - C_p} = \frac{r_q - r_p}{C_q - C_p}$$

$$\therefore IRR = r_p + \frac{C - C_p}{C_q - C_p}(r_q - r_p)$$

例 11. 某企业在建设起点一次性投入资金 3 万元,建设期为零,使用年限为 5 年,每年可获现金净流量为 1.2 万元,试求该项目的内部收益率 IRR。

解:此题满足内部收益率特殊计算法需要的条件,故,

$$(P/A, IRR, 5) = \frac{30\,000}{12\,000} = 2.5$$

查"1元年金现值表",在5年中一行中,由于2.5介于28%的年金现值系数2.532和32%的年金现值系数2.345间,用插值法求解:

$$\frac{x - 28\%}{2.5 - 2.532} = \frac{32\% - 28\%}{2.345 - 2.532}$$

$$x = 28\% + \frac{2.5 - 2.532}{2.345 - 2.532} \times 4\% = 28.68\%$$

答:该方案的内部收益率为28.68%。

(2) 当建设期不为零,或经营期年现金净流量不相等时,则可用逐次测试法来计算。具体步骤如下:

① 先估计一个折现率,并以此计算方案的净现值。如净现值等于零,则此折现率就是内部收益率;如净现值大于零,说明估计的折现率低于该方案的实际投资报酬率,应稍稍提高估计的折现率,再行测试;如净现值小于零,说明估计的折现率高于该方案的实际投资报酬率,应稍稍降低估计的折现率,再行测试;

② 经过逐次测试,找出最邻近的一个正的净现值 NPV_m 和一个负的净现值 NPV_n,它们对应的折现率分别是 r_m 和 r_n,这两个折现率之间的差不得超过5%;

③ 按上述两个折现率及对应的净现值,用插值法求解:

$$\frac{IRR - r_m}{-NPV_m} = \frac{r_n - r_m}{NPV_n - NPV_m}$$

$$IRR = r_m + \frac{NRV_m}{NPV_m - NPV_n}(r_n - r_m)$$

例12. 仍按例1中的资料,试计算在第一种情况下的内部收益率。

解: 先采用 $i = 10\%$ 进行第一次测试,编制内部收益率测试表如表7-7所示。

表7-7 内部收益率测试表之一

年份	各年现金净流量(万元)	现值系数	现值(万元)
1~6	24	$(P/A, 10\%, 6) = 4.355$	104.52
7~9	25	$(P/A, 10\%, 9) - (P/A, 16\%, 6) = 1.404$	35.10
10	35	$(P/A, 10\%, 10) = 0.386$	13.51

净现值:$104.52 + 35.10 + 13.51 - 100 = 53.13 > 0$

由于净现值大于零,再提高折现率,设为16%,进行第二次测试:

净现值 $= 88.44 + 23.05 + 7.945 - 100 = 19.44 > 0$

表 7-8　内部收益率测试表之二

年份	各年现金净流量(万元)	现值系数	现值(万元)
1~6	24	$(P/A,16\%,6)=3.685$	88.440
7~9	25	$(P/A,16\%,9)-(P/A,16\%,6)=0.922$	23.050
10	35	$(P/F,16\%,10)=0.227$	7.945

由于净现值大于零,再提高折现率,设为20%,进行第三次测试:

表 7-9　内部收益率测试表之三

年份	各年现金净流量(万元)	现值系数	现值(万元)
1~6	24	$(P/A,20\%,6)=3.326$	79.824
7~9	25	$(P/A,20\%,9)-(P/A,20\%,6)=0.705$	17.625
10	35	$(P/F,20\%,10)=0.162$	5.670

净现值 $=79.824+17.625+5.670-100=3.119>0$

由于净现值大于零,再提高折现率,设为24%,再进行测试:

表 7-10　内部收益率测试表之四

年份	各年现金净流量(万元)	现值系数	现值(万元)
1~6	24	$(P/A,24\%,6)=3.020$	72.48
7~9	25	$(P/A,24\%,9)-(P/A,24\%,6)=0.546$	13.65
10	35	$(P/F,24\%,10)=0.116$	4.06

净现值 $=72.48+13.65+4.06-100=-9.81<0$

故知内部收益率在20%与24%之间,用插值法:

$$\frac{IRR-20\%}{0-3.119}=\frac{24\%-20\%}{-9.81-3.119}$$

$$\therefore IRR=20\%+\frac{3.119}{9.81+3.119}\times 4\%=20.96\%$$

答:该种情况下的内部收益率为20.96%。

内部收益率指标不受行业基准收益率高低的影响,动态地反映了投资项目的实际收益水平,比较客观;但计算过程比较复杂,特别是当在经营期追加大量投资时,会出现几个 IRR,从而影响具体决策。

综上所述,长期投资决策现值计算的基本决策分析方法有五种:回收期法、净现值法、净现值率法、获利指数法和内部报酬率法,它们之间的关系是:

当净现值 $NPV>0$,则净现值率 $NPVR>0$,获利指数 $PI>1$,内部收益率 IRR 大于资金成本,回收期小于使用寿命。

当净现值 NPV=0,则净现值率 NPVR=0,获利指数 PI=1,内部收益率 IRR 等于资金成本,回收期等于使用寿命。

当净现值 NPV<0,则净现值率 NPVR<0,获利指数 PI<1,内部收益率 IRR 小于资金成本,回收期超过使用寿命。

第五节　固定资产更新决策分析

前已述及,企业的长期投资一般用于企业的基本建设和技术改造。随着改革开放的进一步深入,社会主义市场经济不断完善,企业作为独立的商品生产者和经营者要在竞争中处于不败之地,必须选用先进的技术改造落后的技术,用先进的工艺和装备代替落后的工艺和装备,以提高企业劳动生产率,提高经济效益。但同时由于资金有限,企业还必须考虑原有固定资产的使用问题,从而在有效时间内发挥其应有的作用。

固定资产更新决策主要涉及是否更新,何时更新,以及对技术上或经济上不宜继续使用的旧资产用什么新资产更换,或用哪些先进的技术对原有的设备进行局部改造的问题。

一、固定资产的经济寿命

固定资产的经济寿命是指它的等值年成本(即设备的一次投资费和年度维修费的总和的年平均值)达到最低的使用期限。固定资产在使用初期运行费用较少,但由于使用和自然损耗,性能变差,效率、精度逐渐降低,技术逐渐陈旧,从而维护、修理费用和能源消耗逐年上升,所以固定资产的等值年成本随使用年限的延长一开始是逐年下降,到了一定年限后又逐年上升,呈马鞍形。由于设备更新要花费的资金数量较大,故过早地进行设备更新也是不合适的,只有在等值年成本达到最小时进行更新最合适。

在年度维修费用逐年增加,固定资产的价值逐年减少,并考虑货币时间价值后,设备的等值年成本为:

$$\text{设备的等值年成本} = \frac{\left[C - \frac{S_n}{(1+i)^n} + \sum_{j=1}^{n} \frac{C_j}{(1+i)^j}\right]}{(P/A, i, n)}$$

式中:C——设备原值;

　　　n——使用年限;

　　　S_n——n 年后残值;

　　　i——资金成本;

C_j——在第 j 年末发生的维修成本。

例 13. 设机器设备 A 购价 3 000 元，可用 5 年，有关资料如表 7-11 所示。

表 7-11　设备残值和维修费　　　　　　　　单位：元

年　次	设备残值	各年末维修费
1	1 500	0
2	1 200	600
3	900	600
4	600	900
5	0	1 200

资本成本为 10%，试计算机器的经济寿命。

解：

$$\text{等值年成本} = \frac{\left[C - \dfrac{S_n}{(1+i)^n} + \sum_{j=1}^{n} \dfrac{C_j}{(1+i)^j}\right]}{(P/A, 10\%, n)}$$

当年限 $n=1$ 时，

$$\text{等值年成本} = \frac{3\,000 - 1\,500 \times 0.909}{0.909} = 1\,800.33(\text{元})$$

当 $n=2$ 时，

$$\text{等值年成本} = \frac{3\,000 - 1\,200 \times 0.826 + 600 \times 0.826}{1.736}$$

$$= 1\,442.62(\text{元})$$

当 $n=3$ 时，

$$\text{等值年成本} = \frac{3\,000 - 900 \times 0.751 + 600 \times 0.826 + 600 \times 0.751}{2.487}$$

$$= 1\,314.96(\text{元})$$

当 $n=4$ 时，

$$\text{等值年成本} = \frac{3\,000 - 600 \times 0.683 + 600 \times 0.826 + 600 \times 0.751 + 900 \times 0.683}{3.170}$$

$$= 1\,309.50(\text{元})$$

当 $n=5$ 时，

$$\text{等值年成本} = \frac{3\,000 + 600 \times 0.826 + 600 \times 0.751 + 900 \times 0.683 + 1\,200 \times 0.621}{3.791}$$

$$= 1\,399.66(\text{元})$$

当 $n=4$ 时，即使用 4 年的时候，等值年成本最低，故该设备的经济寿命为 4 年。

二、更新决策的评价方法

在更新决策并不改变企业生产能力、不增加企业收入的情况下,我们常用年平均成本法比较其1年的平均成本,以获得1年的生产能力所付出的代价的高低来判断方案的优劣。

年平均成本是与该资产相关的现金流出的年平均值。如果结合货币的时间价值,它是未来使用年限内现金流出总现值在每年的平均摊销额;在年运行成本不变的情况下,它主要包括投资摊销、运行成本和残值摊销。

平均年成本＝投资摊销＋运行成本－残值摊销

例14. 某企业4年前购入一设备,经济寿命为10年,当时购价2.2万元,期末残值2 000元,每年运行成本7 000元,该设备目前变现价值为8 000元。目前市场上有一新设备,价格2.4万元,预计可用10年,年运行成本4 000元,预计残值3 000元,假设企业要求的报酬率为16%,问该设备是否需要更新?

解:

$$\text{旧设备平均年成本} = \frac{8\,000}{(P/A,16\%,6)} + 7\,000 - \frac{2\,000}{(F/A,16\%,6)}$$

$$= \frac{8\,000}{3.685} + 7\,000 - \frac{2\,000}{8.977} = 8\,948.17(\text{元})$$

$$\text{新设备平均年成本} = \frac{24\,000}{(P/A,16\%,10)} + 4\,000 - \frac{3\,000}{(F/A,16\%,10)}$$

$$= \frac{24\,000}{4.833} + 4\,000 - \frac{3\,000}{21.321}$$

$$= 4\,965.86 + 4\,000 - 140.71 = 8\,825.15(\text{元})$$

由于新设备的年平均成本小于旧设备的年平均成本,故应进行更新。如果更新决策分析能增加企业收入,则可用净现值法结合差量分析来确定旧设备更新是否有利。

例15. 某厂4年前购入机器一台,原价2.4万元,寿命为8年,期满后无残值。该机器年生产甲产品2 000件,每件售价12元,单位变动成本6元,每年固定成本(包括折旧)为7 500元。现决定将该机器与一台新机器交换,交换时旧机器可作价8 000元,新机器购买价3.4万元,可使用6年,使用期满有残值1 000元,使用新机器后,每年可生产甲产品为3 500件,售价和除折旧以外的其他成本均不变。试用净现值法评价该机器是否要更新(如企业资金系向银行借来,借款利率为10%,企业采用直线法折旧)。

解:

原年利润＝(12－6)×2 000－7 500＝4 500(元)

原年折旧＝24 000/8＝3 000(元)
原年现金净流量＝4 500＋3 000＝7 500(元)
使用新机器后年现金净流量
＝(12－6)×3 500－(7 500－3 000)＝16 500(元)
更新增加的未来报酬的总现值
＝16 500 $(P/A,10\%,6)$－7 500 $(P/A,10\%,4)$
　＋1 000 $(P/F,10\%,6)$
＝16 500×4.355－7 500×3.17＋1 000×0.564
＝48 646.5(元)
更新增加的现金流出的总现值
＝34 000－8 000＝26 000(元)
更新的净现值＝48 646.5－26 000＝22 646.5(元)
由于更新的净现值大于零,故可以更新。

例 16. 承上例,已知所得税率为33%,试重新进行评价。
解：这是以税后利润作为评价的基础,故还应考虑税金减除数问题。
原年现金净流量＝4 500×(1－33%)＋3 000＝6 015(元)
新机器年折旧＝$\dfrac{34\ 000－1\ 000}{6}$＝5 500(元)
新机器年固定成本＝4 500＋5 500＝10 000(元)
年利润＝(12－6)×3 500－10 000＝11 000(元)
年现金净流量＝11 000×(1－33%)＋5 500
　　　　　　＝12 870(元)
更新增加的现金流入量总现值
＝12 870×$(P/A,10\%,6)$－6 015×$(P/A,10\%,4)$
　＋1 000×$(P/F,10\%,6)$
＝12 870×4.355－6 015×3.170＋1 000×0.564
＝37 545.3(元)
更新增加的现金流出的总现值
＝34 000－8 000－4 000×33%＝24 680(元)
旧机器作价8 000元,低于账面价值4 000元,列作固定资产出售损失,可使纳税前的净收益减少4 000元,按税率33%计算,可使企业少纳税1 320元,相当于减少现金流出。
更新的净现值＝37 545.3－24 680＝12 865.3(元)
因为更新的净现值大于零,故可以更新。

第六节　风险型投资决策分析

一、风险型决策概述

前面第六章曾介绍过,风险型决策所涉及的各种备选方案的各项条件是已知的,但表现出若干种变动趋势,每一方案的执行都会出现两种或两种以上的不同结果,而且可以通过预测确定其客观概率。这类决策由于结果的不唯一性,使决策存在一定的风险。

对于短期生产经营方面的风险型决策,往往需结合概率分析法进行分析。先对某项决策可能出现的事件及每一事件发生的可能性估计一个概率,然后根据预期价值=Σ条件价值×概率计算出方案的预期价值,最后从预期价值计算分析表中选最优方案进行最优抉择。

对于长期投资方面的风险型决策,还需结合别的方法进行具体的分析评价。

二、投资的风险价值

企业的投资,主要是指投入财力,以便增加企业生产经营能力,从而能在未来期内获得更多收益的一种经济活动。固定资产的投资一般要经过若干年才能回收。在这期间内,由于存在着许多不确定的因素,如国家政策的改变、顾客需求的变化、供应单位和购买单位违约等,决策者不能控制事物的未来进程,有时由于某些信息还无法取得,如未来各个时期的现金流量往往难于完全确定等,能否如期回收投入的资金和获得预计的效益,决策者在事前也是不能控制的,这就产生了投资的风险性。

(一)风险的计量

风险大小的计量,主要通过计算收益期望值和标准离差率得到。

1. 计算收益期望值

先确定某个投资方案未来不同状况下的各种预计收益(现金净流量)及其可能出现的各种概率,并加权平均计算出它们的预期价值。

$$E = \sum_{j=1}^{n} A_j \cdot P_j$$

式中:A_j——未来不同状况下的各种预计收益(现金净流量);

P_j——未来不同状况下的各种概率;

n——未来可能出现的客观状态的种数;

E——方案的预期价值(现金净流量的期望值)。

2. 计算标准离差和标准离差率

标准离差是由于未来不同状况下可能获得的预计收入(现金净流量)与预期价值(现金净流量的期望值)之间的差额形成的反映随机变量离散程度的指标。

$$标准离差\ d = \sqrt{\sum_{j=1}^{n}(A_j - E)^2 \cdot P_j}$$

由于标准离差 d 的数据受各种可能值的数值大小的影响,也不便于与其他方案比较,故还必须计算标准离差率。

标准离差率常用于衡量各投资方案所冒风险的程度。

$$标准离差率\ q = \frac{d}{E} = \frac{\sqrt{\sum_{j=1}^{n}(A_j - E)^2 \cdot P_j}}{\sum_{j=1}^{n}A_j P_j}$$

如风险涉及的年数 M 超过 1 年,则应先求收益期望值的总现值和综合的标准离差,再求标准离差率。

$$EPV = \sum_{t=1}^{m}\frac{E_t}{(1+i)^t}$$

$$D = \sqrt{\sum_{t=1}^{m}\frac{d_t^2}{(1+i)^{2t}}}$$

$$q = \frac{D}{EPV}$$

式中:EPV——各年预期价值的总现值;

D——综合的标准离差。

q 的大小反映了风险程度的高低。如两个方案的预期投资报酬率相同,而仅 q(风险程度)不同,则 q 较小的方案为优。

例 17. 某企业拟用 2 万元自有资金进行投资,现有 A,B 两个投资方案可供选择,资料如表 7-12 所示。如已知公债利率为 8%,试比较两方案的风险大小。

表 7-12 项目各年现金净流量

年限 m	A 方案		B 方案	
	A_j(元)	P_j	B_j(元)	P_j
1	12 000 14 000 16 000	0.3 0.4 0.3		
2	12 000 15 000 18 000	0.2 0.6 0.2	20 000 32 000 40 000	0.3 0.6 0.1

解：

(1) 计算现金净流量期望值。

A 方案：

$E_1 = 12\,000 \times 0.3 + 14\,000 \times 0.4 + 16\,000 \times 0.3$
$\quad = 14\,000(元)$

$E_2 = 12\,000 \times 0.2 + 15\,000 \times 0.6 + 18\,000 \times 0.2$
$\quad = 15\,000(元)$

B 方案：

$E_B = 20\,000 \times 0.3 + 32\,000 \times 0.6 + 40\,000 \times 0.1$
$\quad = 29\,200(元)$

(2) 计算标准离差和离差率。

A 方案：

$d_1 = \sqrt{(12\,000-14\,000)^2 \times 0.3 + (14\,000-14\,000)^2 \times 0.4 + (16\,000-14\,000)^2 \times 0.3}$
$\quad = \sqrt{2\,400\,000} = 1\,549.19(元)$

$d_2 = \sqrt{(12\,000-15\,000)^2 \times 0.2 + (15\,000-15\,000)^2 \times 0.6 + (18\,000-15\,000)^2 \times 0.2}$
$\quad = 1\,897.37(元)$

$EPV_A = \sum_{t=1}^{m} \frac{E_t}{(1+i)^t} = \frac{14\,000}{(1+8\%)} + \frac{15\,000}{(1+8\%)^2} = 25\,823.05$

$D_A = \sqrt{\frac{(1\,549.19)^2}{(1+8\%)^2} + \frac{(1\,897.37)^2}{(1+8\%)^4}} = 2\,168.81(元)$

$q_A = \frac{D_A}{EPV_A} = \frac{2\,168.81}{25\,823.05} = 0.084$

B 方案：

$d_B = \sqrt{(20\,000-29\,200)^2 \times 0.3 + (32\,000-29\,200)^2 \times 0.6 + (40\,000-29\,200)^2 \times 0.1}$
$\quad = 6\,462.19(元)$

$q_B = \frac{d_B}{E_B} = \frac{6\,462.19}{29\,200} = 0.221$

故知 B 方案的风险远比 A 方案的风险高。

(二) 风险投资决策分析评价

在有风险存在的情况下，对投资决策效果进行评价的常用方法有调整贴现率法和肯定当量法。

1. 调整贴现率法

它是把无风险贴现率调整为含有风险的贴现率，再用净现值法进行分析、评价的方法。其具体计算过程是：

首先，确定风险报酬斜率。假设按风险调整的贴现率和风险程度间有线性关系：
$$K = i + b \cdot q$$

式中：K——按风险调整的贴现率；

i——无风险贴现率；

b——风险报酬斜率；

q——风险程度，即标准离差率。

故如知道了 b 和 q，我们就能把无风险的贴现率 i 换成含有风险的贴现率 K。

b 是直线方程的系数，它的高低反映风险程度变化对风险调整贴现率影响的大小。它的具体数据可由经验得出，或根据历史资料用高低点法或回归直线法求出。

如假定中等风险程度的项目风险程度为 0.4，无风险的贴现率为 6％，得到含风险的贴现率为 8％，则

$$b = \frac{K-i}{q} = \frac{80\% - 6\%}{0.4} = 0.05$$

然后，根据各决策方案的风险程度 q，就可把无风险下的报酬率换成含风险的投资报酬率：

$$K = i + bq = 6\% + 0.05q$$

再以 K 作为贴现率，计算各投资方案的净现值，凡净现值最大的方案，就是较优的。

例 18. 仍按例 17 的资料，如已知具有中等风险程度（标准离差率为 0.4），项目的投资报酬率为 12％。

要求：用调整贴现率法对 A、B 方案的投资效果进行评价。

解：

（1）确定风险贴现率：

设 $K = i + b \cdot q$

$$b = \frac{K-i}{q} = \frac{12\% - 8\%}{0.4} = 0.1$$

$\therefore K = i + 0.1 \times q$

$\quad\quad = 8\% + 0.1 \times q$

$K_A = 8\% + 0.1 \times 0.084 = 8.84\%$

$K_B = 8\% + 0.1 \times 0.221 = 10.21\%$

（2）计算净现值：

$$净现值 = \sum_{i=0}^{m} \frac{E_t}{(1+K)^t}$$

$$A\text{ 方案净现值} = -20\,000 + \frac{14\,000}{(1+8.84\%)} + \frac{15\,000}{(1+8.84\%)^2}$$
$$= 5\,539.31(元)$$
$$B\text{ 方案净现值} = -20\,000 + \frac{29\,000}{(1+10.21\%)^2}$$
$$= 4\,040.35(元)$$

上述 A,B 两方案初始投资额相同,使用年数相等,但由于 A 方案的净现值大于 B 方案的净现值,故宜选用 A 方案。当然,用净现值率或获利指数法也可得到同样的结论。

但是,本例如不把风险因素结合进去进行综合评价,而以最大可能出现的现金净流量作为当期的现金净流量,则会作出宜选用 B 方案的错误结论。因为此时:

$$A\text{ 方案净现值} = -20\,000 + \frac{14\,000}{(1+8\%)} + \frac{15\,000}{(1+8\%)^2}$$
$$= 5\,539.39(元)$$
$$B\text{ 方案净现值} = -20\,000 + \frac{32\,000}{(1+8\%)^2}$$
$$= 7\,434.8(元)$$

现在结合风险因素影响后可知:由于 B 方案的标准离差率较大,即风险较高,故选 B 是不可靠的,应先按风险大小,调整贴现率(风险大的,贴现率也较大),再用净现值法、净现值率法、获利指数法等的规则选最优方案。

此法的优点是容易为人理解,且计算也较简便。缺点是由于把货币时间价值与风险价值混在了一起,故得出了风险随时间的推移而加大的结论。为了克服此弊病,有人提出了"肯定当量法"。

2. 肯定当量法

它实质上是用对现金净流量的调整来代替对贴现率的调整,即先用一个系数把不肯定的现金净流量调整为肯定的现金净流量,然后用无风险的贴现率去计算投资净现值或净现值率、获利指数等指标,再进行分析、评价的方法。

(1)确定肯定当量系数。

设 $a_t = \dfrac{\text{第 } t \text{ 年肯定的现金净流量}}{\text{第 } t \text{ 年不肯定的现金净流量期望值}}$

a_t 是肯定当量系数,是指不肯定的 1 元现金净流量相当于使投资者满意的肯定的金额。其具体数值可按与标准离差率的关系由经验确定。只要已知标准离差率与肯定当量系数间的关系,就得到了 m 年中每年可得到的肯定的现金净流量。

(2)计算净现值,用净现值法等进行分析评价。

净现值 $= \sum_{t=0}^{m} \frac{a_t E_t}{(1+i)^t}$

$= \sum_{t=1}^{m} \frac{a_t E_t}{(1+i)^t} - I$

式中：I——初始投资额。

如果净现值大于零，则方案可行。

例 19. 仍按例 17 的资料，如已知标准离差率的分级如表 7-13 所示。

表 7-13 标准离差率分级表

标准离差率 q_t	肯定当量系数 a_t
0.00～0.079	1.0
0.08～0.159	0.9
0.16～0.239	0.8
0.24～0.319	0.7
0.32～0.399	0.6
0.40～0.479	0.5
0.48～0.600	0.4

要求：用肯定当量法对 A，B 方案的投资效果进行评价。

解：

（1）确定肯定当量系数 a_t。

A 方案：$q_1 = \frac{d_1}{E_1} = \frac{1\,549.19}{14\,000} = 0.111$

$q_2 = \frac{d_2}{E_2} = \frac{1\,897.37}{15\,000} = 0.127$

B 方案：$q_B = \frac{d_B}{E_B} = 0.221$

查上表知：

A 方案：$a_1 = 0.9$

$a_2 = 0.9$

B 方案：$a_B = 0.8$

（2）计算净现值。

净现值 $= \sum_{t=1}^{m} \frac{a_t E_t}{(1+i)^t} - I$

A 方案净现值 $= \frac{0.9 \times 14\,000}{(1+8\%)} + \frac{0.9 \times 15\,000}{(1+8\%)^2} - 20\,000$

$= 3\,240$（元）

B 方案净现值 $= \frac{0.8 \times 29\,200}{(1+8\%)^2} - 20\,000$

$= 27.43$（元）

故宜选 A 方案。此结论与按风险调整贴现率法得出的结论相同。

肯定当量法比风险调整贴现率法更准确,但缺点是需要计算每年的肯定当量系数,比较麻烦。另外,肯定当量系数的取值一般由分析人员凭主观经验和集体智慧确定,缺少一个固定的客观标准,故与决策者对风险的好恶有关。

复习思考题

1. 什么是长期投资决策?它有哪些特点?
2. 什么是资金成本?为什么资金成本常作为方案的"舍弃率"?
3. 什么是现金流量?现金流入量和现金流出量分别包括哪些内容?年现金净流量又是怎样计算的?
4. 什么叫回收期法?它是怎样评价的?
5. 什么是净现值法?它是怎样计算的?
6. 什么是净现值率法和获利指数法?它是怎样评价的?
7. 什么叫内部收益率法?怎样求内部收益率?
8. 固定资产的经济寿命如何确定?
9. 什么是风险型决策?方案风险的大小是怎样计量的?
10. 什么是调整贴现率法和肯定当量法?它们之间有什么不同?各自的优缺点又是什么?

习 题

1. 某公司有甲、乙两种长期投资方案,甲方案初始投资额为 20 万元,乙方案初始投资额为 18 万元,两种方案的寿命均为 4 年,甲方案期满无残值,乙方案期满残值为 2 万元,如已知资金成本为 12%,试用现值法计算两方案的回收期、净现值、净现值率和内部收益率,并评价两方案的投资效果。有关方案的现金流量如下表:

单位:元

年份	甲方案			乙方案		
	净利	折旧	年现金净流量	净利	折旧	年现金净流量
1	20 000	50 000	70 000	30 000	40 000	70 000
2	20 000	50 000	70 000	20 000	40 000	60 000
3	20 000	50 000	70 000	20 000	40 000	60 000
4	20 000	50 000	70 000	10 000	40 000	50 000
合计	80 000	200 000	280 000	80 000	160 000	240 000

2. 某机器 A 购价 4 000 元,可用 5 年,各年年末的残值及各年末的维修成本如下表,设资金成本为 10%,求设备经济寿命。

年末残值和维修成本　　　　　　　　　　　　　　　　单位:元

年 份	各年年末的残值	各年年末维修成本
1	2 500	0
2	2 000	1 000
3	1 500	1 000
4	1 000	1 500
5	0	2 000

3. 某企业 4 年前购入机器一台,当时购价 1.4 万元,经济寿命为 6 年,期末残值 2 000 元,每年能生产产品 2 000 件,每年售价 10 元,单位变动成本 6 元,年固定成本 5 200 元,用现值法(资金成本为 10%)计算该设备的净现值、回收值、内含报酬率和净现值指数。

如决定将机器出售,作价 3 000 元,另新置一台,购买价 3 万元,可使用 5 年,使用期满有残值 1 000 元,使用新机器后,每年增加产量 3 000 件,售价和除折旧以外的其他成本不变,用现值法评价更新效果。

4. 某企业有一次投资机会,其年现金净流量和可能发生的经济情况如下表:

方案年现金净流量

年限	可能发生的经济情况	年现金净流量 A_i(元)	概率 P_i
0		−11 000	1.00
1	畅　销 一　般 滞　销	4 700 5 000 5 400	0.10 0.80 0.10
2	畅　销 一　般 滞　销	4 400 5 000 5 400	0.15 0.80 0.05
3	畅　销 一　般 滞　销	3 200 4 000 5 400	0.01 0.80 0.10
4	畅　销 一　般 滞　销	4 400 4 500 4 600	0.05 0.90 0.05

如已知国家公债的利率为 6%,具有中等风险程度项目的投资报酬率为 10%,风险程度是 0.5,肯定当量系数和标准离差率的分级表按经验数据如下:

肯定当量系数表

标准离差率 q_t	肯定当量系数 a_t
0.00～0.009	1.0
0.01～0.029	0.9
0.03～0.049	0.8
0.05～0.069	0.7
0.07～0.089	0.6
大于 0.089	0.3

要求：(1)计算该方案的风险程度；(2)用调整贴现率法评价该方案投资效果；(3)用肯定当量法评价该方案投资效果。

第八章 全面预算

第一节 全面预算概述

一、全面预算的含义

一个企业的经营不仅需要通过一定的决策程序来确定其最优经营方案，为企业各有关方面的经营活动确定目标，而且还要将决策所确立的目标通过各种数据集中而系统地反映出来，且把企业的目标分解到各个业务执行部门，使各业务活动能按照这一目标进行。全面预算就是以货币及其他形式表示有关企业未来一定期间（半年或一年）内全部经营活动各项目标的行动计划与相应措施的数量说明。也就是在预测和决策的基础上，按照规定的目标和内容对企业未来的销售、生产、成本、物资采购、现金流入和流出等有关方面，以计划的形式具体地、系统地反映出来，以便有效地组织和协调企业的全部生产经营活动，实现企业既定目标。

企业生产经营等活动的各个环节都是相互联系、相互制约的，为了达到预期的目标，所有的职能部门必须和谐地工作，一个完整的预算，必须使每个职能部门人员知晓应该怎样做才能保证其他职能部门和整个企业工作的顺利进行。因此，为了满足顾客的需要，销售部门必须进行销售预测和预算；生产部门必须在必要的时候生产必要数量的必要产品；采购部门必须及时采购正确品种的材料来完成生产计划；财务部门必须有现金来支付材料、工资和其他业务费用，以及购置固定资产和偿还债务，这些都要通过全面预算才能实现。可见，全面预算是企业协调进行经营活动的保证，有助于管理者的有效控制，也有助于对未来某一时期内经营成果和财务状况的预测。

二、全面预算的作用

（一）明确目标

全面预算能够定量反映经营方针和经营计划，明确显示出整个企业在未来一定时期内的目标，以及各部门和个人的工作应达到的水平。这样就使全体职工了解本部门的经济活动与整个企业经营目标之间的关系,明确今后自己各方面工作应达到的水平和努力的方向,促使每个职工想方设法,从各自的角度去完成企业总体的战略目标。

（二）协调工作

编制全面预算,能调整、协调企业各部门的活动,使它们的工作能在统一目标下协调、均衡地进行,及时地适应经济形势的变化并使各部门的预算相互协调,环环相扣,统筹兼顾,综合平衡,并保持指标之间的平衡。

（三）日常控制和考评

编制了全面预算,在经营活动中能根据预算来衡量和评价各部门管理者的业绩和员工的工作效率,使日常的控制更科学和合理,并有助于加强管理,激励全体员工为企业整体目标努力。

三、全面预算的组织

全面预算工作应由专职人员进行,除董事会、总经理、销售、生产、财务等部门负责人外,还需设置专门机构从事预算编制,实行差异分析、监督和考核等具体工作。通常讲规模较大的企业可以常设一个预算委员会,一般企业可设置预算科。它们的主要职责是：

（1）指导各部门编制预算；

（2）在部门编制的预算基础上编制全企业的预算；

（3）检查预算执行情况,找出预算执行中存在的差异,分析其原因；

（4）考核各部门的业绩；

（5）及时向企业管理当局报告预算编制、修正、执行和检查情况。

在全面预算的管理过程中,企业管理当局的主要任务是决定基本政策、确定总目标,并对初步预算估计提出指导意见；在预算编制过程中解决各个方面可能出现的分歧和矛盾,使各方面能协调一致；批准最终预算；接受预算部门的报告,对预算执行情况进行分析,不断改进工作,以提高整体效益。

企业的全面预算,从整体上来看,一般每年编制一次,使之与会计年度保持一致,以便于实际数与预算数相比较,从而可以对预算执行结果进行分析、评价和考核。年度预算通常按季度编制,第一季度要编制月度预算,第二季度来临时编制第二季度月度预算,并随时间推移依次类推。

四、全面预算的特点

（一）科学性

全面预算是依据企业的最高经营方针,调查分析企业内外部条件,预见未来可能发生的情况,结合历史经验,应用科学的方法编制而成的。

（二）积极性

企业预算不只是消极地以保持收支平衡、减少支出为目的,而是体现企业长期目标及最高经营方针,积极地谋求提高经济效益,增加利润,显示企业同心协力的努力方向,发挥群体的积极性。

（三）综合性

企业预算能综合所有经营活动而编制,包括企业销售、制造、财务等方面内容。

（四）直观性

企业预算都能以表式显示出来,比较形象直观,有利于不同阶层人员阅读。同时预算不仅用货币量度来控制金额,而且还要用实物量度对数量进行控制。

五、全面预算的内容

由于一个典型的制造企业,其生产经营活动包括供、产、销三个环节,因此,预算也应包括这三个方面的内容。在商品经济条件下,企业的生产经营活动是以市场为基础,通过对市场需要的研究和预测,来确定企业的销售量,进而来确定企业的生产量,安排生产计划,然后组织材料采购,安排工人生产,估计制造费用,并对存货进行估计,这样才能预计制造成本,同时才能真正对现金收支、损益和资产负债等方面作出预算。因此,企业生产经营的全面预算是由一系列预算构成的体系,各项预算之间相互联系,关系比较复杂。具体包括特种决策预算、日常业务预算和财务预算三大类。

（一）特种决策预算

特种决策预算如资本支出预算等是对实际中选方案的进一步规划,由决策部门根据决策要求编制,比决策要求更细致和更精确,它最能体现决策的结果。

（二）日常业务预算

日常业务预算是指与企业日常经营活动直接相关的经营业务的各种预算。具体包括销售预算、生产预算、直接材料消耗及采购预算、直接工资及其他直接支出预算、制造费用预算、产品生产成本预算、经营及管理费用预算等。这些预算前后衔接,相互勾稽,既有实物量指标,又有价值量和时间量指标。

（三）财务预算

财务预算作为全面预算体系中的最后环节,可以从价值方面总括地反映经营期决策预算与业务预算的结果。具体包括:现金、预计利润表、预计资产负债表、预计现金流量表等内容亦称为总预算;其余预算则相应称为辅助预算或分预算。显然,财务预算在全面预算体系中占有举足轻重的地位。

总之,企业的全面预算是以市场研究、预测和决策为基础,以经营目标为出发点,以销售预测为主导,进而包括生产、成本、现金收支等各个方面,并以预计财务报表为终结,所形成的完整的预算体系。

第二节 全面预算的具体编制

一、业务预算的编制

(一)销售预算

销售预算是根据企业销售预测和年度目标利润确定的,它是编制全面预算的起点和基础。

预算期的销售规模直接决定着生产规模,影响着销售及管理费用预算、期末存货预算,进而与其他各项预算相联系,因此是编制全面预算的关键。

销售预算涉及的主要因素是销售量、销售单价和销售收入。销售量是根据市场预测、销售合同,在综合平衡的基础上结合企业生产能力确定的;销售单价是根据市场供求关系及其他有关因素通过价格决策确定的;销售收入=单价×销售量。

销售预算先按产品编制,然后加以归集。在销售预算表下,应附有预计现金收入计算表,为后面编制现金预算作准备。

例1. 假定某公司2013年度预期生产并销售 A 一种产品,按季度预期的销售量分别为400件、500件、600件和500件,全年共计2 000件,销售单价为50元。据估计,产品每季度的销售收入只有70%于当季收到现金,其余30%要到下一季度收讫。2012年年末应收账款余额为7 000元,并将于2013年第一季度收回。销售预算、预计现金收入计算分别如表8-1、表8-2所示。

表8-1 销售预算　　　　　　　　　　　　　　　　　单位:元

项　目	一季度	二季度	三季度	四季度	全年
预计销售量(件)	400	500	600	500	2 000
销售单价	50	50	50	50	50
预计销售收入	20 000	25 000	30 000	25 000	100 000

表8-2 预计现金收入计算表　　　　　　　　　　　　单位:元

项　目	一季度	二季度	三季度	四季度	全年
期初应收账款	7 000	6 000	7 500	9 000	29 500
本期销售收入	14 000	17 500	21 000	17 500	70 000
现金收入合计	21 000	23 500	28 500	26 500	99 500

(二) 生产预算

生产预算是在销售预算的基础上按产品名称、数量编制的,并为进一步编制成本和费用预算提供依据。必须注意的是计划期除了必须备有足够的供销售的产品外,还要考虑到计划期初存货和计划期末的预计存货水平。因此,生产预算中的预计产品生产数量按下列公式计算:

预计生产量＝预计销售量＋预计期末存货量－预计期初存货量

式中的预计销售量根据销售预算确定;预计期末存货量应根据销售趋势预测确定,在实践中通常按下一季销售量的一定比例进行估算;预计期初存货量为上期期末存货量。编制预算时,应联系企业的生产能力和管理水平,保持产、销、存之间合理的比例关系,防止积压或脱销。

例2. 假定该公司各季末产品存货按下一季销售量的10%计算,预计2014年第一季度 A 产品销售量为600件,假定2013年年初的产成品存货量为40件,每件单位成本为34元。编制生产预算如表8-3所示。

表8-3 生产预算　　　　　　　　　　　　单位:件

项　目	一季度	二季度	三季度	四季度	全年
预计销售量	400	500	600	500	2 000
加:预计期末存货	50	60	50	60	60
预计需要量	450	560	650	560	2 060
减:预计期初存货	40	50	60	50	40
预计生产量	410	510	590	510	2 020

(三) 直接材料预算

为满足生产需要,企业应组织和购买原料,编制直接材料预算。它主要用来确定预算期材料采购量和采购额。预算编制中要包括采购数量、采购成本、交货日期等内容。通常由采购部门根据生产需要量、合理的材料库存量以及供货间隔期等因素来编制。

材料采购量＝预计材料耗用量＋预计期末材料库存量－期初材料库存量

预计材料耗用量是为完成生产预算的执行所必须耗用的原料,包括数量、单位成本、原料类别、使用时间、使用部门等内容,通常可由生产部门编制。耗用量计算公式为:

材料耗用量＝(生产量＋在产品数量＋废品数量)×单位消耗量

如果原料是分步骤逐步投入,则在产品要按约当产量确定。

式中的单位产品材料耗用量可用单位产品材料供应定额或标准单位耗用量确定,但要注意采购量、耗用量、存货量之间合理的比例关系,做到保证供应,防止积压。

在编制直接材料预算时,一般还要编制因材料采购而形成的预计现金支出计算表,为后面编制现金预算作必要准备。材料的预计现金支出包括上期采购的材料于本期支付的现金和本期采购的材料于本期支付的现金。

例 3. 假设该公司生产的 A 种产品耗用甲材料,单耗 5 千克,材料单价每千克 4 元;每季末的材料存货量按下一季需用量的 30% 计算。另知 2013 年年初材料存货量为 600 千克,2014 年第一季度生产用量为 3 000 千克。每季材料采购时,60% 在本季付款,其余 40% 在下季付款。2013 年年初,应付未付的材料采购款为 4 000 元。根据前述资料,编制 2013 年分季度直接材料采购预算及预计现金支出计算,如表 8-4、表 8-5 所示。

表 8-4 直接材料采购预算　　　　单位:千克

项目	一季度	二季度	三季度	四季度	全年
预计生产量(件)	410	510	590	510	2 020
材料单耗(甲材料)	5	5	5	5	5
预计生产需用量	2 050	2 550	2 950	2 550	10 100
加:期末存货量	765	885	765	900	900
预计需用量	2 815	3 435	3 715	3 450	11 000
减:期初存货量	600	765	885	765	600
预计采购量	2 215	2 670	2 830	2 685	10 400
材料单价(元/千克)	4	4	4	4	4
预计采购金额(元)	8 860	10 680	11 320	10 740	41 600

表 8-5 预计现金支出计算表　　　　单位:元

项目	一季度	二季度	三季度	四季度	全年
期初应付账款	4 000	3 544	4 272	4 528	16 344
预计采购金额	5 316	6 408	6 792	6 444	24 960
预计现金支出合计	9 316	9 952	11 064	10 972	41 304

(四)直接人工预算

直接人工预算是以生产预算中的预计生产量,按生产定额或标准单位确定的直接人工工时和小时工资率编制的,用以反映预算期内直接人工工时消耗水平和人工成本水平。一般计算公式为:

预计直接人工成本=单位产品直接人工工时×预计生产量×小时工资率

例 4. 假定该公司 A 产品所需的各工种的工时之和为 3 工时,各工种的小时工资率都是 4 元,联系前述资料编制直接人工预算,如表 8-6 所示。

表 8-6　直接人工预算　　　　　　　　　　　　　单位:元

项　　目	一季度	二季度	三季度	四季度	全年
预计生产量(件)	410	510	590	510	2 020
单位产品工时定额(工时)	3	3	3	3	3
直接人工工时总数(工时)	1 230	1 530	1 770	1 530	6 060
单位工时工资率	4	4	4	4	4
预计直接人工成本	4 920	6 120	7 080	6 120	24 240

(五) 制造费用预算

制造费用预算是指除直接材料和直接人工以外的一切生产成本的预算。制造费用按其性态可划分为变动性制造费用和固定性制造费用。采用变动成本法编制预算,在变动性制造费用计入产品成本时,单一产品的生产企业可按单位产品预定分配率乘以预计生产量计算,多品种生产企业可按单位直接人工工时预定分配率乘以预计直接人工工时计算;固定性制造费用应在上年的基础上根据预算可能变动情况加以修正后作为期间成本直接列入损益表内,作为当期收入的扣除项目。

在编制制造费用预算的同时,要编制预计现金支出计算表,为后面编制现金预算作必要准备。因为固定资产折旧是不需用现金支付的,故在计算时应予以减去。

例 5. 该公司编制预算时采用变动成本法,变动性制造费用按各产品的直接人工工时比例分配,折旧以外的各项制造费用都在当季以现金支付。制造费用预算表及预计现金支出计算表分别如表 8-7、表 8-8 所示。

表 8-7　制造费用预算　　　　　　　　　　　　　单位:元

变动性制造费用		固定性制造费用	
间接材料	2 200	管理人员工资	2 500
间接人工	1 500	保险费	1 000
维修费	300	折旧费	2 000
其他	40	其他	500
合计	4 040	合计	6 000
全年直接人工工时	6 060	减:折旧费	2 000
分配率(元/工时)$\frac{4\ 040}{6\ 060}=0.6667$		现金支出	4 000
		按季分配	1 000

表 8-8　预计现金支出计算表　　　　　　　　单位:元

项　目	季度	季度	季度	季度	全年
直接人工工时	1 230	1 530	1 770	1 530	6 060
变动性制造费用	820	1 020	1 180	1 020	4 040
固定性制造费用	1 000	1 000	1 000	1 000	4 000
合　计	1 820	2 020	2 180	2 020	8 040

（六）产品成本预算

产品成本预算是生产预算、直接材料预算、直接人工预算、制造费用预算汇总归集的结果,是在前述各项预算基础上编制的,也是编制预计损益表和预计资产负债表的依据。

例 6. 假定该公司 A 产品的在产品及自制半成品期初、期末余额均为零,产成品单位变动成本是 34 元,联系前述资料编制产品成本预算如表 8-9 所示。

表 8-9　产品成本预算

A 产品:计划产量 2 020 件

成本项目	单位用量	单价(元)	单位成本(元)	总成本(元)
直接材料	5 千克	4	20	40 400
直接人工	3 工时	4	12	24 240
变动性制造费用	3 工时	0.6 667	2	4 040
合　计			34	68 680

（七）销售及管理费用预算

销售及管理费用预算是指预算期间属于制造业务预算范围以外的、为推销产品及对企业进行日常管理活动所发生的非生产性成本支出预算,也称期间费用预算。企业按变动成本法编制预算时,要按成本习性将费用划分为变动性销售及管理费用和固定性销售及管理费用两类。变动性销售及管理费用应按销售量或销售成本确定分配率,以便在各季或各月间分摊,固定部分一般按季分摊。编制方法与制造费用预算的编制方法相似。

为便于编制现金预算,在编制销售和管理费用预算的同时,也要编制出现金支出预算表。

例 7. 该公司根据预算期具体情况编制销售及管理费用预算,其中变动性销售及管理费用按销售量计算分配率,各项费用都是当期付现,具体如表 8-10、表 8-11 所示。

表 8-10　销售及管理费用预算　　　　　　　　　　单位：元

变动性销售及管理费用		固定性销售及管理费用	
销售佣金	1 100	管理人员工资	1 000
运输费	1 800	广告费	2 500
其他	100	租金	500
合计	3 000	其他	800
销售量合计	2 000	合计	4 800
分配率	$\frac{3\ 000}{2\ 000}=1.5$	按季分配	1 200

8-11　销售及管理费用现金支出预算　　　　　　　单位：元

项　目	季度	季度	季度	季度	全年
销售量	400	500	600	500	2 000
变动性销售及管理费现金支出	600	750	900	750	3 000
固定性销售及管理费现金支出	1 200	1 200	1 200	1 200	4 800
合　计	1 800	1 950	2 100	1 950	7 800

二、一次性专门决策预算

一次性专门决策预算是指企业的长期投资项目如固定资产购置、扩建、改造、更新等方面的预算，与前面所述的那些在日常经营活动基础上所编制的业务预算不同，它涉及的是企业不经常发生的、一般需要投入大量资金并在较长时期(1年以上)内对企业有持续影响的投资项目预算，故又称资本预算或资本支出预算。

一次性专门决策预算都必须在事先做好可行性分析的基础上编制，具体反映项目的投资总额、资金筹集渠道和方式、资金一次或分次投入时间、取得收益时间、每年现金流入量和流出量等，进而预计投资回收期、净现值、内部收益率等。因这类项目的具体情况各不相同，没有统一的预算表格，故可按需要自行设计。

一次性专门决策预算中各期的投资额应在各期的现金预算表、预计资产负债表、预计现金流量表中予以反映。

三、财务预算

财务预算是指企业在计划期内反映有关现金收支、经营成果和财务状况的预算,主要包括现金预算、损益预算、资产负债预算。有的企业根据需要还可编制现金流量预算。

前面所述的各种业务预算和一次性专门决策预算都能通过"金额"反映在财务预算中,因此财务预算也就成为包括业务预算和一次性决策预算的整体计划。现将财务预算的主要内容和编制方法具体分述如下。

（一）现金预算

现金预算亦称现金收支预算,它是以日常业务预算和特种决策预算为基础所编制的反映现金收支情况的预算。这里的现金是指货币资金,包括企业的库存现金和银行存款等。广义的现金收支预算主要反映现金收支差额（又称现金余缺）和现金筹措使用情况,有时也要求反映期初期末现金余额。该预算中,现金收入主要指经营业务活动的现金收入;现金支出除了涉及有关直接材料、直接人工、制造费用、经营费用及管理费用方面的经营性现金支出外,还包括用于缴纳税金、股利分配等的支出,另外还包括购买设备等资本性支出。编制现金预算是为了合理地处理各项现金收支业务,有计划地安排资金,保证企业资金的正常流转。

现金收支差额与期末余额均要通过协调资金筹措及运用来调整。应当在保证各项支出所需资金供应的前提下,注意保持期末现金余额在合理的上下限度内波动。因为现金储备过少会影响周转,现金过多又会造成浪费,所以现金余额既不是越多越好,也不是越少越好。

现金预算包括四个部分。

1. 现金收入

它指预算期内发生的各项现金收入,包括本期销售收入中的现金收入、到期的应收账款、应收票据和票据贴现收入等。

2. 现金支出

它包括预算期内发生的各项现金支出,如支付材料款、直接人工、制造费用、销售及管理费用等,还包括偿还应付款、缴纳税金、支付利息以及资本性支出的有关费用等。

3. 现金收支差额

它由期初现金余额加本期现金收入合计减现金支出合计得到。差额为正,说明收大于支,现金有多余;差额为负,说明收小于支,现金不足。

4. 现金的筹集和运用

根据现金收支的差额,及有关期末现金存量的有关规定,按有关政策和企业管理的要求,确定筹集或运用资金的数额。若现金不足,一般向银行取得新的借款或发放短期商业票据以筹集资金;若现金有余,一般可用于偿还借款或购买短期证券等。

例8. 假定该公司按年分季度编制现金预算。2013年年初现金余额是1 000元,第一季度初购买设备3 000元,第三季度初购入设备一台,价格为2 000元,预计每季度支付投资者利润900元,全年预交所得税6 000元,其他有关资料见前面的例子。公司现金余额控制在1 000元以上,当现金不足时向银行借款,借款额必须是500元的倍数,并规定借款在季度初,还款在季度末,借款年利率为10%,还款时付清借款额的全部利息。公司第一季度因现金不足,向银行借款2 500元,第二季度还款1 000元及利息125元,第三季度还款1 500元及利息37.5元。第二季度借款利息=2 500×5%=125(元)。第三季度借款利息=1 500×2.5%=37.5(元)。

现金有余,购入有价证券。编制现金预算如表8-12所示。

表8-12 现金预算　　　　　　　　　　　单位:元

项　目	一季度	二季度	三季度	四季度	全年
期初现金余额	1 000	1 244	1 177	1 315.5	1 000
加:销售现金收入	21 000	23 500	28 500	26 500	99 500
可动用现金合计	22 000	24 744	29 677	27 815.5	100 500
减:现金支出					
采购直接材料	9 316	9 952	11 064	10 972	41 304
支付直接人工	4 920	6 120	7 080	6 120	24 240
支付制造费用	1 820	2 020	2 180	2 020	8 040
销售及管理费用	1 800	1 950	2 100	1 950	7 800
预交所得税	1 500	1 500	1 500	1 500	6 000
设备购置	3 000		2 000		5 000
投资者利润	900	900	900	900	3 600
现金支出合计	23 256	22 442	26 824	23 462	95 984
现金余缺	(1 256)	2 302	2 853	4 353.5	4 516
筹资和运用					
银行短期借款	2 500				2 500
偿还银行借款		(1 000)	(1 500)		(2 500)
支付借款利息		(125)	(37.5)		(162.5)
购入有价证券				(3 000)	(3 000)
期末现金余额	1 244	1 177	1 315.5	1 353.5	1 353.5

(二) 损益预算

损益预算是以货币为单位,全面地综合反映预算期内企业经营活动成果的利润计划。它是根据权责发生制在前述各项预算的基础上编制的,是财务预算的重要组成部分。

例 9. 假定该公司按年分季编制损益预算表,有关资料见前述有关各例,现编制损益预算表。其格式如表 8-13 所示。

表 8-13　　　　　　　　　　损益预算表　　　　　　　　　　单位:元

项　目	一季度	二季度	三季度	四季度	
销售收入	20 000	25 000	30 000	25 000	100 000
减:变动成本					
生产成本(34×销量)	13 600	17 000	20 400	17 000	68 000
变动性销售及管理费用	600	750	900	750	3 000
变动成本小计	14 200	17 750	21 300	17 750	71 000
边际贡献	5 800	7 250	8 700	7 250	29 000
减:固定性制造费用	1 500	1 500	1 500	1 500	6 000
固定性销售及管理费用	1 200	1 200	1 200	1 200	4 800
利息		125	37.5		162.5
利润总额	3 100	4 425	5 962.5	4 550	18 037.5
减:所得税	1 500	1 500	1 500	1 500	6 000
净利润	1 600	2 925	4 462.5	3 050	12 037.5

(三) 资产负债预算

资产负债预算是反映企业预算期末预计财务状况的,它是以本期期初的资产负债预算为基础,然后根据预算的有关资料进行调整而编制的。其格式如表 8-14 所示。

表 8-14　预计资产负债预算　　　　　　　　　单位:元

项　目	期初	期末	资料说明(期末数)
流动资产			
现金	1 000	1 353.5	表 8-12
应收账款	7 000	7 500	表 8-2
材料存货	2 400	3 600	表 8-4

续表

项　目	期初	期末	资料说明(期末数)
产品存货	1 360	2 040	表8-3
流动资产合计	11 760	14 493.5	
固定资产			
土地	10 000	10 000	
房屋及设备	38 240	43 240	
减:累计折旧	10 000	12 000	表8-7
固定资产净值	38 240	41 240	
长期投资			
有价证券		3 000	表8-12
资产总计	50 000	58 733.5	
负债			
应付账款	4 000	4 296	表8-4
所有者权益			
股本	30 000	30 000	
保留盈余	16 000	24 437.5	
所有者权益合计	46 000	54 437.5	
负债与所有者权益总计	50 000	58 733.5	

期末保留盈余24 437.5元＝期初保留盈余16 000元＋本年净利润12 037.5元－分配的投资者利润3 600元

第三节　编制预算的先进方法

一、固定预算和弹性预算

预算的编制方法按是否与业务量基础的数量特征有关，分为固定预算和弹性预算。

（一）固定预算

固定预算是指根据预算期内正常的、可预见的、可实现的某一业务量水平为编制预算的唯一基础进行编制的，也称静态预算，用它来考核非营利组织或业务量较稳定的企业是比较合适的。但在市场经济中，由于外部环境特别是供求关系总是在发展和变化的,存在着许多不确定因素,企业为了适应外部环境变化,往往要调整自己的业务量;而当实际发生的业务量与预算期计划业务量发生差异(特别是差异较大)时,各种费用的明细项目的实际数与预算数就没有可比较的基础,也就无从进行业绩评价和考核。故固定预算的缺点是过于机械呆板和可比性差。如果要进行比较,就必须对原预算数根据实际业务量作调整。由此便产生了弹性预算。

(二)弹性预算

弹性预算是企业在不能准确预测业务量的情况下,根据本量利之间有规律的数量关系,根据预算期可预见的不同业务量水平,分别确定其相应的预算额,以反映在不同的业务量下应有的费用水平、收入水平或利润水平的有伸缩性的预算。因为这种预算随业务量水平作机动调整,本身具有弹性,所以称为弹性预算,又称变动预算。

1. 弹性预算的优点

(1)预算范围宽

弹性预算是按预算期内可预见的多种业务量水平确定不同的预算额,因而扩大了预算的适用范围,也易于对预算指标作调整。

(2)可比性强

弹性预算是按成本的不同习性分类列示的,因此便于在预算期末将实际业务量和实际指标与预算额对比,使预算控制和差异分析更有说服力,使评价和考核更具客观性和科学性。

2. 弹性预算的适用范围

由于业务量的变动会引起成本费用、利润水平等许多因素的变动,因此从理论上讲弹性预算可适用于与业务量有关的各种预算,但从实用意义上说,主要还是适用于弹性成本费用预算和弹性利润预算。

3. 弹性预算编制的步骤

(1)选择业务量的计量单位。编制弹性预算要选用最能代表本部门经营活动水平的计量单位。例如,生产单一产品的部门可选用实物量,以手工操作的部门可选用人工工时,生产多种产品的部门可选用人工工时或机器工时,修理部门可以选用修理工时等。

(2)估计在预算期间业务量水平的变动情况和范围。业务量范围应根据企业或部门的具体情况而定,一般介于历史上最高与最低业务量之间,或为正常生产能力的70%~110%。

(3)按成本习性将企业的成本分为固定成本、变动成本和混合成本,对混合成本则进行分解,并确定成本函数 $y=a+bx$。

(4)确定预算期内不同业务量水平的预算额。

4．弹性成本费用预算的具体编制

弹性成本预算的编制方法主要有列表法和公式法等。

（1）列表法

列表法编制的关键是把所有的成本划分为变动成本、固定成本和混合成本三部分。变动成本如直接材料成本、直接人工成本、变动性制造费用等按单位产品预定的标准控制，固定成本则要按总额控制，混合成本则先预计后用插值法处理。

弹性成本预算公式：

弹性成本预算＝Σ单位变动成本预算×预计业务量＋混合成本预算＋固定成本预算

说明如下：

① 直接材料、直接人工的弹性预算只要用单位产品的预算数乘以多种可能的预期产量编制。

② 制造费用属混合成本，先按成本习性分解成变动性制造费用、固定性制造费用和混合成本。变动性制造费用预算在生产单一产品的企业，只要用单位产品预算数乘以多种可能的预期产量编制，在生产多种产品的企业则可用单位直接人工工时变动性制造费用分配率乘以多种可能的预期直接人工工时编制；固定性制造费用在一定范围内与业务量水平无关；混合成本用插值法解决。

③ 销售和管理费用的弹性预算在编制方法上相似于制造费用的弹性预算，但业务量应用销售量表示。

例10．假定 M 公司制造费用在固定状况下是按 600 小时编制的，成本总额是 2 000 元，现实际用了 500 小时，现用列表法编制制造费用弹性预算如表 8-15 所示。

表 8-15　制造费用弹性预算　　　　　　　　单位：千元

业务量（直接人工工时）	420	480	540	600	660
占正常生产能力百分比	70%	80%	90%	100%	110%
变动成本：					
运输（$b=0.2$）	84	96	108	120	132
电力（$b=1.0$）	420	480	540	500	660
消耗材料（$b=0.1$）	42	48	54	60	66
合计	546	624	702	780	858
混合成本					
修理费	440	490	544	600	746
油费	180	220	220	220	240
合计	620	710	764	820	986

续表

业务量(直接人工工时)	420	480	540	600	660
占正常生产能力百分比	70%	80%	90%	100%	110%
固定成本					
折旧费	300	300	300	300	300
管理人员工资	200	200	200	200	200
合计	500	500	500	500	500
总计	1 666	1 834	1 966	2 100	2 344

如实际业务量为 500 小时,运输费等各项变动成本可用实际工时乘以单位业务量变动成本来得到,即变动成本总额 650 元[500×(0.2+1.0+0.1)]。固定成本不变仍为 500 元。混合成本用插值法,应在 480 小时和 540 小时之间,修理费应在 490 元和 544 元之间。如设实际业务量的预计修理费为 x:

$$\frac{(500-480)}{(x-490)}=\frac{(540-480)}{(544-490)}$$

$x=508$

油料费由于在 480 和 540 小时时均为 220 元,故在 500 小时时也应为 220 元。故实际业务量的预计制造费用为:500×(0.2+1.0+0.1)+508+220+500=1 878(元)。然后用该指标与实际业务量的实际成本相比,就比较公正和客观,便于调动积极性。

(2) 公式法

公式法是指在成本习性分析的基础上,通过确定成本函数 $y=a+bx$ 中的 a 和 b 从而来编制弹性预算的方法。

在公式法下,如果事先确定了有关业务量的变动范围,只要根据有关成本项目的 a 和 b 的参数,就可以很方便地推算出业务量在允许范围内任何水平上的各项预算成本。

弹性制造费用预算=变动性制造费用×实际直接人工工时+固定性制造费用

在编制弹性预算后,就可以将实际指标与经过调整的弹性预算对比,发现差异,分析引起差异的原因,正确评价企业的成本管理工作,区分经济责任。

例 11. 仍用例 10 的资料,现用公式法编制制造费用预算如表 8-16 所示。

表 8-16　制造费用弹性预算　　　　　　　　　　单位:元

业务量范围(人工工时)	420～660	
项　目	固定成本(每月)	变动成本(每人工小时)
运输费		0.2
电力		1.0
消耗材料		0.1
修理费	85(备注)	0.85
油料	108	0.2
折旧费	300	
管理人员工资	200	
合计	693	2.35
备注	当业务量超过 600 工时后,修理费的固定部分上升为 185 元	

该法的优点是在一定范围内不受业务量波动的影响,便于计算任何业务量的预算成本;缺点是把混合成本分解比较麻烦,且精确度不高。

同理可编制弹性利润预算。

二、增量预算与零基预算

预算的编制方法按预算指标的来源不同可分为增量预算与零基预算。

(一)增量预算

增量预算是以基期费用水平为基础,按预算期业务量水平变化及可以采用的一些节支降耗措施,调整有关费用而编制的预算。它以过去的经验为基础,实际上是承认过去所发生的一切都是合理的,主张不需在预算内容上作较大改进,而是因循沿袭以前的预算项目。这种编制方法比较简单,但实际上是以承认现实合理为前提的,这样可能受原有费用项目限制,可能导致保护落后,从而使原先不合理的开支得以延续,造成浪费。并容易鼓励预算编制人凭主观臆断按成本项目平均削减预算或只增不减,不利于调动各部门降低费用的积极性。

(二)零基预算

1. 零基预算的定义

零基预算的方法全称为"以零为基础编制计划和预算的方法",简称零基预算。它是指在编制成本费用预算时,不考虑以往会计期间所发生的费用项目或费用数额,而是以所有的预算支出均为零为出发点,一切从实际需要与可能出发,逐项审议预算期内各项费用的内容及开支标准是否合理,在综合平衡的基础上编制费用预算的一种方法。

此法是为克服增量预算的缺点而设计的,最初是由美国德州仪器公司彼得·派尔在20世纪60年代末提出来的,现已被西方国家广泛采用作为管理间接费用的一种新的有效方法。

2. 零基预算的程序

零基预算编制的程序如下:

(1) 动员与讨论。

即动员企业内部所有部门和员工,在充分讨论的基础上根据企业的总目标和各部门的具体任务,提出本部门在预算期内应当发生的费用项目,并确定其预算数额,而不考虑这些费用项目以往是否发生以及发生额多少。

(2) 对每一费用项目进行成本—效益分析,对每一业务活动的所费与所得进行对比,判断各项费用开支的合理性,排出优先顺序。

(3) 根据生产经营活动的实际需要和预算期资金的可供量择优安排,分配资金,落实预算。

3. 零基预算的优点

(1) 可以合理分配资金,压缩资金开支,促使企业合理有效地进行资源分配,将有限的资金用在刀刃上,从而提高资金利用效果。

(2) 由于各级人员都参与预算的编制,易于调动职工降低费用的积极性,促进各预算部门精打细算,量力而行,贯彻落实。

(3) 由于采用成本—效益分析,以零为出发点,一切费用一视同仁,有利于企业面向未来发展考虑预算问题,使预算更能发挥提高经济效益的作用。

但零基预算以零为起点进行分析研究,编制预算的工作量较大,因此可以隔几年采用一次零基预算,期间各年略作适当调整,类似于传统预算。这样既减少了预算编制的工作量,又能适当地控制预算费用,不失为值得提倡的方法。此法特别适用于产出较难辩认的服务性部门费用预算的编制。

三、定期预算与滚动预算

编制预算的方法按预算期的时间特征不同,可分为定期预算与滚动预算两大类。

(一) 定期预算

定期预算是指在编制预算时以不变的会计期间(如日历年度)作为预算期的一种编制预算的方法。

定期预算的唯一优点是能够使预算期间与会计年度相配合,便于考核和评价预算的执行结果。但是,首先由于定期预算往往是在年初甚至提前两三个月编制的,对于整个预算年度的生产经营活动很难作出准确的预计,尤其是对预算后期的预算只能进行笼统地估算,数据笼统含糊,缺乏远期指导性,给预算的执行带来很多困难,不利于对生产经营活动的考核与评价,故带有盲目性；其次，由于定期预算不能随情况的变化及时调整，当预算中所规划的各种经营活动在预算期内发生重大变化时（如预算期临时中途转产），就会造成预算滞后过时，使之成为虚假预算，故是滞后的；再者，由于受预算期间的限制，致使经营管理者们的决策视野局限于本期规划的经营活动，通常不考虑下期。例如，一些企业提前完成本期预算后，以为可以松一口气，其他事等来年再说，形成人为的预算间断。因此，按固定预算方法编制的预算不能适应连续不断的经营过程，从而不利于企业的长远发展。

为了克服定期预算的缺点产生了滚动预算。

（二）滚动预算

1. 滚动预算的定义

滚动预算又称连续预算或永续预算，是指在编制预算时，将预算期与会计年度脱离开，随着预算的执行不断延伸补充预算，逐期向后滚动，使预算期永远保持为 12 个月的一种方法。

2. 滚动预算的程序

其具体做法是：预算期始终保持一定期限如 1 年，它随预算的执行滚动延伸。例如，执行预算 1 个月（或 1 个季度）后，即根据前 1 个月（或前 1 个季度）的具体情况，对剩余的 11 个月（或 3 个季度）的预算加以修正并延伸 1 个月（或 1 个季度），重新编制新一年的预算。这样逐期滚动，永续不断地规划企业未来的经营活动。

3. 滚动预算的优缺点

与传统的定期预算相比，按滚动预算方法编制的预算具有以下优点：

（1）透明度高。由于编制预算不再是预算年度开始之前几个月的事情，而是实现了与日常管理的紧密衔接，可以使管理人员始终能够从动态的角度把握住企业近期的规划目标和远期的战略布局，使预算具有较高的透明度。

（2）适应性强。由于它是根据前期预算的执行情况和各种新的变化，不断地修正预算，故提高了预算的适应性，能更好地发挥预算的指导作用和控制作用，使业绩评价和考核也更合理。

（3）连续性和完整性强。由于滚动预算编制时在时间上不再受日历年度的限制，不会造成预算的人为间断，能够连续不断地规划未来的经营活动并可以保持预算的连续性，使各级管理人员既有近期目标，又有长期规划指导，能促进企业各项工作的有序进行。

采用滚动预算的方法编制预算的唯一缺点就是预算工作量较大。

4. 滚动预算的方式及其特征

滚动预算按预算编制和滚动的时间单位不同可分为逐月滚动、逐季滚动和混合滚动三种方式。

(1) 逐月滚动方式

逐月滚动方式是指在预算编制过程中,以月份为预算的编制和滚动单位,每个月调整一次预算的方法。

如在 2012 年 1 月至 12 月的预算执行过程中,需要在 1 月份末根据当月预算的执行情况,修订 2 月至 12 月的预算,同时补充 2013 年 1 月份的预算;2 月份末根据当月预算的执行情况修订 3 月至 2013 年 1 月的预算,同时补充 2013 年 2 月份的预算……依此类推。

逐月滚动编制的预算比较精确,但工作量太大。

逐月滚动预算示意图如图 8-1 所示。

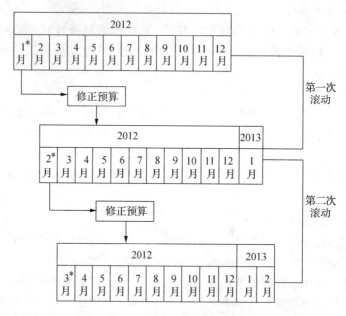

* 为预算执行期

图 8-1 逐月滚动预算示算图

(2) 逐季滚动方式

逐季滚动是指在预算编制过程中,以季度为预算的编制和滚动单位,每个季度调整一次预算的方法。

如在 2012 年第一季度至第四季度的预算执行过程中,需要在第一季末根据当季预算的执行情况,修订第二季度至第四季度的预算,同时补充 2013 年第一季度的预算;第二季度末根据当季预算的执行情况,修订第三季度至 2013 年第一季度的预算,同时补充 2013 年第二季度的预算……依此类推。

逐季滚动编制的预算比逐月滚动的工作量小,但预算精度较差。

（3）混合滚动方式

混合滚动方式是指在预算编制过程中，同时使用月份和季度作为预算的编制和滚动单位的方法。由于人们对未来预测时近期比较准而远期准确度差，故可采取长计划短安排即远略近详的方法。编制预算时，对近期的内容要详细些，远期的内容可粗略些。如对 2012 年的头三个月应逐月详细编制，其余 4 到 12 月份按季粗略编制，到了三月份后，根据第一季度的执行情况，编制 4 至 6 月份的月度详细预算，并调整修订第三和第四季度的预算，补充 2013 年第一季度的预算。6 月末再根据第二季度的执行情况编制 7 至 9 月份的月度详细预算，并调整修订第四季度和 2013 年第一季度的预算，再补充 2013 年第二季度的预算……依此类推。如图 8-2 所示。

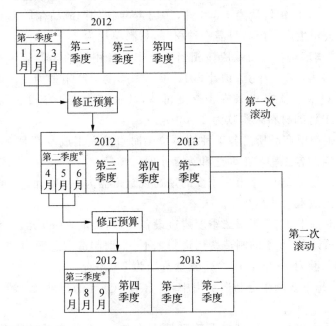

* 为预算执行期

图 8-2　混合滚动预算示意图

复习思考题

1. 什么是全面预算？作用有哪些？
2. 全面预算包括哪些主要内容？
3. 什么是财务预算和现金预算？它们是如何编制的？
4. 什么是弹性预算？怎样编制弹性预算？
5. 什么是零基预算？其原理如何？
6. 什么是滚动预算？滚动预算有何优点？

习 题

1. 资料(设某公司只生产一种产品,即甲产品):

(1) 2012 年 4 个季度的预计销售量依次为 1 400 件、1 500 件、1 600 件和 1 500 件,全年共计 6 000 件,其售价为每件 100 元。参照以往历史资料,估计以后每季的销售款中有 80% 能于当季收到现金,其余 20% 要等到下季才能收到现金。

(2) 2011 年年底应收账款为 5 000 元,这些销货款将于 2012 年第一季度收回现金。

(3) 该公司各季末的产成品存货量应该相当于下季销售量的 10%,预计 2013 年第一季度销售量为 1 600 件,2012 年年初的产成品存货为 40 件。

(4) 公司生产甲产品只需一种材料,材料单耗为 3 千克,每千克单位成本为 5 元,每季末材料存货量应该相当于下季生产用量的 30%,2011 年年底的材料存货量为 1 600 千克,预计 2013 年第一季度生产用量为 3 000 千克。预计每季材料采购款中 60% 在当季度付款,其余 40% 在下季度付款。2012 年年底应付未付的材料采购款为 2 000 元。

(5) 生产甲产品所需各工种的单位工时直接人工成本都是 4 元,生产一件产品所需的各工种的工时之和为 2 小时。

(6) 该公司 2012 年第一季度的期初现金余额为 1 000 元,并准备于 2012 年每季度发放股息 1 000 元。

(7) 准备于 2012 年第二季度购进设备一台,价款 5 000 元。

(8) 预计 2012 年的制造费用资料如下:变动制造费总额为 6 000 元,固定制造费用总额为 10 000 元,全年累计折旧为 2 000 元。

注:在每季度的固定制造费用中,均含有 500 元的折旧费,全年累计折旧为 2 000 元。

(9) 预计 2012 年的销售及管理费支出如下:全年变动销售及管理费为 2 000 元,全年固定销售及管理费 5 000 元。

(10) 期末现金余额不得低于 1 000 元,资金不够可向银行借,但必须是 1 000 的倍数,年借款利率是 8%。

要求根据上列资料编制:

(1) 销售预算;(2) 生产预算;(3) 直接材料预算;(4) 直接人工预算;(5) 制造费用预算;(6) 现金预算;(7) 损益预算。

2. 假定某公司计划期间制造费用的明细项目的具体情况如下:

(1) 间接人工:基本工资为 3 000 元,每人工小时的奖金为 0.10 元。

(2) 物料费:每人工小时应负担 0.15 元。

(3) 折旧费:4 800元。

(4) 维护费:当生产能力在3 000～6 000人工小时的相关范围内,基数为2 000元,另加每人工小时应负担0.08元。

(5) 水电费:基数为800元,另加每人工小时应负担0.12元。

试根据上列资料,在生产能力3 000～6 000人工小时的相关范围内,每间隔1 000工时,编制一套制造费用的弹性预算。

第九章 标准成本系统

第一节 成本管理

一、财务会计成本和管理会计成本的概念

（一）财务会计成本的概念

财务会计的成本是指取得资产或劳务的支出。

由于取得资产和劳务有从外部购置和企业自己生产两种，财务会计把在外购场合下取得资产和劳务付出的代价如买价、运输和保险费等相关支出称为"购置成本"，而把在生产经营过程中由自己生产提供的产品或劳务发生的支出如生产成本、营业成本和管理成本等称为"生产经营成本"。

成本计算和成本管理中的成本常指生产经营成本。它有如下特征：

（1）它是经济资源的消耗；

（2）它以货币计量；

（3）它是特定对象的消耗；

（4）它是正常生产经营活动的消耗。

（二）管理会计成本的概念

管理会计的成本是指企业在生产经营过程中，为了达到一个特定的目的而应当或可能发生的对象化的、以货币计量的消耗或代价。

二、成本的其他分类

前已述及，管理会计为了适应经营管理上的不同需要，可以把成本按照多种不同的标志进行分类，如按成本性态分、按经济用途、按可控性分、按相关性分和按成本记录方法分等。

（一）按成本的发生是否与特定决策方案有关，可将成本分为相关成本和无关成本两类

（1）相关成本是指与特定决策方案相联系的、能对决策产生重大影响的、在决策中必须予以充分考虑的成本。如果某项成本只属于某个经营决策方

案,它是否会发生完全依赖于该方案是否存在,那么这项成本就是相关成本。如差别成本、边际成本、机会成本、重置成本、付现成本、专属成本、可避免成本和可延缓成本等。

① 差别成本也称差量成本,是指两个备选方案预期成本之差。这是一个经营决策上广泛应用的、重要的成本概念,它可以从可选择的不同方案之间估计出成本差别,从而判断不同方案的经济效果。在一定条件下,差别成本和变动成本会一致起来。

② 边际成本从经济学上说,是指产量无限小变化后引起的成本变动。若假定成本函数为 $f(x)$,x 为业务量,MC 为边际成本,则

$$MC=f'(x)$$

即边际成本是连续型函数中成本对业务量的一阶导数。

但是,在实际计量中产量无限小变化最小只能小到一个单位,所以就是指当产量增加或减少一个单位所引起的成本变动。即 $MC=f(x+1)-f(x)$。

③ 机会成本是指在经济资源一定的情况下选择某种最优方案和放弃次优方案而损失的潜在收益。被放弃的次优方案本来可以获得的收益就应当作为中选方案的机会成本。这是由于资源有限,而且往往有多种用途,若将这种资源用于这一方面,则必将失去用于其他方面的机会,故用于某一方面的所得一定要以放弃用于另外方面的所得作为代价。故从多种备选方案中选最优方案,必然会有次优方案被放弃,被放弃的次优方案的所"失",应当能从所选用的最优方案的所"得"中得到补偿。这样,只有把已放弃的次优方案的潜在收益作为所选用的最优方案的机会成本,从其收益中扣除,才能合理、全面地评价方案的优劣。由于机会成本并非企业的实际支出,故在财务会计中并不在任何会计账户中登记,但它却是进行正确决策必须考虑的因素。

④ 重置成本是指在目前条件下重新购置同一项原有资产所需支付的成本。在短期经营决策的定价决策及长期投资决策的更新决策中,往往把重置成本作为重点考虑的对象。

⑤ 付现成本是指需要实际动用现金支付的成本。在决策中,企业在资金紧张而又筹措困难时,对于那些急需上马的项目,往往以付现成本最小而不是方案的总成本最小作为方案的取舍标准。因为在资金紧缺的情况下,为了抓住机遇,及时开发并占领市场,获得货币时间价值,企业可以用较少的现金支出来及时取得急需的资产,从而把握时机,提前取得收益,抵偿多支出的成本,否则会痛失良机。

⑥ 专属成本是指那些能够明确归属于特定决策方案的固定成本或混合成本,它同某种产品、某批产品或某个部门直接关联。例如,专门由于生产某

种产品、设置某个部门或在某个地区营业而发生的固定成本等。

⑦ 可避免成本是指同某个特定的备选方案直接关联的成本,它的发生完全取决于与之相联的备选方案是否被选定,如方案或决策改变时,此项成本是可以避免的,就是可避免成本。例如,利用挖掘潜力、改进劳动组织办法去替代原来增加人员的方案,节省下来的人工支出就是可避免成本,有时也把在几个方案决策中与那些落选方案关联的成本,称作可避免成本。可避免成本在决策中应予认真考虑。

⑧ 可延缓成本是指在决策中对其暂缓开支不会对企业未来的生产经营产生重大不利影响的那部分成本。确定可延缓成本,可以帮助决策者在企业财力有限的情况下分清有关决策方案的轻重缓急,从而有计划地组织方案的实施,充分利用企业现有经济资源,取得最大的经济效益。

(2) 无关成本是指与决策无关的成本,或者是在对比各个备选方案时无论选择哪种方案都相同的那一部分成本。它在决策时不必考虑,如沉没成本、共同成本、不可避免成本和不可延缓成本。

① 沉没成本是指由于过去决策结果而引起并已经实际支付过款项的成本。它是由于过去决策的结果,与现在考虑的可比方案无关。广义地说,凡是过去已经发生的、目前决策不能改变的成本,都是沉没成本。狭义地说,它是指过去发生的、在一定情况下无法补偿的成本,如企业固定资产折旧费、无形资产摊销费等。但是,并不是所有固定资产折旧费或无形资产摊销费都属于沉没成本,如与决策方案有关的新增固定资产的折旧费就属于相关成本。

② 共同成本是指与专属成本相对立的成本。它是应当由多个方案共同负担的、注定要发生的固定成本或混合成本,是同时与若干种产品、若干批产品或若干部门相关联的成本。共同成本没有具体明确的归属对象,通常应由几种(批)产品或几个部门共同分担。

③ 不可避免成本是指与可避免成本相对立的成本。它是不与某一特定备选方案直接相联的成本,其发生与否,并不取决于有关方案是否被选定。无论决策者最后选择哪个方案,这项成本仍旧照样发生,且实际数也不会由于选择不同方案而改变。由于它不与特定方案直接相关,故在决策时可以不予考虑。

④ 不可延缓成本是指与已选定的某一方案(该方案即使在企业财力负担有限的情况下,也不能推迟执行,否则就会影响企业的大局)有关的成本。由于这项成本注定要发生,故必须优先保证对它的支付。

(二) 按成本记录方法不同可将成本分为实际成本和标准成本

(1) 实际成本是指在记录成本时按汇集在每一件产品上的各项成本的实际数额记录的成本。

(2) 标准成本是指在记录成本时，不是用实际发生的成本数字，而是根据单位产品的标准成本进行记录和计算，只有到期末才进行结转和处理的成本。

三、成本控制

成本控制，是指运用以成本为主的各种方法，预定成本限额，按限额开支成本和费用，以实际成本和成本限额比较，计算分析经营活动的成绩和效果，从而克服不利差异，发展有利差异，强化内部管理，降低成本。

（一）成本控制系统的组成

一个企业的成本控制系统包括组织系统、信息系统、考核制度和奖励制度等。它们是进行控制所必须具备的基本条件。

1. 组织系统

组织是指人们为了共同的目标而从事活动的一种方式。由于控制涉及控制主体和被控制对象，故应围绕控制建立有效的组织保证。如为了确定财务预算，应建立相应的决策和预算编制机构；为了组织和实施日常控制，应建立相应的监督、协调、仲裁机构；为了便于划清责任、调动积极性，应建立相应的责任中心；等等。在实践过程中，可根据需要，将这些机构的职能合并到企业的常设机构中，或者将这些机构的职能进行归并。并在企业内部各部门各层次和各岗位将财务预算层层分解落实，使各责任中心对分解的预算指标既能控制，又能承担完成责任。

2. 信息系统

信息系统是成本控制系统的另一个重要组成部分。由于预算总目标和具体目标的执行情况必须通过企业的汇总会计核算资料及各自的会计核算资料予以反映，故这些资料和信息非常重要，透过这些会计资料和信息可以了解分析企业财务预算总目标和具体目标的执行情况、存在的差异及其原因，并提出相应的纠偏措施。故必须建立和健全会计信息系统和反馈系统，做好会计核算基础工作，确保会计信息或资料真实、准确、及时提供。并对各责任中心执行预算的情况进行跟踪监控，不断调整以确保预算的贯彻实施。

3. 考核制度和奖励制度

控制的最终效率取决于是否有切实可行的考核制度和奖罚制度，以及是否严格执行这一制度。否则，即使有符合实际的预算，也会因为控制的软化而得不到贯彻落实。严格的考评机制是奖罚的依据，直接影响奖罚制度。严格的考评机制包括建立考评机构、确定考评程序、审查考评数据、依照制度进行考评和执行考评结果。奖罚制度必须结合各责任中心的预算责任目标制定，体现公平、合理、有效的原则。并把过程考核与结果考核结合起来，把即时奖罚与期间奖罚结合起来。即根据中心的责任目标、执行情况和考核结果当即奖罚或在一定时期终了(一般为年度),根据财务预算的执行结果,对各责任中心进行全面考评,并进行相应的奖罚。

(二)成本控制的种类

成本控制可以按不同的标志分类,但常用的有以下三种。

1. 按控制的时间分类

控制按时间分为事前控制、事中控制和事后控制。

事前控制是指在产品投产之前所进行的控制。在产品生产之前的设计试制阶段,对影响成本的各有关因素进行分析研究,并制定出能适应本企业具体情况的各种成本控制制度。

事中控制是指在成本形成过程根据事前制订的成本目标,对企业各个责任中心日常发生的各项生产经营活动按照一定的原则采用专门的方法进行严格的计量、监督和指导调节,从而对生产经营活动发生过程所进行的控制。

事后控制是指对产品生产经营活动的结果所进行的考核及其相应的奖罚。如按目标的要求对各责任中心的结果进行评价,并以此作为奖罚标准,在产品成本形成之后进行综合分析与考核,以确定各责任中心和企业的成本责任。

2. 按控制的范围分类

控制按范围的广狭分为狭义成本控制和广义成本控制两类。

狭义成本控制就是指事中和事后的成本控制,而广义成本控制是在狭义成本控制的基础上再加上事前成本控制。

3. 按控制的手段分类

控制按控制的手段的不同,可分为定额控制和定率控制。

定额控制称绝对控制,指的是采用精打细算、节约开支、消灭浪费等节约措施去控制;定率控制也称相对控制,是采用节流、开源双管齐下的办法控制。

第二节 标准成本控制

一、标准成本及分类

(一)标准成本

标准成本是指通过精确的调查、分析与技术测定而制定的,用来评价实际成本、衡量工作效率的一种预计成本。它是指事先为每一成本要素制定"标准",然后记录当期发生的实际成本,再按实际数量确定当期标准成本,并将实际成本与标准成本进行比较,计算其差异,分析比较差异形成的原因,并采取措施加以改进,最后进行账务处理从而对成本进行调控的一种成本控制系统。这是与实际成本制度相对应的一种成本制度,为了克服实际成本计算系统的缺陷,尤其是不能提供有助于成本控制的确切信息的缺点而研究出来的一种会计信息系统和成本控制系统。

实际成本制度是对发生在每一件产品上的直接材料、直接人工等直接费用的实际数额进行归集的制度;而标准成本制度是根据单位产品标准成本计算产品的直接材料和直接人工费用,并通过对计算出的成本差异进行处理,最后调整为实际成本,进而对成本进行控制的一种会计核算方法。

早在 20 世纪 20 年代,美国会计学家为配合泰勒制的实施就提出了标准成本制度。1926 年国际会计第二届大会又介绍了该种制度。随着这一制度内容的不断发展和完善,西方国家广泛采用了此方法。1935 年,标准成本计算正式纳入了复式簿记体系,逐渐成为管理会计日常成本控制中应用最广泛、效果最显著的一种成本控制手段。

"标准成本"一词在实际工作中有两种含义:一种是指单位产品的标准成本,它是根据单位产品的标准消耗量和标准单价计算出来的,又称为"成本标准";另一种是指实际产量的标准成本,它是根据实际产品产量和单位产品成本标准计算出来的。

(二)标准成本的分类

标准成本按其制定所依据的生产技术和经营管理水平,分为理想标准成本和正常标准成本。

1. 理想标准成本

理想标准成本是指在最优的生产条件下,利用现有的规模和设备能够达到的最低成本,即在最高效率情况下进行生产活动所应有的成本费用总额,是在最理想的作业状况下应达到的标准成本。亦即在原材料无任何浪费、机器无故障、最熟练的工人全力以赴工作、不存在废品损失和停工时间等条件下可能实现的最优业绩,一切费用开支都是在最低限度下制定的理想值。由于该标准太理想,高不可攀,不能起到激励职工的作用,很难收到控制成本的效果,故在实际上很少采用。

2. 正常标准成本

正常标准成本是指在效率良好的条件下,根据下期一般应该发生的生产要素消耗量、预计价格和预计生产经营能力利用程度制定出来的标准成本。它是在现在已经达到的生产技术水平和预计下期应该发生的变化的基础上,尽力改进效率、避免浪费后所应有的成本。在制定这种标准成本时,把生产经营活动中一般难以避免的损耗和低效率等情况也计算在内,如考虑了机器正常的故障、材料合理的损耗、工人的劳动熟练程度,对职工来说既非轻而易举就能实现,也非高不可攀,故具有激励意义,使之切合下期的实际情况,成为切实可行的控制标准。要达到这种标准不是没有困难,但它们是可能达到的。从具体数量上看,它应大于理想标准成本,但又小于历史平均水平,从而可以调动职工的积极性,具有激励意义。它既先进又切实可行,因而在西方被广泛采用。

企业选用正常的标准作为标准成本制定的依据,能客观地反映工作效率的高低、成本的节约和浪费,并能促使各个方面不断提高工作效率,逐步向理想的标准过渡。它具有客观性、科学性、现实性,并对职工具有激励性,且不需要经常修订,具有稳定性,故在标准成本系统中被广泛使用。

(三)标准成本的作用

标准成本由于能把成本的事前计划、日常控制和最终产品成本有机地结合起来,故对于指导和控制企业的日常经济活动有着积极的作用,主要体现在以下几点。

1. 便于考核实绩

由于标准成本制度是通过先制定标准,再将实际成本与标准成本相比较(即通过实际已做的和应该做的进行比较),从而计算出不利差异和有利差异(反映在差异账户的借方或贷方),因此可考核和评价该部门实际业绩。凡出现有利差异,说明成本控制工作做得比较理想,应进一步发扬;而如出现不利差异,说明实际成绩比期待的要差,需立即查明原因,采取措施,加以改进。故标准成本便于对各个部门的实绩进行考核评价。

2. 提供对决策有用的成本信息

在标准成本法下,由于任何成本差异最后都归结为数量差异和价格差异,因此企业各部门对差异产生的原因能有所了解,从而便于各部门进行决策。

3. 合理计量成本

在标准成本法下,企业能对存货成本、销售成本进行合理的衡量和正确的计量。在实际成本法下,由于按实际发生的成本进行计量,可出现同一种产品单位成本不同、同样的销售数量销售成本却不同的怪现象;而标准成本法下只要是同一种产品,则无论是本期销售出去还是作为存货,其单位成本都是一样的。

4. 简化成本核算

在实际成本计算中,成本由于必须按实际发生数、按可辨认性进行记录和归集,故使成本核算工作复杂化。例如,向仓库领取材料时,必须证明这些材料生产哪一批产品,必须把所领出的每一种直接材料的成本费用计算出来,并将此数额记入分批成本记录单上;同样,直接人工也必须按照实际操作的时间和小时工资率进行计算,记入分批成本计算单。但是,在标准成本计算法下,这些工作可大大简化,根本没有必要计算每一批材料发生的成本,只需确定单位材料标准成本,再按月对需用材料的总额作一次汇总就行,故大大简化了成本核算工作。

二、标准成本的制定

由于产品的成本由直接材料成本、直接人工成本和制造费用构成,故制定标准成本时,通常先确定直接材料和直接人工的标准成本,其次制定制造费用的标准成本,最后制定单位产品的标准成本。尽管这些费用项目的性质不同,但它们的基本形式都是以"数量"标准乘以"价格"标准得到,制定时,无论是哪一个成本项目,都需要分别确定其用量标准和价格标准,两者相乘后得出成本标准。

表9-1 成 本 标 准

直接材料	单位产品材料消耗量	原材料单价
直接人工	单位产品直接人工工时	小时工资率
制造费用	单位产品直接人工工时(或台时)	小时制造费用分配率

其中"数量"标准包括直接材料的标准用量和直接人工的工时标准,主要由生产技术部门主持制定,吸收执行标准的部门和职工参加。"价格"标准包括直接材料的价格标准、直接人工的工资率标准和制造费用的分配率标准,由会计部门和有关其他部门共同研究确定。采购部门是材料价格的责任部门,劳资部门和生产部门对小时工资率负有责任,各生产车间对小时制造费用率承担责任,在制定有关价格标准时要与他们协商。而将数量标准和价格标准分开列示除了有利于分析它们对成本差异的影响和明确责任外,还有利于标准成本的修订。

(一)直接材料成本标准的制定

直接材料成本标准是指生产每一单位产品应耗用的材料成本。在具体制定时,应根据直接材料的品种,先逐一确定它们在单位产品中的标准用量和标准价格,再分别计算每种材料的标准成本,最后计算汇总单位产品的直接材料成本。

1. 用量标准

用量标准即材料的消耗定额。它是在现有技术条件下,采用统计等科学方法确定的生产单位产品所需要的材料数量,应按品种列示。具体消耗定额应结合降低成本的要求,并考虑到必不可少的消耗及难以避免的损失等加以确定。

2. 价格标准

价格标准即材料的计划单价,是预计下一年度各种材料的进料单价,包括买价、运费、检验等费用。在具体制定时,应按材料的品种分别确定。

3. 直接材料的成本标准

直接材料成本标准＝价格标准×用量标准＝计划单价×消耗定额

下面是一个直接材料成本标准的实例(见表9-2)。

表9-2 直接材料成本标准

标　　准	材料甲	材料乙
价格标准:		
发票单价(元)	2.00	1.00
运费和检验费(元)	0.20	0.05
每千克标准价格(元)	2.20	1.05
用量标准:		
用量(千克)	5.00	3.00
损耗(千克)	0.05	0.03
单位产品标准用量(千克)	5.05	3.03
成本标准:		
材料甲(2.20×5.05)(元)	11.11	
材料乙(1.05×3.03)(元)		3.18
单位产品标准成本(元)	14.29	

(二)直接人工成本标准的制定

直接人工成本是指生产每一单位产品应该投入的人工成本。在具体制定时,应先根据直接作业的种类及人员的构成,分别确定生产单位产品所需的标准作业时间及对应的标准工资率,再相乘得到。

1. 用量标准

用量标准即工时定额,是指在现有的生产技术条件下,采用科学的统计调查资料及结合作业研究的成果确定的生产单位产品所需的时间。它包括了直接加工操作必不可少的时间、必要的间歇和停工时间,以及不可避免的废品耗用工时等。

2. 价格标准

价格标准即工资率或工资单价。在计件工资制下,它是预定的单位产品支付的直接人工工资;在计时工资制下,它是生产工人每一工作小时应分配的工资。

$$\text{计时工资率标准} = \frac{\text{预计支付直接人工工资总额}}{\text{标准总工时}}$$

3. 直接人工的成本标准

直接人工成本标准＝价格标准×用量标准＝工资率标准×工时定额

表 9-3　直接人工成本标准

小时工资率	第一车间	第二车间
每月总工时(小时)	10 000	2 000
每月工资总额(元)	50 000	7 000
每小时工资(元)	5.00	3.50
单位产品工时		
理想作业时间	0.8	2.8
必要的间歇和停工时间	0.2	0.1
不可避免的废品耗用工时		0.1
单位产品工时合计(小时)	1.00	3.00
直接人工成本标准(元)	5.00	10.5
合　　计(元)	15.5	

（三）制造费用成本标准

制造费用的成本标准是按部门分别编制，然后将同一产品涉及的各部门单位制造费用标准加以汇总，得出整个产品制造费用成本标准。

各部门的制造费用成本标准分为变动制造费用成本标准和固定制造费用成本标准两部分。

1. 变动制造费用成本标准

制定变动制造费用成本标准同直接材料、直接人工一样，也要考虑两个方面。

（1）用量标准

变动制造费用用量标准亦即工时用量标准，其制定方法与上述直接人工用量标准相同。包括直接人工工时、机器工时、其他用量标准等，并且两者要保持一致，以便进行差异分析。这个标准的数量在制定直接人工用量标准时已经确定。

（2）价格标准

变动制造费用价格标准是指变动制造费用分配率标准。具体公式为：

$$变动性制造费用分配率标准 = \frac{变动性制造费用预算总额}{标准总工时}$$

（3）变动性制造费用成本标准的制定

有了分配率，就可以根据各该产品的工时定额，制定变动制造费用的成本标准。

变动性制造费用的成本标准 = 价格标准 × 用量标准 = 变动性制造费用分配率标准 × 工时定额

各部门变动制造费用标准成本确定之后,可汇总出单位产品变动制造费用标准成本。如表9-4所示。

表9-4 变动制造费用成本标准

部 门	第一车间	第二车间
变动性制造费用预算总额		
间接材料	10 000	2 100
间接人工	18 000	1 800
其他	7 000	100
合计	35 000	4 000
生产量标准(人工工时)	10 000	2 000
变动性制造费用标准分配率	3.5	2.00
直接人工用量标准(人工工时)	1	3
变动制造费用成本标准	3.5	6.00
单位产品标准变动制造费用	9.5	

2. 固定制造费用成本标准

如果企业采用变动成本计算,固定制造费用不计入产品成本,因此单位产品的标准成本中不包括固定制造费用的成本标准。在这种情况下,不需要制定固定制造费用的标准成本,固定制造费用的控制则通过预算管理来进行。如果采用完全成本计算,固定制造费用要计入产品成本,还需要确定其成本标准。

(1)用量标准

固定制造费用的用量标准与变动制造费用的用量标准相同。

(2)价格标准

固定制造费用的价格标准是其每小时的标准分配率,它根据固定制造费用预算和直接人工标准总工时来计算求得。

$$固定性制造费用分配率标准 = \frac{固定性制造费用预算总额}{直接人工标准总工时}$$

此时,

固定性制造费用的成本标准=价格标准×用量标准=固定性制造费用分配率标准×工时定额(见表9-5)

各车间固定制造费用的标准成本确定之后,可汇总出单位产品的固定制造费用成本标准。

表 9-5 固定制造费用成本标准

部 门	第一车间	第二车间
固定性制造费用预算总额		
折旧	2 000	400
管理人员工资	2 200	1 500
其他	800	100
合计	5 000	2 000
生产量标准（人工工时）	10 000	2 000
固定性制造费用标准分配率	0.5	1.00
直接人工用量标准（人工工时）	1	3
部门固定制造费用成本标准	0.5	3.00
单位产品标准固定制造费用	3.5	

将以上确定的直接材料、直接人工和制造费用的成本标准按产品加以汇总，就可确定有关产品完整的成本标准。通常，企业编成"标准成本卡"（见表9-6），反映产成品成本标准的具体构成。在每种产品生产之前，它的标准成本卡要送达有关人员，包括各级生产部门负责人、会计部门、仓库等，作为领料、派工和支出其他费用的依据。

表 9-6 单位产品标准成本卡　　　　　　　　　　产品 A

成本项目	用量标准	价格标准	标准成本
直接材料：			
甲材料	5.05	2.2	11.11
乙材料	3.03	1.05	3.18
合　计			14.29
直接人工：			
第一车间	1	5	5
第二车间	3	3.5	10.5
合　计			15.5
制造费用：			
变动费用（第一车间）	1	3.5	3.5
变动费用（第二车间）	3	2	6
合　计			9.5
固定费用（第一车间）	1	0.5	0.5
固定费用（第二车间）	3	1	3
合　计			3.5
单位产品标准成本总计			42.79

三、标准成本的差异分析

(一)成本差异概述

在标准成本制度下,标准成本是一种目标成本。在日常经济活动过程中,由于种种原因,产品的实际成本会与目标不符,从而形成成本差异。成本差异是指直接材料、直接人工、制造费用等的实际成本和实际产量下预计相关标准成本之间的差额。如实际成本低于标准成本而形成的节约差,我们称其为有利差异或"顺差"(一般在差异金额后面注明"F"),说明企业成本控制是有效的,应继续发扬;如实际成本超过标准成本而形成的超支差,我们称其为不利差异或"逆差"(一般在差异金额后面注明"U"),这就意味着企业管理人员必须采取措施加以改进。成本差异是反映实际成本脱离预定目标程度的信息,成本差异分析的目的就在于找出差异形成的原因和责任,采取相应措施,消除不利差异,发展有利差异,以实现对成本的有效控制,促进成本不断降低。

成本差异的名目繁多,有直接材料成本差异、直接人工成本差异、变动制造费用成本差异、固定制造费用成本差异等。尽管它们都有各自的名称及特点,但凡变动成本差异,都可以把它们归结为"用量差异"和"价格差异"两大类。为了掌握好各种变动成本差异的计算原理及方法,我们可用差异的通用模式来表示:

实际价格×实际用量　　　　　　　　　(1)
标准价格×实际用量　　　　　　　　　(2)
标准价格×实际产量标准用量　　　　　(3)

价格差异=(实际价格-标准价格)×实际用量=(1)-(2)
用量差异=(实际用量-实际产量标准用量)×标准价格=(2)-(3)
总差异=实际价格×实际用量-标准价格×实际产量标准用量=(1)-(3)

即用量差异通常按标准价格(基期价格)确定,而价格差异通常按实际用量(报告期实用量)计算。

(二)直接材料成本差异的计算分析

1. 直接材料成本差异的计算

直接材料成本差异是指实际产量的直接材料实际总成本与实际产量的标准总成本的差。造成直接材料成本差异的原因有两个:一是用量脱离标准形成的用量差异;二是价格脱离标准形成的价格差异。

(1) 直接材料用量差异

直接材料用量差异表示生产制造一定数量的产品所耗用的材料超过或低于预定的标准限额,主要反映用料效率的优劣。

直接材料用量差异=(实际产量实际用量-实际产量标准用量)×标准

价格

（2）直接材料价格差异

直接材料价格差异表示材料的实际价格超过或低于预定的限度，反映采购工作效率的优劣或材料市价的涨落。

直接材料价格差异＝（实际价格－标准价格）×实际用量

直接材料成本差异＝实际产量实际成本－实际产量标准成本

＝直接材料用量差异＋直接材料价格差异

例1． 根据表9-6中A产品耗用的甲、乙材料的标准成本资料，如某月份A产品实际生产量为400件，实际耗用甲材料为2 000千克，乙材料1 300千克，甲、乙两材料每千克的实际单价分别为3元和2元，试计算A产品直接材料成本差异。

解：

甲材料用量差异＝（2 000－5.05×400）×2.2＝－44（元）（有利差异）

乙材料用量差异＝（1 300－3.03×400）×1.05＝92.40（元）（不利差异）

A产品直接材料用量差异＝48.4（元）（不利差异）

甲材料价格差异＝（3－2.2）×2 000＝1 600（元）（不利差异）

乙材料价格差异＝（2－1.05）×1 300＝1 235（元）（不利差异）

A产品直接材料价格差异＝2 835（元）（不利差异）

A产品材料成本总差异＝2 000×3＋1 300×2－11.11×400－3.18×400＝2 884（元）

（或）＝48.4＋2 835＝2 883.4（元）（不利差异）

2．直接材料成本差异的控制分析

由于直接材料用量差异是根据实际使用量与实际产量的标准用量的差额，再按标准价格计算确定的，故反映了生产部门成本控制业绩。材料数量差异形成的具体原因很多，如操作失误造成的废品和废料增加，新工人操作不熟练而引起的材料增加，机器设备性能不够完备而造成的用料增大，或者由于采购进来的是劣质低价材料从而使用量增大；另外，加工方式、保管方式、新产品投产都会出现用量差异。

由于直接材料价格差异是按价格之差乘实际用量得到的，故可反映采购部门本期工作的成绩；但由于乘的是实际用量而非实际采购量，故不能完全、真实地反映采购部门的实绩。

引起采购价格变动的原因很多，如供应厂家价格的变动、未及时订货而造成的紧急订货、购进了劣质低价材料、不必要的快速运输方式等。

本例中，材料用量差异超支了48.4元，价格差异超支了2 835元，我们只有先查明这些差异产生的具体原因，才能进一步采取措施，克服不利差异，发展有利差异,从而达到降低产品成本、提高经济效益的目的。

(三) 直接人工成本差异的计算分析

1. 直接人工成本差异的计算

直接人工成本差异是指实际产量的直接人工总成本与实际产量的标准人工总成本的差额。造成直接人工成本差异的原因有两个:一是实际使用的人工成本脱离标准而形成的用量差异;二是实际小时工资率脱离标准而形成的价格差异。

(1) 直接人工用量差异

直接人工用量差异又称直接人工效率差异或人工工作时间差异,表示制造一定数量产品所耗用的直接人工工时超过或低于预定的限度,或反映一定工时所完成的产品未达到或超过预定数量,两者都反映工作效率的优劣。

直接人工效率差异=(实际产量实际工时-实际产量标准工时)×标准工资率

(2) 直接人工价格差异

直接人工价格差异又称人工工资率差异,表示人工的实际工资率超过或低于预定的限额,反映工资控制成果的优劣或劳力市价的涨落。

人工工资率差异=(实际工资率-标准工资率)×实际产量实际工时

直接人工成本差异=实际产量直接人工实际成本-实际产量直接人工标准成本=直接人工效率差异+直接人工工资率差异

例 2. 某公司如某月份 A 产品实际生产量为 400 件,只需一个工种加工,实际耗用工时为 5 000 小时,实际工资总额 9 000 元,标准小时工资率为 2 元/小时,单位产品的工时标准为 12 工时,试计算直接人工成本差异。

解:

直接人工效率差异=$(5\ 000-12\times 400)\times 2=400$(元)(不利差异)

直接人工工资率差异=$\left(\dfrac{9\ 000}{5\ 000}-2\right)\times 5\ 000=-1\ 000$(元)(有利差异)

直接人工成本差异=$9\ 000-12\times 2\times 400=-600$(元)(有利差异)

(或)=$400-1\ 000=-600$(元)(有利差异)

上述差异也可用列表法表示,见表 9-7。

表 9-7　　　　　　直接人工成本差异计算表

部门	工时数（小时）		工资率（元）		效率差异 (5)=[(1)-(2)]×(4)	工资率差异 (6)=[(3)-(4)]×(1)	总差异 (7)=(1)×(3)-(2)×(4)=(5)+(6)
	实际(1)	标准(2)	实际(3)	标准(4)			
	5 000	4 800	1.8	2	400	-1 000	-600

2. 直接人工成本差异的控制分析

从以上计算可知,在直接人工成本—600元有利差异中,由直接人工工时用量差异带来的不利差异为400元,由直接人工工资率的差异带来的有利差异为1 000元。

造成直接人工工时用量差异的原因不外乎外因及内因两个方面。外因有机器设备性能、材料及半成品供应保证程度、材料质量、产品设计改变等,内因有工人的技术熟练程度、劳动态度等。只有在对差异产生的原因进行分析后,才能采取措施,如要求责任单位改进,加强对职工的教育、培训或责任到人等。

造成工资率差异的主要原因是工人工资结构和工资水平变动。故在分析时应查明人员增减、工资调整和奖金发放等具体情况,并通过采取对应措施加以解决。

(四)制造费用成本差异的计算分析

1. 变动制造费用成本差异的计算分析

(1)变动制造费用成本差异的计算

变动制造费用成本差异是指实际产量的变动性制造费用的实际支付数与实际产量的变动制造费用预计标准支付数之间的差额。造成变动制造费用成本差异的原因有两个:一是实际工时脱离标准工时而形成的量差;二是变动制造费用分配率脱离标准而形成的价差。

① 变动制造费用用量差异。

变动制造费用用量差异又称变动制造费用工时差异或效率差异,它表示产品制造时因耗用时间超过限度而浪费的变动制造费用,或因耗用时间未达限度而节省的变动制造费用。

变动制造费用效率差异=(实际产量实际工时—实际产量标准工时)×标准变动制造费用分配率

② 变动制造费用价格差异。

变动制造费用价格差异又称变动制造费用分配率差异,或变动制造费用耗费差异,由变动制造费用小时分配率超过标准而形成的差异再乘实际工时得到,它表示变动制造费用实际开支数额超过或低于预算标准,反映耗费水平或者说支出水平的高低。

变动制造费用耗费差异=(变动制造费用实际分配率—变动制造费用标准分配率)×实际产量实际工时

变动制造费用成本差异=实际变动制造费用—实际产量标准变动制造费用=变动制造费用效率差异+变动制造费用耗费差异

例3. 如仍按例2中的资料,某公司如某月份A产品实际生产量为400

件,实际耗用工时为 5 000 小时,实际发生变动制造费用 20 000 元,变动制造费用标准分配率为每一直接人工工时 4.2 元,单位产品的工时标准为 12 工时,试计算变动制造费用成本差异。

解:
变动制造费用效率差异 = (5 000 − 12 × 400) × 4.2 = 840(元)(不利差异)

变动制造费用耗费差异 = $\left(\dfrac{20\ 000}{5\ 000} - 4.2\right) \times 5\ 000 = -1\ 000$(元)(有利差异)

变动制造费用成本差异 = 20 000 − 4.2 × 12 × 400 = −160(元)(有利差异)

(或) = 840 − 1 000 = −160(元)(有利差异)

上述差异也可用列表法表示,见表 9-8。

表 9-8 变动制造费用成本差异计算表

部门	工时数(小时)		工资率(元)		效率差异 (5)=[(1)−(2)]×(4)	工资率差异 (6)=[(3)−(4)]×(1)	总差异 (7)=(1)×(3)−(2)×(4)=(5)+(6)
	实际(1)	标准(2)	实际(3)	标准(4)			
	5 000	4 800	4	4.2	840	−1 000	−160

(2) 变动制造费用成本差异的控制分析

从以上计算可知,变动制造费用节约了 160 元,其中由于工时利用方面的原因导致变动制造费用效率差异超支 840 元,而变动制造费用耗费差异则节约了 1 000 元。具体还应对变动制造费用效率差异和变动制造费用耗费差异超支和节约的原因作进一步分析。

变动制造费用效率差异是由于实际工时超过了标准,多用了工时所致,其形成原因与人工效率差异相同。

变动制造费用耗费差异是在承认实际工时是必要的情况下发生的每小时变动费用的差异。耗费差异一般由部门经理控制,故应由部门经理负责。只有找到了差异产生的具体原因,并落实责任的归属,联系经济利益进行奖惩,才能发展有利差异,纠正不利差异。

2. 固定制造费用成本差异的计算分析

(1) 固定制造费用成本差异的计算

固定制造费用成本差异是指实际产量的固定制造费用的实际支付数与实际产量的固定制造费用标准支付数之间的差额。固定制造费用的差异分析与各项变动成本差异分析不同,其差异的组成,主要有差异三分法和差异两分法两种。

① 差异三分法。

它是将固定制造费用差异分成开支差异、能力差异和效率差异三部分。

1）固定制造费用开支差异。它又称固定制造费用预算差异，表示固定制造费用实际开支数超过或低于预算或标准，反映执行预算或标准的成果。

固定制造费用开支差异＝实际产量固定制造费用的实际支付数－预算产量固定制造费用的标准支付数

2）固定制造费用能力差异。它表示依预定的分配率分配固定制造费用后，因实际能力未达到预定规定的水平致使分配数低于预算数，或因实际能力超过预定规定的能力水平而致使分配数超过预算数。固定制造费用由于不同于变动制造费用，在相关范围内，它不随业务量的变动而变动，故必须设定一个预算工时，来计算固定制造费用标准分配率。若实际工时大于预算工时，说明生产能力利用程度超过了预算规定的水平；若实际工时小于预算工时，说明生产能力利用程度未达到预算规定的水平。由于实际工时与预算工时之间的差异而造成的固定制造费用差异，就是固定制造费用生产能力利用程度差异，因此简称固定制造费用能力差异。

固定制造费用能力差异＝固定制造费用的标准分配率×（预算产量标准工时－实际产量实际工时）

式中：

固定制造费用的标准分配率＝预算产量固定制造费用支付数/预算产量标准工时

3）固定制造费用效率差异。它表示产品制造时因耗用时间超过限度而浪费的固定制造费用，或因耗用时间未达限度而节省的固定制造费用。

固定制造费用效率差异＝固定制造费用的标准分配率×（实际产量实际工时－实际产量标准工时）

固定制造费用成本差异＝实际产量实际固定制造费用－实际产量标准固定制造费用＝固定制造费用的实际分配率×实际产量实际工时－固定制造费用的标准分配率×实际产量标准工时＝开支差异＋能力差异＋效率差异

式中：

固定制造费用的实际分配率＝$\dfrac{固定制造费用实际支付数}{实际总工时}$

例 4. 仍按例 2、例 3 的资料，如该月企业固定制造费用实际支付数为 45 000元，实际工时为 5 000 小时，固定制造费用预算总额为 42 000 元，预计产量标准总工时为 5 600 小时，实际产量应耗标准工时为 4 800 小时，要求计算固定制造费用差异。

解：

固定制造费用开支差异＝45 000－42 000＝3 000(元)（不利差异）

∵ 固定制造费用的标准分配率 $=\dfrac{42\,000}{5\,600}=7.5$

∴ 固定制造费用能力差异 $=7.5\times(5\,600-5\,000)$
$=4\,500(元)(不利差异)$

∴ 固定制造费用效率差异 $=7.5\times(5\,000-4\,800)=1\,500(元)(不利差异)$

固定制造费用成本差异 $=45\,000-7.5\times4\,800=9\,000(元)(不利差异)$

(或) $=3\,000+4\,500+1\,500=9\,000(元)(不利差异)$

上述差异也可用列表法表示，见表9-9。

表9-9 固定制造费用成本差异计算表

部门	工时数(小时)			实际费用(4)	分配率(元)标准(5)	开支差异 (6)=(4)−(5)×(3)	能力差异 (7)=(5)×[(3)−(1)]	效率差异 (8)=(5)×[(1)−(2)]	总差异 (9)=(4)−(5)×(2) 或 =(6)+(7)+(8)
	实际(1)	标准(2)	预算(3)						
	5 000	4 800	5 600	45 000	7.5	3 000	4 500	1 500	9 000

②差异两分法。

它是将固定制造费用分为预算差异和能量差异两部分。

1) 固定制造费用预算差异。它是指固定制造费用实际支付数与预计支付数的差额。

固定制造费用预算差异＝实际产量固定制造费用的实际支付数－预算产量固定制造费用的标准支付数

2) 固定制造费用能量差异。它是指以标准工时为基础的固定制造费用固定预算与弹性预算的差额，反映了未充分利用生产能量的损失。

固定制造费用能量差异＝固定制造费用的标准分配率×(预算产量标准工时－实际产量标准工时)

固定制造费用成本差异＝固定制造费用预算差异＋固定制造费用能量差异

例5. 仍按例4的资料,现用差异两分法计算固定制造费用成本差异。

固定制造费用预算差异 $=45\,000-42\,000=3\,000(元)(不利差异)$

固定制造费用能量差异 $=7.5\times(5\,600-4\,800)=6\,000(元)(不利差异)$

固定制造费用成本差异 $=45\,000-4\,800\times7.5=9\,000(元)(不利差异)$

(或) $=3\,000+6\,000=9\,000(元)(不利差异)$

由上可知,差异三分法与差异两分法间的关系如下:

① 差异三分法下的固定制造费用开支差异就是差异两分法下的固定制造费用预算差异。

② 差异三分法下的固定制造费用能力差异与效率差异之和就等于差异两分法下的固定制造费用能量差异。

差异三分法开支差异＝差异两分法预算差异

能力差异＋效率差异＝能量差异

③ 差异三分法与差异两分法的具体差异公式也可由下面的形式得到。

实际分配率×实际工时　　　　　　　　　　　　（1）

标准分配率×预算产量标准工时　　　　　　　　（2）

标准分配率×实际工时　　　　　　　　　　　　（3）

标准分配率×实际产量标准工时　　　　　　　　（4）

差异三分法：

固定制造费用开支差异＝(1)－(2)

固定制造费用能力差异＝(2)－(3)

固定制造费用效率差异＝(3)－(4)

固定制造费用总差异＝(1)－(4)

差异两分法：

固定制造费用预算差异＝(1)－(2)

固定制造费用能量差异＝(2)－(4)

固定制造费用总差异＝(1)－(4)

(2) 固定制造费用成本差异的控制分析

造成固定制造费用开支差异或预算差异的原因可能是：资源价格的变动；临时添置固定资产；职工培训费、差旅费等酌量性固定成本的改变；职工人数的变动；记入本期的预提和待摊费用的变化；等等。

造成固定制造费用能力差异的原因可能是：企业内部的挖潜改革；接受特殊订货的数量发生变化；市场有所开拓；采取了一些特殊订价方法；开辟了第三产业；等等。

造成固定制造费用效率差异的原因与形成直接人工效率差异的原因相同。

只有找出存在问题的症结，把解决症结具体落实到人，并联系经济利益进行奖惩，才能最大限度地调动职工的积极性，克服不利差异，发展有利差异，降低成本，取得最大的经济效益。

第三节　标准成本的账务处理

采用标准成本进行计算和分析,把标准成本纳入账簿体系不仅能简化记账手续,提供成本控制的有关信息,而且能提高成本计算的质量和效率,使标准成本发挥更大功效。

一、"原材料"、"生产成本"和"产成品"账户登记标准成本

在标准成本制度下,无论是借方和贷方均登记实际数量的标准成本,其余额亦反映这些资产的标准成本,不再按实际成本记账。

二、设置成本差异账户分别记录各种成本差异

根据各种成本差异的名称,分别建立各种成本差异账户。例如,在完全成本法下,既可以按大的成本项目设置"直接材料成本差异"、"直接人工成本差异"、"变动性制造费用成本差异"、"固定制造费用成本差异"等科目,又可按具体成本差异的内容分别建立"材料数量差异"、"材料价格差异"、"直接人工效率差异"、"直接人工工资率差异"、"变动制造费用效率差异"、"变动制造费用耗费差异"、"固定制造费用效率差异"、"固定制造费用耗费差异"、"固定制造费用能力差异"等成本差异账户。

在需要登记"原材料"、"生产成本"和"产成品"账户时,将实际成本分离为标准成本和有关的成本差异,标准成本数据记入"原材料"、"生产成本"和"产成品"账户,而有关的差异分别记入各成本差异账户。

各差异账户借方登记超支的不利差异,贷方登记节约的有利差异。

三、各会计期末对成本差异进行处理

各成本差异账户的累计发生额,反映了本期成本控制的业绩。在月末(或年末)对成本差异的处理方法有两种。

(一)结转本期损益法

如成本差异数额不大,在会计期末将所有差异转入"利润"账户,或者先将差异转入"主营业务成本"账户,再随同已销产品的标准成本一起转至"利润"账户。

采用这种方法的依据是确信标准成本是真正的正常成本,成本差异是不正常的低效率和浪费造成的,应当直接体现在本期损益之中,使利润能体现本期工作成绩的好坏。此外,这种方法的账务处理比较简便。但是,如果差异数额较大或者标准成本制定得不符合实际的正常水平,则不仅使存货成本

严重脱离实际成本,而且会歪曲本期经营成果,因此,在成本差异数额不大时采用此种方法为宜。

（二）调整销货成本与存货法

若差异数额较大,或库存产品较多时,按照这种方法,在会计期末将成本差异按比例分配至已销产品成本和存货成本上,调整为实际成本。

采用这种方法的依据是税法和会计制度均要求以实际成本反映存货成本和销货成本。本期发生的成本差异,应由存货和销货成本共同负担。当然,这种做法会增加一些计算分配的工作量。此外,有些费用计入存货成本不一定合理。例如闲置能量差异是一种损失,并不能在未来换取收益,作为资产计入存货成本明显不合理,不如作为期间费用在当期参加损益汇总。

成本差异的处理方法选择要考虑许多因素,包括差异的类型（材料、人工或制造费用）、差异的大小、差异的原因、差异的时间（如季节性变动引起的非常性差异）等。因此,可以对各种成本差异采用不同的处理方法。如材料价格差异多采用调整销货成本与存货法,能力差异多采用结转本期损益法,其他差异则可因企业具体情况而定。值得强调的是,差异处理的方法要保持历史的一致性,以便使成本数据保持可比性,并防止信息使用人发生误解。

复习思考题

1. 什么是相关成本？举例说明机会成本、边际成本、差别成本、可避免成本、专属成本的概念。
2. 什么是沉没成本？试举例说明。
3. 标准成本的内容和作用是什么？
4. 标准成本有哪几种类型？
5. 标准成本怎样制定？
6. 什么是成本差异？它是怎样计算的？
7. 固定制造费用通常应计算哪几种差异？怎样计算？
8. 标准成本制度在账务上怎么处理？

习　　题

1. 某企业生产和销售甲产品,耗用 A 材料,某月份预计生产能力为 1 000 小时,如每件直接材料消耗定额为 1.1 千克,每千克标准单价为 50 元,直接人工工时定额为 2 小时,直接人工工资总额为 1 万元,变动制造费用总额 5 000 元,固定制造费用总额为 5 500 元,要求用完全成本法计算甲产品的标准成本。

2. 根据上面甲产品耗用的 A 材料的标准成本资料,如某月份甲产品实际生产量为 520 件,实际耗用 A 材料为 624 千克,每千克的实际单价为 45 元,试计算 A 材料成本差异。

3. 根据上面甲产品耗用的标准成本资料,如某月份甲产品实际生产量为 520 件,实际耗用工时为 1 144 小时,实际小时工资率为 11 元/小时,试计算直接人工成本差异。

4. 仍按上面的资料,如该月份实际发生的变动制造费用实际分配率为 4.5 元,试计算变动制造费用成本差异。

5. 仍按上面的资料,如该月份企业固定制造费用实际支付数为 6 000 元,实际工时为 1 144 小时,固定制造费用预算总额为 5 500 元,预计产量标准总工时为 1 000 小时,实际产量应耗标准工时为 1 040 小时。要求用差异三分法计算固定制造费用差异。

6. 仍按上面的资料,要求用差异两分法计算固定制造费用成本差异。

7. 某一企业产品本月成本资料如下:

(1) 单位产品标准成本:

直接材料 50 公斤×9 元/公斤＝450 元

直接人工 45 小时×4 元/小时＝180 元

变动制造费用 45 小时×3 元/小时＝135 元

固定制造费用 45 小时×2 元/小时＝90 元

合计 855 元

本企业该产品生产能力标准总工时为 1 000 小时,制造费用均按人工小时分配。

(2) 本月实际产量 20 件,实用人工工时 950 小时,实际成本为:

直接材料 900 公斤×10 元/公斤＝9 000 元

直接人工 3 325 元

变动制造费用 2 375 元

固定制造费用 2 850 元

合计 17 550 元

要求:计算直接材料成本的价格差异和用量差异,直接人工成本的工资率差异和人工效率差异,变动制造费用的耗费差异和效率差异,固定制造费用的开支差异、效率差异和能力差异。

第十章 责任会计

第一节 责任会计概述

一、责任会计的概念

责任会计是管理会计的一个子系统,是现代分权管理模式的产物。前面几章我们已经介绍了预测分析、决策分析的方法及如何编制全面预算,以及为保证预算的贯彻执行,必须进行事前和日常的成本控制等问题。企业为了实行有效的协调和控制,通常都采用统一领导、分级管理的原则,在其内部合理划分责任单位,把全面预算确定的各项指标,按照企业内部管理系统的各个责任层次进行分解,形成所谓的"责任预算";然后对责任预算的执行情况进行计量、记录,并定期编制业绩报告,以便定期考核和评价各个责任层次及有关人员的工作实绩和成果,明确各责任单位应当承担的经济责任、应有的权利和利益,促使各责任单位协同配合,确保企业战略目标和各项具体任务的实现。现代化企业大多是在分权管理的条件下实现经济责任制的,企业管理当局必须适应分权管理和经济责任制的要求。这种在企业内部以责任单位为主体,为了强化企业内部经营管理责任而实施的内部控制制度,把会计资料同各级有关责任单位紧密联系起来的信息控制系统,在管理会计中就叫做"责任会计"。

二、责任会计的内容

责任会计的基本内容有以下几个方面。

（一）建立责任中心

企业根据实际情况和内部管理的实际需要,把所属各部门、各单位划分为成本中心、利润中心和投资中心等若干个责任中心,并依据各责任中心经营活动的特点,明确规定其权责范围,使他们的经济利益与其业绩直接挂钩。

（二）编制责任预算

全面预算是按照生产经营过程实现企业总体目标的预算。责任预算则是把企业的总体目标和任务,按责任中心层层分解、落实后编制的预算,又称责任中心预算,是各个中心开展经营活动、评价工作绩效的具体标准。

(三)建立健全跟踪系统

责任中心及其责任预算一经确定,企业就应按责任中心建立和健全一套责任预算执行情况的跟踪系统,并要求各责任中心在规定时间内编制业绩报告,将实际数与预算数作比较,借以考核和评价各责任中心的业绩。

(四)进行反馈控制

企业根据各责任中心编制的业绩报告,分析责任预算执行发生差异的原因,并及时通过信息反馈来控制和调节其日常经营活动,督促各责任中心采取措施、克服缺点、发扬成绩,以不断降低成本和提高经济效益。

(五)考评实绩

企业对各责任中心的业绩报告进行分析评价,并根据事先制定的一套奖惩制度进行奖惩,从而调动他们的积极性,以便取得最大的经济效益。

三、责任会计的原则

在不同类型的企业中,由于内部情况和外部条件的不同,建立责任会计制度的具体方法也各不相同,但一般应遵循以下五条原则。

(一)目标一致性原则

即各责任单位的具体目标和经营活动应与企业的总目标保持协调一致。下级服从上级、局部服从整体,各责任中心不能偏离企业总目标而各行其是,不能因片面追求局部利益而影响整体利益,企业内部各责任单位内部权责范围的确定、责任预算的编制及业绩的考评都应确保企业整体利益的实现。

(二)责任主体原则

企业责任会计的核算应以责任单位为主体,进行资料的收集、汇总、分析,并制定责任预算和编制业绩报告。

(三)可控性原则

指每个责任中心只能对其责权范围内可控制的成本、收入、利润和投资项目负责,在责任预算和业绩报告中也只应包括他们能控制的项目,这样就划清了各责任单位的职责,使责、权、利三者紧密结合起来。

(四)反馈性原则

它指各个责任单位在预算执行过程中应根据责任控制和业绩考核的需要,及时、准确地提供有关责任预算执行情况的重要信息,以便企业及时发现问题、采取措施,迅速有效地加以改进;否则,时过境迁,积重难返。

(五)责、权、利相结合原则

它指应把行为科学的原理与我们党的思想政治工作的优良传统结合起

来,明确每个责任单位的经济责任、管理权限,并制定和落实合理的、切实可行的激励措施,从而调动各责任单位全体职工的主观能动性,以便不断地促使各责任中心为实现预算目标而努力工作。

四、责任会计的特点

责任会计的特点主要表现在以下四个方面。

(一)责、权、利相一致

由于责任会计把划清经济责任、赋予管理权力、联系经济利益紧密结合起来,故更容易使企业实行分权管理。企业在推行责任会计后,把各责任单位提出的目标和任务,通过数量形式用责任预算具体地反映出来,从而使各级管理人员明确目标、分清责任,并行使一定的权力进行有效的控制,然后按责任的归属进行考评,做到奖惩分明。

(二)有利于保证经营目标的一致性

在推行责任会计后,各责任单位的经营目标是整个企业经营总目标的具体体现。因此,在考核评价各责任中心的经营成果时,企业便把各个责任单位的经营目标与企业整体目标统一了起来,各责任单位要为实现企业总目标而协调工作,从而保证了经营目标的一致性。

(三)有利于考核和评价各责任中心的业绩

在推行责任会计后,各责任层次由于分工明确,如成本中心只对成本负责,利润中心不仅要对成本负责,还要对收入利润负责,投资中心还要对投入的全部资金负责,故各个责任中心责任明确,考核有据。

(四)有利于实行例外管理原则

在推行责任会计后,高层次的经理人员能摆脱日常事务性工作,集中精力处理企业的重大决策和规划问题。

所谓例外管理一般指企业高级管理人员应对差异数额比较大,或差异持续时间比较长,或对企业未来有重大影响作用的项目重点管理。

第二节 责任中心的建立

责任中心是指企业内部的成本、利润、投资发生单位,这些内部单位被要求完成特定的职责,其责任人则被赋予一定的权力以便对该责任区域进行有效的控制。责任中心可能是一个个人、一个班组、一个车间、一个部门,也可能是分公司、事业部,甚至是整个企业。实行责任会计后,每个责任层次必须对其所进行的经济活动有十分明确的责任范围并进行有效的控制。

企业各个责任中心可根据生产经营活动的特点、控制区域和责任范围的大小以及工作成果评价和考核的不同重点,分为成本中心、利润中心和投资中心三类。

一、成本中心

(一)成本中心的概念

成本中心是责任人只对其责任区域内发生的成本负责的一种责任中心。从一般意义出发,企业内部凡有成本发生,需要对成本负责,并能实施成本控制的单位,都可以成为成本中心。它是责任中心的最基本的表现形式,是成本发生区域的责任单位,它只能控制成本,即只对成本负责。凡是有成本(费用)发生的(指经常发生的),且对成本(费用)负责并能进行控制的责任单位,都可称为成本中心。

成本中心往往是没有收入的。例如,生产车间生产产品,不能自己销售,就无货币收入。即使有的成本中心可能有收入,但它不是考核的主要内容,中心无需对收入、利润或投资负责。换句话说,如果只着重考核所发生的成本或费用,而不考核或不形成可以用货币计量收入的责任中心,就是成本中心。

在垂直型责任制组织结构下,企业分成制造部、财务部、销售部等,制造部下又设有车间、工段、小组和责任人。车间、工段、小组和责任人甚至制造部门等责任单位都是成本中心,它们可以生产一定量的产品或半成品,为公司提供一定的物质成果,但不便或不必要对它们的收入进行货币计量。至于在企业中不进行生产而专门提供一定专业服务的责任单位,如总务部门、生活部门等,主要为企业提供一定的专业性服务,一般并不能产生可以用货币来计量的成果,它们可统称为费用中心。成本中心的规模不一,各个较小的成本中心共同组成一个较大的成本中心,各个较大的成本中心又共同构成一个更大的成本中心。从而,在企业形成一个逐级控制,并层层负责的成本中心体系。规模大小不一和层次不同的成本中心,其控制和考核的内容也不尽相同。

(二)成本中心的分类

成本中心一般可以分为两类:标准成本中心和费用中心。

1. 标准成本中心是指那些有明确、具体的产品,且对生产产品所需各种要素的投入量能够合理预计的成本中心。例如,生产某种零件的班组、生产某种产品的车间等都可作为标准成本中心,因为其产出数量可以明确计量,对所生产的产品可以确定原材料、直接人工、间接制造费用等的相应标准。也就是说,在标准成本中心,投入和产出之间有密切联系。

2. 费用中心则是指那些工作成果不是明确的实物,无法有效计量,或者投入与产出之间没有密切联系的成本中心。一般来说,行政管理、科研开发、广告宣传等服务性部门应列为费用中心。费用中心的实际成本可以准确计算,但难以根据其投入与产出的数量来判断其支出是否有效,工作成绩是否优异,因此也就不容易对无效开支进行有效控制。

如果采用另一种分类标准,可以把成本中心划分为复合成本中心与基本成本中心两类。基本成本中心是最基层的成本中心,它没有下属成本中心,不能进一步分解。复合成本中心则下设若干个下属成本中心,并对其下属成本中心发生的成本负责。

（三）成本中心的特点

1. 成本中心只以货币形式计量投入,不以货币形式计量产出

由于成本中心一般不具备经营权和销售权,故不会形成可以用货币计量的收入;有的成本中心可能有少量的收入,但这些收入不作为主要的考核内容,也不必计算这些货币收入。故成本中心只考评成本费用而不考评收益。

2. 成本中心只对可控成本承担责任

成本费用依其责任主体是否能控制分为可控成本与不可控成本。凡是责任中心能控制其发生及其数量的成本称为可控成本;凡是责任中心不能控制其发生及其数量的成本称为不可控成本。

具体来说,可控成本必须具备以下四个条件:

(1) 可以预计。即成本中心能够事先知道将在何时发生哪些成本。

(2) 可以计量。即成本中心能够计量它的发生数额。

(3) 可以施加影响。即成本中心能够通过自身的行为来调节影响它的数额。

(4) 可以落实责任。即成本中心能够将有关成本的控制责任分解落实,并进行考核评价。

凡不能同时具备上述四个条件的成本通常为不可控成本。但成本的可控性是相对的,总是针对特定的时期和特定的责任人,离开这两个条件就会失去实际意义。比如一项成本对于下级成本中心来说是不可控成本,但它可能是上一级成本中心的可控成本,如固定制造费用对于班组、工段来说是不可控的,而对于制造部门来说则是可控的;一项成本对于甲成本中心来说是不可控成本,但对于乙成本中心来说可能是可控成本,如材料的采购成本对于生产部门来说是不可控的,而对于采购部门来说却是可控的;一项成本对于这一段时间来说是不可控成本,但在另一段时间是成本中心的可控成本,如折旧费、租赁费、财产税等。由于成本中心只对可控成本产生影响,对不可控成本无能为力,故成本中心只对可控成本负责。基本成本中心的责任成本是可控成本之和,复合成本中心的责任成本是其中心的可控部分和下级成本

中心的责任成本之和。故对于全企业来说，几乎所有的成本都是可控的；但对于某中心来说，则各有各的可控与不可控成本。

另外还应注意可控成本与不可控成本、变动成本与固定成本、直接成本与间接成本的关系。

可控成本与不可控成本是按成本的发生是否责任中心可控来分的；变动成本与固定成本是按照成本总额与业务量的依存关系来分的；直接成本与间接成本是按照成本是否能直接记入或可以找到一个合理的分配标准把成本合理记入产品来分的。

一般来说，成本中心的变动成本大多是可控成本，而固定成本大多是不可控成本。但也不完全如此，如管理人员工资属固定成本，但其发生额可以在一定程度上被上级部门负责人所决定或影响，因而，也可能作为可控成本。成本中心的直接成本大多是可控成本，间接成本大多是不可控成本。但也要具体情况具体分析，一个成本中心所使用的固定资产所发生的折旧费是直接成本，但不是可控成本。从其他部门分配来的为生产部门正常开展生产活动提供必要条件的，如财务部门所提供的服务等与生产活动本身并无直接联系，这些是不可控成本，但供水、供电等部门为生产部门提供的服务可随生产部门的生产需要而改变，可按各成本中心实耗量进行分配，就是各成本中心的可控成本。

3. 成本中心只对责任成本进行考核和控制

成本中心的考核只对责任成本进行。它以预算分解确定的各责任中心应承担的预算责任成本为依据，并对责任中心从事业务活动实际发生的责任成本进行计量和计算，通过各成本中心的实际责任成本与预算责任成本进行比较，确定其成本控制的绩效，并采取相应的奖惩措施。

二、利润中心

（一）利润中心的概念

利润中心是责任人对其责任区域内的成本和收入均要负责的责任中心，指能同时控制生产和销售，不仅要对成本负责同时还要对收入、利润负责的责任中心。

利润中心由于不仅要考核成本，还要考核收入，并进一步将收入与成本进行对比，考核利润，故适用于企业管理中具有相对独立经营的较高层次，如横向组织结构下的分厂、分公司、各个事业部门等。其收入来源可以来自直接向外提供产品或劳务，也可以由只对本企业内部责任中心提供产品或劳务而取得。故利润中心生产的产品可以是物质产品，也可以是劳务。

（二）利润中心的分类

利润中心可以分成自然的利润中心和人为的利润中心两类。

（1）自然的利润中心指凡是可以直接向企业外部出售产品或提供劳务，在市场上进行购销业务而取得实际收入的利润中心。

（2）人为的利润中心指各中心提供的产品或劳务只在企业内部结转，按照内部转移价格将产品或劳务提供给本企业其他部门而取得收入的利润中心。

每一个利润中心都应该进行独立的会计核算，计算较完整的变动成本或全部成本，正确分析、考核本中心的业绩，如边际贡献、净利等，并向上一层次的责任中心汇报。

三、投资中心

投资中心是责任人对其责任区域内的成本、收入和投资均要负责的责任中心，是指不仅能对成本、收入、利润进行控制和负责，而且能对投入的全部资金负责的责任中心。它不仅要能控制成本和收入，同时也要能控制其所占用的全部资金。例如，在垂直型组织结构下的公司总经理，在横向组织结构下的各分公司、各事业部门及总公司都是投资中心。他们所拥有的自主权不仅包括制定价格、确定产品开发和生产方式等短期经营决策权，而且还包括投资规模和投资类型等投资决策权。

故投资中心一般是企业内部较高的管理层次，比其他责任中心拥有更大的独立性、自主权和一定的资金支配权。利润中心和投资中心最主要的区别是有没有投资决策权。投资中心在调配资金余缺时，应研究资金的投向，当然也就承担更大的经济责任。

第三节 责任中心的考评

一、成本中心的考评指标

成本中心的考评指标是责任成本。考评是通过预计责任成本和实际责任成本的比较，计算责任成本的降低额和降低率来进行的。

责任成本与产品成本既有联系，又有区别。它们的联系是，整个企业的责任成本之和必定等于企业的产品成本总额。它们的区别是：

（1）成本计算对象不同。产品成本的计算对象是承担费用的客体，即产品品种、产品批别、产品的生产步骤；责任成本的计算对象是责任中心。

（2）成本计算原则不同。产品成本的计算原则是谁受益谁承担，责任成本是谁负责谁承担。

（3）成本计算的用途不同。计算产品成本是用以反映和监督产品成本计划的执行情况，是实行经济核算制的重要手段；计算责任成本是用以反映和监督责任预算的执行情况，是控制生产耗费、贯彻经济责任制的重要工具。

二、利润中心的考评指标

由于利润中心既对成本负责，又对收入及利润负责，故利润中心的考评指标至少有四种选择：边际贡献、可控边际贡献、部门边际贡献、税前部门利润。

(1) 边际贡献＝收入－变动成本总额

(2) 可控边际贡献＝边际贡献－可控固定成本

(3) 部门边际贡献＝可控边际贡献－不可控固定成本

(4) 税前部门利润＝部门边际贡献－公司分配的各种管理费

例1. 某公司甲部门数据如下：

部门销售收入20万元；

已销产品变动生产成本5万元；

变动销售费2万元；

部门可控固定成本4万元；

部门不可控固定成本2万元；

公司分配的各种管理费用1万元。

则该部门利润考评指标如下：

(1) 边际贡献＝20－5－2＝13(万元)

(2) 可控边际贡献＝13－4＝9(万元)

(3) 部门边际贡献＝9－2＝7(万元)

(4) 税前部门利润＝7－1＝6(万元)

其中，以边际贡献13万元作为业绩考评指标不够全面，因为变动成本和固定成本的划分有一定的选择余地，如以此指标评价的话，会导致部门经理尽量多支出固定成本而少支出变动成本。

可控边际贡献由于反映了部门经理在其权限和控制范围内有效使用资源的能力，因此是评价部门经理业绩的最公正、最客观的指标。部门经理由于能对部门销售收入、变动成本和部分固定成本进行控制，故应对可控边际贡献负责。

一般不宜以部门边际贡献和税前部门利润考评部门经理的业绩，因为固定成本中有一部分是过去决策的结果，对现在的经理来说是不可控的，公司分配来的各种管理费用对部门经理来说也是不可控的。但是，在决定某部门的取舍时,部门边际贡献可提供极为重要的信息,而税前部门利润指标由于反映了有关部门补偿共同性固定成本后对企业利润所作的贡献,故可用于对部门的业绩评价和考核。

三、投资中心的考评指标

投资中心除了对成本、收入、利润负责外,还要对投资效果负责。故它的考评指标除了成本、利润外,还应包括反映投资效果的投资利润率和剩余收益。

(一) 投资利润率

投资利润率是部门税前利润与其所拥有的资产数额的比例,它是衡量投资中心业绩最基本的标准。

投资利润率=税前利润/资产数额×100%

当然,也可将其展开为:

$$投资利润率 = \frac{税前利润}{销售收入} \times \frac{销售收入}{资产数额} = 销售利润率 \times 投资周转率$$

$$(或)投资利润率 = \frac{税前利润}{成本费用} \times \frac{成本费用}{销售收入} \times \frac{销售收入}{资产数额}$$

$$= 成本费用利润率 \times 销售成本率 \times 投资周转率$$

投资利润率是衡量投资效果的一个很有用的客观标准,其数据资料可直接从现有的会计资料中整理计算。它由于以资产额与所创利润的相对比例进行衡量,因而有利于不同规模部门之间的比较。

另外,它能综合反映一个公司或一个投资中心各方面工作的优劣。公司可以为各投资中心规定一个共同的期望标准,即目标投资利润率;也可以分别为每个投资中心规定不同的期望标准,以便考核、评价各中心的全部经营成果。通过这一指标可以在各个不同的历史时期、不同行业、同行业各公司、同一公司的各投资中心之间分别进行比较,也可以通过这一指标与资金成本相比作出是否筹资或投资的决策,以及作出是否撤销某部门或某一产品生产的决策。投资者也可根据投资利润率的高低选择投资对象,决定资金的投向,调整资本流量和存量,优化资源配置。故投资利润率是目前许多公司十分重视的评价投资中心业绩的指标。

但是,这一指标也存在着一定的缺点,如缺乏全局观念等。公司的分部门所采取的经营措施往往只着眼于本位利益而不注意整个公司的整体利益,或者有的分公司为了达到较高的投资利润率而采取减少投资的方式等。如某公司平均投资利润率是13%,其所属的甲分部门实际投资利润率是15%;现甲分部门有一投资机会,投资利润率是14%,若以投资利润率来衡量,它显然不会选择这一投资机会,但这样做却损害了总公司的利益。

由于投资利润率指标有上述缺点,故对投资中心的业绩考核又采用了剩余收益指标。这是美国通用电气公司首创的。

(二)剩余收益

剩余收益又称剩余利润,是一个绝对额指标。它是指投资中心获得的税前利润扣减其最低投资收益后的余额。计算公式如下:

剩余收益=税前利润-资产数额×预期最低投资利润率

这里的预期最低投资利润率通常应以总公司平均利润率作标准。

一般来说,采用剩余收益作为考核分部门的业绩时,若所得报酬与所需最低报酬间的正差最大,则该分部门成绩最好。

例 2. 某公司有甲、乙两个分部门,均为投资中心,各分部门的投资、利润情况如表 10-1 所示。

表 10-1 资　　料

投资中心	税前利润(万元)	投入资本(万元)	投资利润率
甲	140	1 000	14%
乙	25	500	5%
全公司	165	1 500	11%

如甲投资中心遇到一次投资机会,投资额为 125 万元,可望获得利润 15 万元;乙投资中心也有一次投资机会,投资额为 200 万元,可望获得利润 12 万元。试评价各中心的投资效果(如该公司加权平均最低投资利润率为 10%)。

解:编制投资利润率计算表,如表 10-2 所示。

表 10-2 投资利润率计算表　　　　　　　单位:万元

项　　目	投资中心	投资额①	税前利润②	投资利润率②/①
追加投资以前	甲	1 000	140	14%
	乙	500	25	5%
	全公司	1 500	165	11%
甲追加投资	甲	1 125	155	13.78%
	乙	500	25	5%
	全公司	1 625	180	11.08%
乙追加投资	甲	1 000	140	14%
	乙	700	37	5.28%
	全公司	1 700	177	10.41%

由上可知,如以投资利润率指标加以评价,甲中心由于接受追加投资,投资利润率将由 14%降到 13.78%,故从自己单位的得失来看,可能会放弃;但

实质上,全公司在甲接受追加投资后投资利润率从原来的11%上升到11.08%,故若甲中心放弃则会损害整个公司的利益。乙中心如接受追加投资,投资利润率将由原来的5%上升到5.28%,当然愿意接受投资;但实质上,乙公司接受投资后,却损害了全公司的利益,因为此时全公司的投资利润率由原来的11%下降到了10.41%。

故如从投资利润率指标出发,各投资中心目标与公司总目标可能会出现不相一致的情况,而如用剩余收益来评价,就可避免这一情况的出现。

现编制剩余收益分析计算表,如表10-3所示。甲中心如接受追加投资,剩余收益将由40万元上升到42.5万元,增加了2.5万元,故应接受;而乙中心如接受追加投资,剩余收益则由-25万元减少到-33万元,减少了8万元,故不应接受,这与总公司的利益一致。

表10-3 剩余收益计算表　　　　　　　　　　单位:万元

项目	投资中心	投资额①	税前利润②	剩余收益
追加投资以前	甲	1 000	140	140-1 000×10%=40
	乙	500	25	25-500×10%=-25
	全公司	1500	165	165-1 500×10%=15
甲追加投资	甲	1 125	155	155-1125×10%=42.5
	乙	500	25	25-500×10%=-25
	全公司	1 625	180	180-1625×10%=17.5
乙追加投资	甲	1 000	140	140-1 000×10%=40
	乙	700	37	37-700×10%=-33
	全公司	1 700	177	177-1 700×10%=7

实质上,某项投资增加的剩余收益可由增量投资利润率超过最低投资利润率的部分乘以投资额的增量来计算:

某项投资增加的剩余收益=(该项投资可获税前利润/该项投资需要的资产×100%-最低投资利润率)×该项投资需要的资产

只要部门的某一投资利润率能大于最低投资利润率,剩余收益就会增加,这也为我们正确地判断某项投资是否可行指出了一条标准。

故如果某一次投资利润率大于最低投资利润率,我们就可采用这一方案,从而使剩余收益增加。

例3. 仍按例2的资料,要求用判别标准来评价、计算投资效果。

解:

(1)甲追加投资:

增量投资利润率=$\frac{15}{125}$=12%>10%

故可以接受该追加投资,此时可增加剩余收益。

增加的剩余收益=15-125×10%=2.5(万元)

(2) 乙追加投资:

增量投资利润率=$\frac{12}{200}$=6%<10%

故不能接受该追加投资,因为该投资减少了剩余收益。

增加的剩余收益=12-200×10%=-8(万元)

综上所述,剩余收益这一衡量指标比较灵活,它的主要优点是可以使业绩评价与企业目标协调一致,克服了由于使用比率来衡量部门业绩带来的次优化问题。而且还有一个好处是允许使用不同的风险调整资本成本。它特别适用于对某一新投资方案的取舍判别。但由于它是一个绝对数,忽视了部门与部门之间投资规模的差别,因此往往较大投资规模的部门更容易获得一定数额的剩余收益,故不便于不同部门之间的比较。

如现有 A,B 两个投资部门,投资利润率都是 14%,如最低投资利润率都是 8%,而投资额分别是 10 万元和 20 万元,则它们的剩余收益为:

A 剩余收益=(14%-8%)×100 000=6 000(元)

B 剩余收益=(14%-8%)×200 000=12 000(元)

由于它们最低投资收益率及投资利润率相等,故用剩余收益来评价就难以令人信服。

投资利润率与剩余收益各有利弊,在实际运用时还必须结合其他指标进行综合分析,才能作出正确的评价。

(三) 现金回收率

现金回收率是以现金流量为基础的业绩评价指标。

现金回收率=$\frac{营业现金流量}{总资产}$

这个指标可以检验投资评估指标的实际执行结果,减少为争取投资而夸大项目获利水平的现象。

由于现金回收率是一个比率指标,也会引起部门经理投资决策的次优化,其情况与投资报酬率指标类似。为了克服这个缺点,可以使用剩余现金流量指标来评价部门业绩。

剩余现金流量=营业现金净流入-部门资产×资本成本率

第四节　内部转移价格

一、内部转移价格的意义和作用

（一）内部转移价格的意义

内部转移价格是指当企业内部有关责任中心之间转移中间产品和相互提供劳务时，为了正确评价企业内部各责任中心的经营业绩，明确区分各自的经济责任，使各责任中心的业绩考评建立在客观可比的基础上而制定的结算价格。

企业内部各责任中心在生产经营活动时，经常相互提供产品或劳务，如纺织厂的纺纱车间为织布车间提供棉纱，辅助生产部门为基本生产部门提供劳务等，故必须确定一个价格作为供应及取得产品或劳务的中心计算成本的基础。这个价格对接受方来说越低越好，而对同时出售货物或提供劳务的车间来说当然希望价格越高越好。

内部转移价格是同一个企业内部两个责任中心的计价转让标准，它的高低对企业利润总额没有影响，但会使买、卖双方利润呈相反方向变动，故制定合理正确的内部转移价格具有十分重要的作用。

（二）内部转移价格的作用

1. 明确经济责任，调动职工的积极性

正确制定内部转移价格，可以合理地确定各责任中心应承担的经济责任，从而维护各责任中心的利益，调动职工的积极性。另外，各中间产品或劳务由于有了统一的计价标准，就迫使各部门、各责任中心自觉提高产品或劳务的质量。

2. 作为业绩的考评依据

各部门、各责任中心有了一个客观公正的统一标准后，就可在划清经济责任的基础上，正确计算边际贡献、税前利润等指标，并客观公正地评价投资效果。故内部转移价格可作为考核各责任中心业绩的依据。

3. 为责任单位经营决策提供依据

内部转移价格的制定和执行，使企业内部生产协作关系转化为产品或劳务的供求关系，各部门、各责任层次在经营上也就享有了更大的自主权。企业内部各责任中心的负责人也就有了分析比较的基础，从而就可据以进行是否接受特殊订货、零部件是自制还是外购、要否扩大企业生产能力等决策。

4. 有利于各部门降低成本

在制定了内部转移价格后，各部门、各责任层次一定会千方百计挖掘本部门的潜力,降低成本,提高劳动生产率,以实现最优业绩;而各部门、各责任层次获利越多,物质利益也越大,生产积极性也越高,降低成本的劲头也就更足,从而实现良性循环。

二、制定内部转移价格必须遵循的原则

为了使内部转移价格能为各部门自愿接受,并有效发挥功能,在制定内部转移价格时,一般应遵循如下几条原则。

(一) 上下一致性

企业的各个责任中心由于属于同一企业,故它们在为本中心争取最大利益时,不能损公肥私,当分权单位的利益与企业整体利益发生冲突时,应从全局出发,首先要保证企业整体利益。因此,企业制定内部转移价格,必须对上级单位有利,对企业整体也有利。上下一致性原则是制定企业内部转移价格的条件。

(二) 互利性

内部转移价格的制定,必须公正、合理,并且使转让双方都有利,从而调动各责任中心经营管理的积极性。因为各转让部门在进行转让时,都以本部门获利为前提,即只有所定价格对双方都有利时,交易才成立。互利性是确定内部转移价格的基础。

(三) 独立自主性

各责任中心在其责任范围内,应有充分的、独立的经营管理权,内部转移价格必须为双方所自愿接受,不能强迫推行,只要有一方不同意,转让价格就不能成立。独立自主性是确定内部转移价格的前提。

三、内部转移价格的类型

内部转移价格的类型有以下几种。

(一) 市场价格

市场价格是指以产品或劳务的市场供应价格为基础制定的价格。它的一般前提是:假定企业内部各责任中心都处于独立自主的状态,可自由决定从外界或内部进行购销;同时,产品或劳务市场存在着竞争,有选择购销的余地。

市场价格比较客观,对买、卖双方无偏袒。耗用产品或劳务的责任中心并未因"内购"而多支付费用,提供劳务或产品的责任中心并未因"内销"而失去应获得的利益。企业内部在引进市场机制后,造成了一种竞争气氛,它有利于各责任中心独立经营,相互竞争,不断降低成本,改善经营管理。在西方,市场价格一般被认为是制定内部转移价格的最好依据。

在中间产品存在完全竞争市场的情况下,市场价格减去对外的销售费用、销售税金、广告费及运输费,是理想的转移价格。

而如果提供的产品或劳务没有市场价格,或市场价格经常变动,或供应单位有闲置生产能力时,则可采用协商价格。

（二）协商价格

协商价格是买卖双方定期共同协商、确定的愿意接受的价格。它一般在责任中心相互转让的中间产品存在着非竞争性的市场,且在这市场内买卖双方有权决定是否买卖这种中间产品的情况下使用。

一般来说,协商价格的上限是市价,下限是单位变动成本,具体价格由供求双方在其上、下限范围内协商制定。如果买卖双方不能自行决定,或当价格协商的双方发生矛盾而又不能自行解决,或双方协商定价不能导致企业最优决策时,企业高一级的管理层要进行必要的干预。这种干预应以有限、得体为原则,不能使整个谈判变成上级领导完全决定一切。

（三）双重价格

双重价格是指对产品（或劳务）的供需双方区别对待,分别采用不同的转移价格计价。这是因为内部转移价格主要是为了对企业内部各责任中心的业绩进行考评,故买卖双方所采用的价格并不需要完全一致,可分别选择对本责任中心最有利的价格作为基础。

当产品（或劳务）出现几种不同的市场价格时,提供产品（或劳务）的责任中心可以按最高市价计价,接受产品（或劳务）的责任中心可以按最低市价计价；在中间产品有外界市场,供应部门生产能力不受限制,变动成本又低于市场价格的情况下,提供产品（或劳务）的责任中心可以按协商的市场价格计价,接受方可以按单位变动成本计价。这样能较好地适应供需双方各自的实际需要,并有利于接受方正确决策,避免因内部定价太高而转向外部定货,导致供应方部分生产能力出现闲置的情况,也能较好地激励供需双方的主管人员和全体职工在生产经营方面充分发挥主动性和积极性。

（四）成本加成

成本加成是指在产品（或劳务）的全部成本的基础上,加上以合理的利润率计算的利润作为供需双方计价转让的基础,一般在全部转让的产品（或劳务）没有正常市场价格的情况下使用。

具体有下列两种。

1. 标准成本加成

即根据产品或劳务的标准成本加上按一定的合理利润率计算的利润作为计价基础。

这种方法的优点是可以防止转出单位的浪费和无效劳动转嫁给转入单

位。当然,标准成本的制定要适宜,不能太松或太紧。另外,加成的利润率要审慎研究、妥善制定,要非常合理,从而分清转出单位和转入单位的经济责任,调动它们的生产经营积极性。

2. 实际成本加成

即根据产品或劳务的实际成本加上按一定的合理利润率计算的利润作为计价基础。

这种方法能保证提供产品(或劳务)的责任中心有利可图,充分调动他们的积极性;但这种做法,必然会把转出方的功过全部转嫁给转入方,而这种转嫁对转入方来说是不可控的,故不利于双方降低成本。同时,由于利润率的计算往往带有主观随意性,故会影响对双方业绩的正确评价,而且还会导致经营单位在进行具体决策时出现只顾眼前利益,只从本身利益出发,而不考虑企业整体利益的情况,故不利于企业最优决策的制定。

复习思考题

1. 什么是责任会计?责任会计的内容、原则是什么?
2. 什么是责任中心?责任中心分成哪几类?
3. 什么是责任成本?成本中心是如何考评的?
4. 什么是利润中心?它有哪几种形式?考评利润中心的常用指标是什么?
5. 什么是投资中心?考评投资中心的常用指标是哪两个?怎样计算?
6. 什么是内部转移价格?制定内部转移价格有什么作用,并应遵循哪些原则?
7. 内部转移价格有哪几种类型?它们分别在什么情况下使用?

习 题

1. 某企业的投资利润率情况如下表:

单位:万元

投资中心	利润	投资	投资报酬率
A	150	1 000	15%
B	90	1 000	9%
全企业	240	2 000	12%

已知公司的加权平均最低利润率为12%,如A中心面临一个投资机会,

投资 1 000 万元,预期可获利润 140 万元;B 中心也面临一个投资机会,投资 1 200 万元,预期可获利润 120 万元。

要求:对 A,B 投资中心是否接受各自的投资机会作出决策。

2. 假设龙华公司下设甲、乙两个事业部门,均系利润中心,甲事业部门专门生产一种 A 组件售给乙事业部门为制造某产品之用。该组件的内部转移价格按全部成本法计算。如已知组件单位变动成本为 30 元,组件单位固定成本为 40 元,即组件单位成本为 70 元,乙事业部购进该组件后,继续加工,需追加单位变动成本 35 元才能制成某种产品,然后以单价 150 元对外出售。

目前,乙事业部收到外地客户的订单,希望购买该产品 1 000 件,但只肯出价每件 100 元。

要求:(1)乙事业部是否可以接受该订单?为什么?(2)如甲、乙事业部均有剩余生产能力可接受外地 1 000 件订单,而无需增加固定设备,那么①乙事业部对上述(1)所作的决策对整个龙华公司是否有利?②合理的内部转移价格应定为多少?

第十一章 绩效评价

第一节 绩效评价概述

一、绩效评价的概念

绩效又称业绩,是指组织或个人为了达到某种目标而采取的各种行为的结果。它强调业绩的结果性。

企业绩效是指一定经营期间内的企业经营效益和经营者业绩。企业经营效益主要通过偿债能力、运用资产能力、获利能力和发展能力几方面展现;经营者绩效往往从经营者对企业在经营、成长、发展中所取得的成果和所做的贡献来体现。

企业绩效评价是指组织根据数理统计和运筹学等原理,依照预先确定的标准和一定的评价程序,运用科学的定量或定性方法,按照评价的内容和标准对企业一定经营期间内的经营效益和经营者业绩进行定期和不定期的综合考核与评价。

二、绩效评价的分类

(一)按评价内容分类

根据评价内容,我们可以将绩效评价分为综合评价与单项评价。单项评价是指对某一具体经济现象或单一方面,如生产效率的高低、企业利润的升降等所进行的评价。就企业绩效评价而言,单一的绩效评价指标有:净资产收益率、总资产收益率、每股收益、营业现金流以及托宾 Q 和 EVA 等。综合评价是指对某些复杂现象或综合现象的评价,如企业的经营绩效评价、某地区的经济水平评价等。综合评价就是将各子系统的状况加以合成,据此描述整个系统的基本特征,使人们获得整体认识。综合评价不是单个评价的简单加总,而是需要将单个评价有机结合,置于特定条件之下得出较为合理的评价。对于企业绩效评价而言,综合评价方法有沃尔沃评分法、现代综合评分法等。

(二)按评价层次分类

根据评价层次,我们可以将绩效评价分为整体评价、部门评价和个人评价。整体评价是对整个企业进行评价,如评价企业的发展能力、盈利能力等。部门评价是对企业中的各个部门进行评价,比如评价销售部门和管理部门等。个人评价是对个体表现进行评价,如对总经理履职情况的评价、销售人员业务能力的评价等。

(三)按评价指标分类

根据评价指标,我们可以将绩效评价分为财务评价和非财务评价。对于一个企业,我们在对其进行总体评价时,往往会选用一些财务指标来进行判别,当然也会辅以非财务评价。财务评价主要是以财务指标为主进行的评价,内容包括企业的财务效益状况、偿债能力状况、营运能力状况和发展能力状况等。财务评价从评价的角度来看,有杜邦财务评价、经济增加值(EVA)评价、市场指标评价以及战略平衡计分卡评价。非财务评价主要是以非财务指标为主进行的评价,内容包括客户、内部业务流程、创新、人力资源、质量等。

(四)按评价主体分类

根据评价主体,我们可将绩效评价分为外部评价和内部评价。外部评价是由企业外部的有关评价主体对企业作出的评价,这些评价主体包括政府有关部门、投资者、债权人、社会公众、消费者等。内部评价是企业内部的有关评价主体对企业作出的评价,其评价主体包括经营者、部门经理、基层部门主管、员工等。

(五)按评价时点分类

根据评价时点,我们可将绩效评价分为定期评价和不定期评价。定期评价是按年、季度、月份进行的评价,是较为系统和全面的评价。不定期评价主要就某些专门事项进行评价,如经营者任期经营绩效评价等。

三、绩效评价体系设计

(一)企业绩效评价体系的基本组成

企业绩效评价体系是指由一系列与绩效评价相关的评价制度、评价指标体系、评价方法、评价标准以及评价机构等形成的有机整体。企业绩效评价体系由绩效评价制度体系、绩效评价组织体系和绩效评价指标体系三个子体系组成。

(二)企业绩效评价体系的设计原则

企业绩效评价体系的设计遵循"内容全面、方法科学、制度规范、客观公正、操作简便、适应性广"的基本原则。

(1)评价内容要全面。要综合评价企业绩效,必须将反映企业经营效益和经营者业绩的各种因素纳入评价范围,并据此设计指标体系。现行的评价体系,兼顾了现阶段我国不同形态企业的特点,并且借鉴国内外企业绩效评价的经验和做法,结合我国现行财务会计制度,能够全面反映企业的经营绩效。

(2) 评价方法要科学。科学的评价方法,是指评价方法要与评价内容和指标体系结构相适应,能够得出客观、真实的评价结果。企业绩效评价的方法很多,有单一指标评价法、综合指标评价法等,但如何适应处于各个阶段的企业,让各个企业找到合适自身发展水平的评价方法,就需要理论界与实务界的共同努力。

(3) 坚持客观公正原则。运用企业绩效评价体系对企业实施评价,如果不能做到客观公正,不仅会导致内部信息使用者决策错误,也可能导致外部信息使用者判断失误。所以,一定要合理设计指标体系,科学选择评价方法,制定统一的评价标准,规范评价操作程序,这样才能保证评价结果的客观与公正。

(4) 要具备广泛的适应性。随着经济的发展,我国企业已由以国有为主发展到百花齐放各种所有制并有。随着经济环境的不断变化,评价体系也需要不断发展和完善。

基于以上的分析,我们将绩效评价的体系置于以下框架之下:① 基于利润的绩效评价;② 基于EVA的绩效评价;③ 基于战略的绩效评价。

第二节 基于利润的绩效评价

一、企业利润及其不同内涵

利润是企业一定时期内收入与成本费用相抵后的差额,反映了企业一定时期的经营成果。当收入小于成本费用时,企业就发生了亏损。根据我国现行会计制度,企业的利润一般应分步计算,主要有营业利润、息税前利润、利润总额、净利润等几种具体指标。

(一)营业利润

营业利润来自正常的经营活动,其公式可以这样表达:

营业利润=营业收入-营业成本-营业税金及附加-销售费用-管理费用-财务费用-资产减值损失±公允价值变动损益±投资净损益

2006年财政部颁布的新企业会计准则30号财务报表列报中已对营业利润进行了调整,将投资损益调入营业利润,同时取消了主营业务利润和其他业务利润的提法,补贴收入被并入营业外收入,营业利润经营业外收支调整即得到利润总额。

（二）息税前利润

息税前利润,英文名称为"Earnings Before Interest and Tax",也就是财务管理中经常碰到的 EBIT。通俗地讲,息税前利润就是利息和所得税之前的利润。在利润表中,我们得出的净利润是扣除了所得税和利息的。所以,要得到息税前利润,可以用净利润加上利息和所得税。所得税根据利润表我们很容易找到,那么利息呢？由于利息计入财务费用,而财务费用中的其他项目如手续费、汇兑损益等比重很小；另外,非内部人士并不容易取得利息费用的准确数据,因此我们可以将财务费用作为利息费用,一般情况下不会有太大误差。

息税前利润＝净利润＋利息费用＋企业支付的所得税

当然,从管理会计的角度,息税前利润的计算公式又可以这样表达：

息税前利润＝边际贡献－固定经营成本＝销售收入总额－变动成本总额－固定经营成本

（三）利润总额

利润总额是指企业在生产经营过程中各种收入扣除各种耗费后的盈余,反映了企业在报告期内实现的盈亏总额。它和营业利润的关系可以用如下公式表达：

利润总额＝营业利润＋营业外收入－营业外支出

（四）净利润

净利润为企业经营的最终成果,是在利润总额中按规定缴纳所得税之后公司的利润留存,也称为税后利润。对于企业的投资者来说,净利润是判断投资回报大小的基本因素；对于企业管理者而言,净利润是进行经营决策的基础。同时,净利润也是评价企业盈利能力、管理绩效以及偿债能力的一个基本工具,是一个反映和分析企业多方面情况的综合指标。

净利润＝利润总额－所得税费用

二、利润评价指标

企业绩效评价往往可以从不同角度和不同层面设立不同财务指标来评价企业的经营管理水平,常用的基于利润的评价指标有：每股收益、总资产报酬率、净资产收益率等。

（一）每股收益

每股收益是归属于普通股股东的每股净收益。

每股收益＝净收益/平均发行在外的普通股的股数

这里的净收益是归属于普通股股东的净收益,它与利润表中净利润的关系是：

净收益＝净利润－优先股股利

由于各国都有统一的会计准则来对净收益和每股收益的计算进行规范，所以这项指标的优点是具有很好的一致性和一贯性，且便于计量，不需要额外的信息成本；尤其净收益数字是经过审计的，其可信度比其他指标高得多。但是，该指标也有缺点，即没有考虑通货膨胀的影响；对于价值创造活动的某些成果由于不能可靠地计量也不能很好地反映出来；而且，该指标往往受经理人员主观的控制和调整；特别是每股收益指标的"每股"质量不同（如每股实际投入不同时），会限制该指标的可比性。因此，我们一般采用投资报酬率指标来解决这些问题。最常用的衡量方法是总资产报酬率法和权益净利率法。

（二）总资产报酬率

总资产报酬率，英文名称为"Return On Total Assets"，也就是我们所说的 ROA。它是指企业在一定时期内所获得的报酬总额与资产平均总额的比率。它表示企业包括净资产和负债在内的全部资产的总体获利能力，是评价企业资产运营效益的重要指标，主要用以评价企业运用全部资产的总体获利能力。总资产报酬率可以这样表达：

总资产报酬率＝息税前利润/平均资产总额＝EBIT/[（期初资产总额＋期末资产总额）/2]

总资产报酬率反映的是企业投入的全部资金获取经营报酬的能力。但是，由于它未能反映所有者对净利润的分析要求，故更常见的是总资产净利率。总资产净利率反映的是公司运用全部资产所获得利润的水平，即公司每占用1元资产平均能获得多少元的利润。该指标越高，表明公司投入产出水平越高，资产运营越有效，成本费用的控制水平越高。因此，该指标在一定程度上能够体现出企业管理水平的高低。

总资产净利率＝净利润/[（期初资产总额＋期末资产总额）/2]

该公式反映的是企业投入的全部资金获取净利润的能力。

不论是总资产报酬率，还是总资产净利率，对它们的评价都要根据公司的发展阶段进行。当一个企业刚成立，处于初级阶段时，资产的增加会超过收益的增加，报酬率较低，但这并不表示业绩不好，反而是一个企业发展壮大的必要过程；而当一个企业从发展顶峰慢慢衰退时，资产减少大于收益的减少，报酬率可能很高，这也并不表示业绩改善。另外，使用这类指标时要注意经理人员放弃报酬率低于公司平均报酬率但高于公司资本成本的投资机会的情形。

(三) 净资产收益率

净资产收益率又称股东权益收益率,是净利润与平均股东权益的百分比,是公司税后利润除以净资产得到的百分比率,该指标反映股东权益的收益水平,用以衡量公司运用自有资本的效率。该指标是企业一定时期内净利润与平均净资产(所有者权益)之比,反映了企业所有者所获投资报酬的大小。

净资产收益率＝净利润/平均净资产总额

需要说明的是,这里的净资产收益率是指普通股东权益报酬率,如果公司有优先股存在时,应将这部分内容剔除。因此,在有优先股存在的情况下,净资产收益率的公式表达为:

净资产收益率＝[净利润－优先股股利]/[平均净资产总额－平均优先股股东权益]

净资产收益率指标有其自身的优势:首先,净资产收益率体现了企业及其所有者的直接目的。净资产收益率反映了企业的所有者通过投入资本经营所取得利润的能力,是反映盈利能力的核心指标。因为企业的根本目标是所有者权益或股东价值最大化,而净资产收益率既可直接反映资本的增值能力,又影响着企业股东价值的大小。对股东来讲,股东的直接目的是获取更多的利润,他们往往会认为企业的盈利能力比财务状况、营运能力更重要,他们重视对利润率的分析。对企业来讲,从事经营活动的直接目的是最大限度地赚取利润,并维持企业持续、稳定地经营和发展。只有不断地在现有资本的基础上获取利润,企业才能发展。

其次,净资产收益率综合性强。以净资产收益率为核心的财务指标体系,能将若干反映企业盈利状况、财务状况和营运状况的比率按其内在联系有机结合起来,形成一个完整的指标体系。根据杜邦公式,净资产收益率是销售净利率、总资产周转率、权益乘数这三个因素共同作用的结果。其中,销售净利率反映了企业的盈利能力,总资产周转率反映了资产的经营能力,权益乘数反映了企业的偿债能力及结构风险,可以说,净资产收益率包含了企业基本财务指标分析所应反映的内容。而其他指标大多数不能同时反映盈利能力、经营能力、偿债能力。

最后,净资产收益率通用性强、适用范围广。随着指标体系的不断发展,净资产收益率指标已逐渐成为主体指标而受到重视,成为财务指标分析中一个不可或缺的指标。在西方发达国家,杜邦财务分析体系即以净资产收益率为核心的指标。

然而,净资产收益率也存在着不可忽略的缺点:

第一,净资产收益率的计算,分子是净利润,分母是净资产,由于企业的净利润并非仅是净资产所产生的,因而分子、分母的计算口径并不一致,在逻辑上是不合理的。

第二，净资产收益率可以反映企业净资产（股权资金）的收益水平，但并不能全面反映一个企业的资金运用能力。

第三，运用净资产收益率考核企业资金利用效果，存在很多局限性，诸如每股收益和净资产收益率指标互补性不强、不利于企业横向与纵向的比较等。

三、使用以盈利基础进行业绩评价的优缺点

（一）优点

1. 简单易算。每股收益、总资产报酬率以及净资产报酬率等指标都是可以在会计报表中迅速找到相应指标来进行运算的。并且，这些指标都是国际通用的指标，简单实用，如净资产收益率是反映资本收益能力的国际通用指标和杜邦模型的核心指标，综合能力强。

2. 易于理解和比较。就目前而言，由于深度与广度的问题，以上提及的指标已渐渐被大众所熟知，并且已被逐步运用起来。这些指标用于衡量企业的绩效，是被很多人理解和认可的，并且能够帮助企业认清自身状况，达到企业长足发展的目的。

（二）缺点

1. 无论每股收益，还是总资产报酬率、净资产收益率，都是根据权责发生制计算的，无法分辨净投资的数额和投资的时间。比如，两个公司的净利润相同，但其现金净流量却可能存在很大的不同。

2. 忽视风险。它只重视收益而忽视伴随收益的风险。事实上，同样的指标下往往蕴含的风险是不一样的，有些财务指标虽然非常好，能够使利益相关者满意，但是承受的风险也是相当大的。

3. 忽视价格水平的变化，使用历史成本的会计计量会歪曲经济现实，尤其是在通货膨胀严重的时候，更是和现实经济状况相差很远。

4. 容易被人操纵，而且选用单一指标面临着信息量不足的问题。财务指标往往面临着信息不够真实的问题。管理层由于追求自身利益或迫于压力，在公司业绩不理想的时候往往会趋利避害，操纵财务数据，提前确认收入或减少成本费用等。尽管新会计准则要求企业按准则规范会计计量，并且财务报表需经过会计师事务所审计。但是对于企业刻意的利润操纵等情况还是很难完全把握。此外，单一指标只能反映一方面的问题，不能全面反映公司绩效。

第三节　基于 EVA 的绩效评价

一、EVA 的概念及特点

EVA 是 Economic Value Added（经济增加值模型）的简称，是 Stern Stewart 咨询公司开发的一种新型的价值分析工具和业绩评价指标，EVA 是基于剩余收益思想发展起来的新型价值模型。剩余收益是依据经济学的利润建立的一个会计概念，是指一项投资的实际报酬与要求的报酬之间的差额。经济增加值的概念与剩余经营收益相同，是剩余收益的另一种表达方式。会计学领域计算的企业最终利润是指税后利润，而经济增加值原理则认为，税后利润并没全面、真正反映企业生产经营的最终盈利或价值，因为它没有考虑资本成本或资本费用。所谓经济增加值，也就是从税后利润中扣除资本成本或资本费用后的余额。

从最基本的意义上讲，经济增加值是公司业绩度量指标。它与大多数其他度量指标的不同之处在于：EVA 考虑了带来企业利润的所有资金成本。EVA 改变了会计报表没有全面考虑资本成本的缺陷，可以帮助管理者明确了解公司的运营情况，从而向管理者提出了更高的要求。EVA 具有强大的经济功能和实际应用价值。

二、EVA 指标的计算

根据经济增加值的定义，我们可以给出以下公式：

经济增加值＝税后利润－资本费用

其中：

税后利润＝营业利润－所得税额

资本费用＝总资本×平均资本费用率

其中：

平均资本费用率＝资本或股本费用率×资本占比＋负债费用率×负债占比

上述公式从西方会计学和经济学的角度看是完全正确的，但是从我国的实际情况看，使用这个公式应注意以下几个问题：

第一，上式的税后利润是营业利润减去所得税额后的余额，而我国现行制度中的税后利润则是指利润总额减去应交所得税后的余额。

第二，上式中的营业利润是指息税前利润，即营业利润中包括利息费用在内，而我国现行制度中的营业利润却不包括利息费用在内，利润总额中也不含利息。

第三,上式中的总资本是西方经济学中的资本含义,相当于我们通常所说的总资产,而不是会计平衡公式(资产=负债+资本)中的资本含义。

根据以上分析,我们进一步给出经济增加值的表达式:

经济增加值=税后经营利润-加权平均资本成本×报表总资产

例题:处于同一控制下拥有不同资本结构的甲、乙两公司的有关数据如下:

单位:万元

项目	子公司甲	子公司乙
有息债务(利率为10%)	700	200
净资产	300	800
总资产(本题中,即"投入资本")	1000	1000
息税前利润(EBIT)	150	120
利息	70	20
税前利润	80	100
所得税(25%)	20	25
税后利润	60	75

假定两家公司的加权平均资本成本率均为6.5%(集团设定的统一必要报酬率),要求分别计算甲、乙两家公司的下列指标:1. 净资产收益率(ROE);2. 总资产报酬率(ROA、税后);3. 税后净营业利润(NOPAT);4. 投入资本报酬率(ROIC);5. 经济增加值(EVA)。

根据公式,可以计算出子公司甲的相关指标:

净资产收益率(ROE)=企业净利润/净资产 60/300=20%

总资产报酬率(税后)=净利润/平均资产总额=60/1000=6%

税后净营业利润=150×(1-25%)=112.5 万元

投入资本报酬率=112.5/1000=11.25%

经济增加值=112.5-1000×6.5%=47.5 万元

同时可以计算出子公司乙的相关指标:

净资产收益率(ROE)=企业净利润/净资产 75/800=9.375%

总资产报酬率(税后)=净利润/平均资产总额=75/1000=7.5%

税后净营业利润=120×(1-25%)=90 万元

投入资本报酬率=90/1000=9%

经济增加值=90-1000×6.5%=25 万元

三、EVA 绩效评价体系

首创者思腾思特公司提出的"4M's"的概念可以最好地阐释 EVA 体系,

即评价指标（Measurement）、管理体系（Management）、激励制度（Motivation）以及理念体系（Mindset）。

（一）评价指标

EVA 是衡量业绩最准确的尺度，对无论处于何种时间段的公司业绩，都可以作出最恰当的评价。在计算 EVA 的过程中，我们对传统收入概念进行一系列调整，从而消除会计运作产生的异常状况，并使其尽量与经济真实状况相吻合。

（二）管理体系

EVA 是衡量企业所有决策的单一指标。公司可以把 EVA 作为全面财务管理体系的基础，这套体系涵盖了所有指导营运、制定战略的政策方针、方法过程，以及衡量指标。在 EVA 体系下，管理决策的所有方面全都囊括在内，包括战略企划、资本分配，并购或撤资的估价，制订年度计划，甚至包括每天的运作计划。所有的活动都是为了取得理想的 EVA，那么目标一致下的管理能够更体现效果。

EVA 公司的管理人员一般会选择这三条基本途径：一是可以通过更有效地经营现有的业务和资本，提高经营收入；二是投资所期回报率超出公司资本成本的项目；三是可以通过出售对别人更有价值的资产或通过提高资本运用效率，比如加快流动资金的运转，加速资本回流，从而达到把资本沉淀从现存营运中解放出来的目的。

（三）激励制度

针对管理人员，虽然有许多激励制度，但是过多强调报偿，而对激励不够重视。无论奖金量是高还是低，都是通过每年讨价还价的预算计划确定的。在这种体制下，对管理人员最强的激动是制定一个易于完成的预算任务，并且因为奖金是有上限的，不会超出预算太多，否则会使来年的期望值太高，甚至使其信誉受损。

由于 EVA 是站在股东立场上重新定义企业的利润，因此将管理者的报酬与 EVA 指标挂钩，可以使经营者和股东的利益更好地结合起来，使经营者像股东那样思维和行动，正确引导经营者的努力方向，促使经营者充分关注企业的资本增值和长期经济效益，这也正是 EVA 的精髓所在。因为使得 EVA 的增加最大化，就是使股东价值最大化。在 EVA 奖励制度之下，管理人员为自身谋取更多利益的唯一途径就是为股东创造更大的财富。采取 EVA 激励机制，最终推动公司年度预算的是积极拓展的战略方针，而不是被保守预算限制的战略方针。

（四）理念体系

如果 EVA 制度全面贯彻实施，EVA 财务管理制度和激励报偿制度将使公司的企业文化发生深远变化。在 EVA 制度下，所有财务营运功能都从同一基础出发,为公司各部门员工提供一条相互交流的渠道。EVA 为各分支部门的交流合作提供了有利条件,为决策部门和营运部门建立了联系通道,根除了部门之间互有成见、互不信任的情况,这种互不信任特别会存在于运营部门与财务部门之间。

四、EVA 绩效评价的优缺点

（一）经济增加值绩效评价的优点

采用 EVA 作为业绩衡量指标,结束了企业使用多种指标评价的相互冲突。经济增加值最直接地与股东财富的创造联系起来。为了创造更多的股东财富,人们希望股价能够提高,以此获得更高的经济增加值。对于股东而言,经济增加值越多越好。从这个角度来说,它是唯一正确的业绩衡量指标,它能连续地度量业绩的改进。

按照现行财务会计方法,假设两个公司资本结构不同,那么即使它们的债务资本成本、权益资本成本以及真实利润是相等的,其损益表表现出来的净利润也不同,权益资本比例高的企业将获得更多的利润。这样,资本结构差异就成为企业获取利润的一个因素。显然,单纯依据传统的会计利润指标无法准确计算企业为股东创造的价值。事实上,股权资本收益率是股东期望在现有资产上获得的最低收益,对于不同的企业,他们所预期的资本收益是不一样的。同时,EVA 还考虑了所有投入资本的成本,股权资本不再是免费的,因此剔除了资本结构的差别对经营业绩的影响。此外,EVA 能将不同投资风险、不同资本规模和资本结构的企业放在同一起跑线上进行业绩评价,它适用于所有行业的业绩评价。

此外,如 EVA 绩效评价体系所言,EVA 不仅仅是一个业绩评价指标,它更是将管理层、各部门紧紧结合在同一目标之下的手段。经济增加值的吸引力主要在于它把业绩评价、资本预算和激励报酬联系起来了。经济增加值指标使管理层有目标可循,而不是一味地制定较低的目标或是得过且过;资本预算的决策基础是以适当折现率折现的经济增加值,这样能使企业的管理更为直接与和谐,它将管理者的利益与股东的利益统一起来;它使所有员工可以协同工作,产生协同效应,积极追求更好的业绩。EVA 真正把经理和员工的收益与其所作所为最大限度地结合了起来,从而培养出真正的团队、主人翁意识和分享精神,给管理者以强有力的动力。

（二）经济增加值绩效评价的缺点

EVA 的计算较为复杂。为了消除会计信息失真,在计算 EVA 时必须对有关会计信息加以调整。调整项目越多,其计算结果就越客观。然而,调整项目的增多无疑会增加计算 EVA 的复杂性和难度,从而妨碍了 EVA 的广泛应用性。

EVA 无法解释上市公司内在的成长机会。上市公司股票价格反映的是市场对企业成长性价值的预期。但是,EVA 主要是对企业过去某一会计期间的会计信息进行调整,这些调整可能排除了企业经营者用来向市场传递有关企业未来发展机会的信息。调整的结果是：一方面使 EVA 比其他指标更接近企业真正创造的财富；另一方面也降低了 EVA 指标与股票市场的相关性。

EVA 的适用范围有限。经济增加值是绝对指标,因此它不能比较不同规模公司的业绩。事实上,EVA 是存在规模差异的,规模大的公司往往更容易获得高的 EVA 值。此外,EVA 的短期取向关心决策的结果,但对于那些研发费用和人员培训费用投入较高的高科技企业来说并不合适。由于产品研发和人员培训的效果并不一定会在费用付出当期就体现出来,而往往要在未来较长一段时间后才会给企业带来收益,于是这些企业用 EVA 体系衡量企业当期业绩的结果势必会令人大失所望。[1]

第四节　基于战略的绩效评价

一、战略及战略绩效评价的概念

"战略"最初是一个军事用语,早在春秋时期我国著名的军事家孙武就在其著作《孙子兵法》中对战略进行全局筹划。现代政治中也会常常提到"战略"这个词。战略是一个具有前瞻性的概念,统领人们在一段时间内的行动方向,具有纲领性。简而言之,战略是在一段时期内指导全局的方略。

对于一个企业而言,其发展也离不开战略。当一个公司成功地制定和执行价值创造的战略时,能够获得战略竞争力。企业战略是指企业根据环境的变化、本身的资源和实力,选择适合的经营领域和产品,形成自己的核心竞争力,并通过差异化发展在竞争中取胜。世界经济全球化和一体化进程的加快以及国际竞争的加剧,使企业对战略的定位越来越高。企业战略是一个大的概念,我们可以将其细分为营销战略、发展战略、品牌战略、融资战略、技术开发战略、人才开发战略、资源开发战略等。

建立科学有效的绩效评价系统,是战略管理的要求,同时,绩效评价也是战略实施的重要保障。通过绩效评价可以评估战略实施的各个过程,及时发现问题,解决问题。战略绩效评价的两个主要方法是平衡计分卡法和标杆法。战略绩效评价通俗点说,可以是"想得到什么,就评什么",从这一观点来看,战略绩效评价能更好地提供对决策有用的信息。本节主要为大家介绍平衡计分卡法。

---

[1] 孙宋芝.EVA 在上市公司绩效评价中的应用.合作经济与科技,2011(11).

二、平衡计分卡的设计与实施

(一) 平衡计分卡的基本概念

哈佛商学院教授罗伯特·P.卡普兰(Robert Kaplan)和复兴全球战略集团总裁大卫·P.诺顿(David Norton)于1992年创制的战略平衡计分卡,是战略性绩效评价的一个最主要的方法。所谓平衡计分卡,是一种以信息为基础,系统考虑企业业绩驱动因素,多角度平衡评价的业绩评价系统,也是一个集公司战略管理控制与战略管理的绩效评估于一体的科学管理系统。

平衡计分卡作为战略管理的工具给公司带来的巨大价值在于它的平衡理念,主要表现为财务与非财务绩效指标之间的平衡、企业组织内外部群体的平衡、前置与滞后绩效指标的平衡。平衡计分卡是一个核心的战略管理与执行的工具,是在对企业总体发展战略达成共识的基础上,通过设计实施,将其四个角度的目标、指针,以及初始行动方案有效地结合在一起的一个战略管理与实施体系。它的主要目的是将企业战略转化为具体的行动,以创造企业的竞争优势。

(二) 平衡计分卡的设计

从整体上讲,平衡计分卡包括了两方面的内容:其一,用财务指标反映企业过去经营行为的综合结果;其二,用顾客、内部业务流程、学习与成长这三个非财务指标来反映企业未来财务绩效的动因,以此补充财务指标,从而确保企业绩效评价的全面性和科学性。其核心思想就是通过财务、客户、内部业务流程、学习与成长四个方面指标间相互驱动的因果关系展现组织的战略轨迹,实现对绩效的考核与改进,以及战略的实施与修正的战略目标过程。因此,平衡计分卡的设计有4个维度:

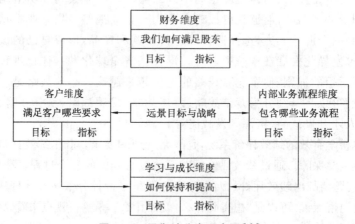

图 11-1 平衡计分卡示意图[1]

---

[1] 崔清泉.基于平衡计分卡的企业绩效评价体系研究.经济理论研究,2007(13).

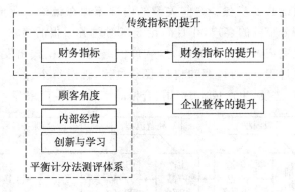

图 11-2　传统的测评体系示意图

1. 财务维度

财务指标可以用来显示企业的战略及其实施对企业所做的贡献。财务指标是企业最终的追求和股东最看重的目标,是企业存在的一种动力。一般情况下我们会从获利能力、偿债能力、发展能力和营运能力等角度来选取财务指标,通常选取的财务指标有总资产报酬率、净资产收益率(属于获利能力)、流动比率、资产负债率(短期与长期偿债能力)、销售收入增长率(发展能力)、现金流量、存货周转率、应收账款周转率(营运能力)等。当然,不限于这些指标。

2. 客户维度

相信很多人都认同"客户是上帝"这个经典的命题。的确,在市场经济条件下,企业的竞争很大程度上是面对客户的。客户的满意成为企业不断追求向上的动力,想要在市场竞争中处于优势地位,就必须设计出认可度高的产品或服务。因此,在平衡计分卡的客户维度,管理者确立了竞争的客户和市场,以及相关的衡量指标。客户维度的衡量指标主要包括市场占有率、客户满意度、客户保持率、客户获得率、客户获利能力以及客户关注度等。

图 11-3　客户维度的衡量指标示意图

3. 内部业务流程维度

对于企业管理者而言,一定要制定企业核心的关键内部业务流程,这是企业获取价值的必要步骤。这些关键的内部流程在带给企业价值的同时能吸引和留住细分市场的客户,并且满足股东对财务回报的追求。内部业务流程反映了企业完成各项工作的能力,从价值链的一般模式出发,可将其划分为研究与开发过程、经营过程和售后服务过程,再对每个过程设置指标来进行评价,如生产进度、生产成本、费用、合格品率、人工生产率等。

图11-4　内部业务流程示意图

4. 学习与成长维度

企业的学习与成长能力承载着以上三个维度的发展。企业只有不断学习,才能不断创新,从而得到长足的发展。当然,企业学习的主体是员工,企业应当营造一定的学习氛围,培养相关的企业文化。企业必须投资于员工的技术再造、组织程序和日常工作的有效进行,这些都是学习与成长维度需要关注的东西。一般情况下,我们选取员工满意度、员工培训和技能以及员工保持度等指标作为对该维度的衡量指标。

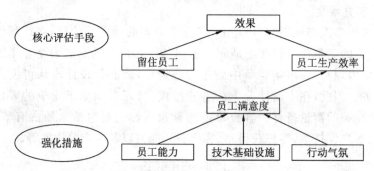

图11-5　学习与成长维度构成示意图

(三)平衡计分卡的实施

平衡计分卡实施的原则可以用一个单词来表示——SMART,具体解释如下:

S：Specific(具体)。

平衡计分卡实施时各个维度都是有具体描述的,行动也是可以付诸实施的,而不是宽泛的。目标应当尽可能具体,范围应尽可能缩小。

M：Measurable(可测量)。

平衡计分卡各维度的衡量指标是否达到预定要求,应该有一个标准和判断的尺度。

A：Achievable(可达成的)。

平衡计分卡的实施指标必须是通过努力可以达到的,而不是遥不可及的。

R：Realistic(结果导向)。

平衡计分卡实施时要考虑到企业自身的需求,以想要得到的结果为导向,而不是盲目设计指标。

T：Tangible(有时效的)。

平衡计分卡实施时目标的完成要有计划,有一个自身的时间表;不在限定时间之内的指标设计将是毫无意义的。

通俗一点说,在平衡计分卡实施中,首先要明确绩效评价体系的设计目标,也就是为什么要设计绩效评价体系、希望设计出什么样的绩效评价体系、在设计的过程中应当遵守什么样的原则等,这是进行绩效评价体系设计的基础。在明确了设计目标后,再开始对绩效的实体部分进行设计,主要包括评价模式、评价指标、评价标准、指标权重、评价方法等,这是绩效考核体系设计中最为关键的内容。

在平衡计分卡实施的过程中,也需要我们注意以下问题：

1. 高层管理者的充分参与。平衡计分卡的实施,不仅需要专业的财务管理人员的设计实施,更需要高层管理人员的充分参与。高层管理人员因其在企业所处的位置,能够更全面地考虑企业的需求,为企业的发展提供优质的建议。

2. 防止目的单一化。在平衡计分卡的实施过程中,切忌目的单一化。一旦陷入单一化的怪圈,管理人员的目光会变得短浅,常常为了眼前利益而作出的短期决策,而不考虑企业的长期利益,以致影响企业未来的发展。

3. 指标选择与标准。在指标的选择与标准上,要做到指标选取具体,标准界定可以衡量,并且能够达成。此外,还应注意选取的时效性。

4. 需要实行评价—整改双向反馈制度。在实施平衡计分卡评价结束后,要及时将评价结果向被评价对象进行反馈;同时,应根据评价所反映出来的情况和问题,召开整改专题会议,提出具体整改措施,及时纠正过错,弥补不足。

三、存在的问题及对未来的展望

尽管平衡计分卡的出现给了企业另一种评价公司业绩的方法,并且这个方法从理论上来说是值得学习和推广的。但是,基于中国企业目前的情况,还是出现了诸多问题。

1. 与管理流程脱节。将平衡计分卡纳入预算、报酬等管理体系,企业组织可以充分发掘这种动态管理模式的潜能,但试图盲目加快其中的步骤是不成熟的做法,并且可能造成推行动力大幅度减弱。目前,许多公司的平衡计分卡由人力资源组织制定,而预算又由财务部门制定,长期的缺乏交流导致了各自为政的局面。平衡计分卡的实施变成了应付企业下派的任务,各个流程并没有紧密联合在一起,也就不能取得突破性的绩效。

2. 决策层未参与或者不重视。前文中已经提到过,希望管理层要充分参与。平衡计分卡是一套战略工具,涉及企业的方方面面。推行平衡计分卡是一个复杂的变革过程,管理层需要有变革的勇气,带动各方面的讨论、启发及教育,仅仅由某一部门牵头是远远不够的。平衡计分卡的推行需要企业高管亲自带头,只有高管团队人员才能对企业实施的战略作出全面的描述。由于管理层拥有决策权,能够更好把握企业面对的机会,进行权衡取舍,为企业作出正确的决策。

3. 时间间隔的问题。时间间隔无论长短都可能带来平衡计分卡问题。有些企业一定要等到所有的指标都成熟了,数据来源都稳定了,已经获得大量资料以后,才开发平衡计分卡。事实上,平衡计分卡的一些效益,如团结协作、信息共享、团队学习等,并不需要等到所有指标就绪才能获得。当然,时间间隔短也会导致出现一些问题。有些企业组织试图在短时间内构建平衡计分卡,并投入使用,以至压缩准备时间。但是,构建一个综合各种因果关系链、联系各种不同指标以全面表述战略的平衡计分卡,是不可能在短时间内就完成的。战略,战略转化,设计各种目标、指标和目的等,都需要付出很多努力。只有在各方面都连贯后,我们平衡计分卡的推行才是有意义并且有效的。[1]

在未来的战略发展中,人们可以进一步拓展平衡计分卡的内涵,使其内容更为饱满。有台湾学者就提出了相关建议:将平衡计分卡与策略核心组织内部细节进行强化,平衡计分卡可以与智慧资本、公司治理、组织综合层面相结合,同时强化策略与战略议题,并且结合奖励制度与其他管理制度。我们相信,在未来的发展中,会有更多新鲜内容注入平衡计分法,平衡计分法的价值将进一步提升。

---

[1] 保罗·尼文.平衡计分卡.北京:中国财政经济出版社,2003.

复习思考题

1. 绩效评价体系如何设计？应遵循什么原则？
2. 你认为企业绩效评价体系中哪种或哪些方法适合目前中国的企业？说出你的理由。
3. 利润评价指标的优缺点是什么？
4. 平衡计分法的设计内容是什么？有何实施？

习 题

A公司是一家处于成长阶段的上市公司，正在对2013年的业绩进行计量和评价，有关资料如下：

（1）A公司2013年的销售收入为2 500万元，营业成本为1 340万元，销售及管理费用为500万元，利息费用为236万元。

（2）A公司2013年的平均总资产为5 200万元，平均金融资产为100万元，平均经营负债为100万元，平均股东权益为2 000万元。

（3）目前资本市场上风险投资的权益成本为12%，税前净负债成本为8%；2013年A公司董事会对A公司要求的目标权益净利率为15%，要求的目标税前净负债成本为8%。

（4）A公司适用的企业所得税税率为25%。

要求：

（1）计算A公司的净经营资产净利率、权益净利率。

（2）计算A公司的经济增加值（假设不存在调整事项）。

第十二章 战略管理会计

第一节 战略管理会计概述

一、战略管理会计的概念

管理会计是会计学的一个分支,是伴随着 20 世纪管理学的兴起而产生和发展起来的,尤其是泰勒的科学管理思想更使其得到了内在提升。美国管理会计公告中将管理会计定义为:"向管理当局提供用于企业内部计划、评价、控制以及确保企业资源的合理使用和经营责任的履行所需财务信息的确认、计量、归集、分析、编报、解释和传递的过程。"也就是说,其主要职能是为企业提供有效的内部会计制度以及为企业的管理提供数据支撑。而管理会计的发展与突破也就产生了我们的"战略管理会计"。

战略管理会计是指以协助高层领导制定竞争战略、实施战略规划,从而促使企业良性循环并不断发展为目的,能够从战略的高度进行分析和思考,既提供针对顾客和竞争对手的具有战略相关性的外向型信息,也提供针对本企业与战略相关的内部信息,服务于企业战略管理的一个会计分支。与管理会计应用方法有所不同的是,战略管理会计主要着眼于全局性、战略性的研究方法,如价值链法、产品生命周期法等。

二、战略管理会计产生的背景

1. 战略管理的发展要求

随着企业内外环境的变化和战略管理的迅速发展,传统管理会计已不能满足战略管理的需要,为此必须进行革新,向战略管理会计过渡。在我国,管理会计被看作对财务信息的深加工和再利用。就管理会计本身的特点来说,它需要借助于数学、统计学、计量经济学中的一些分析方法,例如回归分析,这种方法要求具有大量准确可靠的数据资料和一定的计量软件操作,这种特性决定了企业会计工作具有繁杂的计算过程,需要具有这方面知识的专业人才。更重要的是,通过这些方法得出的分析预测数据包含着一些假设条件,需要进一步地分析、处理和修正,而不能直接与市场环境接轨。这很容易造成理论与实践严重脱节。随着市场经济的发展,管理会计作为企业管理的重要手段,其作用是不容忽视的,它对企业运行的贡献已在西方经济的发展中得到印证。在我国,上述因素使管理会计的发展障碍重重,在企业中处于一种地位重要而效果却不显著的尴尬境地。在世界范围内,西方理论也发现了其自身的一些缺点,于是管理会计有了新的发展和突破。

当企业的产品进入成熟期、市场竞争日趋激烈时,维持并扩大市场份额、追求长远的发展利益,便代替了追求当期利益最大化而成为企业发展的焦点问题。战略管理会计正是适应这种变化的要求,超越了单一会计期间的界限,从长期竞争地位的变化中把握企业未来的发展方向,甚至牺牲短期利益以实现企业的长期价值。战略管理会计更注重企业的外部市场环境,强调企业发展与环境变化的协调一致,将企业置于整个产业的价值链中,研究企业与市场竞争者的关系位置。这就弥补了传统管理会计只致力于企业内部降低成本、提高劳动生产力的内部化倾向,真正将企业置于市场信息之中。[1]

2. 信息技术的进步提供了可能性

一方面,信息技术的发展促进了企业战略管理会计的实行。从技术发展看,信息技术的更新、传播速度已大大加快:新技术从研发到走向市场的周期大大缩短,快捷、多样化的传播渠道使新技术的普及周期大大缩短,进一步促进了更新技术的产生和发展。相应地,从企业发展看,新技术所能拥有的超额回报期缩短了,企业只有不断创新,才能保持竞争力。另一方面,信息技术的进步为战略管理会计的发展提供了技术支持。随着信息技术的普及,信息工具的大量使用,使信息收集、处理及传递速度和效率大大提高,维护财务软件、数据等要求并不难办到,建立并维护一个能同时提供财务会计和管理会计两个信息的系统对于企业并非难事。信息技术的进步为战略管理会计的发展提供了一定的有利条件。

三、战略管理会计的特点

1. 提供更多定性非财务信息

战略管理会计是管理会计的突破,它不再着眼于数据的演算和运用复杂的公式来得到想要的信息,而是着眼于其他非财务信息,诸如市场占有率、产品质量等,而这些信息都为反映企业洞察先机、改善经营和竞争能力、保持和发展长期的竞争优势创造了有利条件。这也是企业战略管理的要求。

---

[1] 任利.试论战略管理会计的兴起与发展.经济师,2003(1).

2. 运用的方法更灵活多样

传统的管理会计方法较为复杂,而战略管理会计则更突出对企业整体的要求。战略管理会计不仅联系竞争对手进行相对成本动态分析、顾客盈利性动态分析和产品盈利性动态分析,而且采取了一些新的方法,如产品生命周期法、经验曲线、产品组合矩阵以及价值链分析方法、市场定位分析等。

3. 战略管理会计着眼于长远目标、注重整体性和全局利益

战略管理会计着眼于企业长期发展和整体利益的最大化,关注全局的整合。战略管理是制定、实施和评估跨部门决策的循环过程,它是从整体上把握其过程,既合理制定战略目标,又促使企业管理的各个环节密切合作,以保证目标实现。企业管理是由不同部门完成的,必须以企业管理的整体目标为最高目标,协调各部门运作,减少内部职能失调。从战略管理思想的角度来看,战略管理会计也是从整体上分析和评价企业的战略管理活动。

第二节 战略定位分析

企业战略定位分析很大程度上是对企业面临的内、外部环境的调查和分析。其最主要的方法便是著名的 SWOT 分析法和矩阵分析法以及产品市场生命周期法。

一、SWOT 分析法

所谓 SWOT 分析法,其实质是一种态势分析,即分析企业当前的形势,包括企业内部个体因素以及外部的环境因素。它将与企业密切相关的各种优势、劣势、机会以及面临的威胁等因素,通过调查研究,以矩阵的形式表示出来,然后用系统分析的思想,把各种因素相互匹配加以分析,从而得出一系列结论。

S 代表 strength(优势),属于内部因素。对于企业竞争来说,可以从很多方面来进行比较,比如说技术优势,如果一个企业能够掌握一种独家技术,具有较强的创新能力,还有低成本的生产方法以及超强的营销能力的话,这便是一个企业的优势。另外,企业的优势还包括了有形资产优势、无形资产优势、人力资源优势、组织体系优势、竞争能力优势等。

W 代表 weakness(劣势),属于内部因素。竞争劣势是指企业缺少或者做得不好的东西,可能是缺乏具有竞争力的技术技能、缺乏有利的人才条件、硬件条件和软件条件,甚至是逐步丧失了核心竞争力。

O 代表 opportunity(机会),属于外部因素。市场机会是一个影响企业战略的重大因素。作为企业的管理者,应当能准确地把握机会,评价该市场机

会可以带来的好处,以选取优秀的资源,包括财务、组织等方面的资源与其相匹配,以发挥该优势最大的潜力。潜在的市场机会包括客户群的扩大趋势或是产品的细分市场、技术能力向新产品新业务转移可以为更大的客户群服务、上下游产业链的整合、进入市场的阻力减少、市场需求增长等。

T 代表 threat(威胁),属于外部因素。在企业的外部环境中,或多或少总会存在对企业盈利甚至是企业的市场地位构成威胁的因素。作为企业的管理者,应当能有效辨别这些威胁,并在做出评价后采取相应的战略行动来减轻甚至是抵消外部不利因素带来的威胁。企业的外部威胁包括出现强大的新的竞争对手、替代品抢占企业市场份额、主要产品的市场增长率下降、客户或者供应商的谈判能力提高、国家政策变动、汇率的变动以及经济周期的影响等。

我们可以用矩阵来表示:

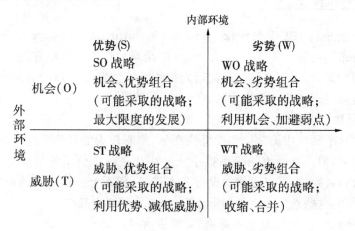

图 12-1　SWOT 矩阵分析示意图

在构造 SWOT 分析矩阵的过程中,要将那些对企业发展有直接的、重要的、大量的、迫切的、久远的影响的因素优先排列出来,而将那些间接的、次要的、少许的、不急的、短暂的影响因素排在后。具体来说:

SO 策略:即依靠内部优势,利用外部机会。这是一种理性的战略模式。当企业具有特定优势,而外部环境又为发挥这种优势提供有利机会时,可以采取该战略。例如良好的产品市场前景、供应商规模扩大和竞争对手有财务危机等外部条件,配以企业市场份额提高等优势,可成为企业收购竞争对手、扩大生产规模的有利条件。

WO 策略:即利用外部机会,弥补内部劣势。这是一种使企业改劣势而获取优势的战略。当企业存在外部机会,而企业的内部劣势又阻碍了企业利用这样的机会时,企业可以先将自身的劣势转化,然后再进一步决策。

ST策略：即利用内部优势，规避外部威胁。如竞争对手利用新技术大幅度降低成本，给企业很大成本压力；同时材料供应紧张，其价格可能上涨；消费者要求大幅度提高产品质量；企业还要支付高额环保成本等，但若企业拥有充足的现金、熟练的技术工人和较强的产品开发能力，便可利用这些优势开发新工艺，简化生产工艺过程，提高原材料利用率，从而降低材料消耗和生产成本。另外，开发新技术产品也是企业可选择的战略。新技术、新材料和新工艺的开发与应用是最具潜力的成本降低措施，同时它可提高产品质量，从而回避外部威胁影响。

WT策略：即减少内部劣势，规避外部威胁。当企业处于内忧外患的时候，往往面临生存危机，这时候就要尽量减少内部的劣势，如降低成本等。同时规避外部威胁，减缓扩张的速度，回缩投资等都是可行的办法。

二、波士顿矩阵法

波士顿矩阵（BCG Matrix：Boston Consulting Group），又称市场增长率—相对市场份额矩阵、四象限分析法、产品系列结构管理法等，是由美国著名的管理学家、波士顿咨询公司创始人布鲁斯·亨德森于1970年首创的一种用来分析和规划企业产品组合的方法。

1. 问题型业务（市场增长率高、市场占有率低）

处在这个领域中的是一些投机性产品，带有较大的风险。这些产品可能利润率很高，但占有的市场份额很小。这往往是一个公司的新业务，为问题业务。公司必须建立工厂、增加设备和人员，以便跟上发展迅速的市场，并超过竞争对手，这些意味着大量的资金投入，应采取建立战略。

2. 明星型业务（市场增长率高、市场占有率高）

这个领域中的产品处于快速增长的市场中，并且占有支配地位的市场份额，但是否会产生现金流量，这取决于新工厂、设备和产品开发对投资的需要量。明星型业务是由问题型业务继续投资发展起来的，可以视为高速成长市场中的领导者，它将成为公司未来的现金牛业务，往往采取固守战略。

3. 现金牛业务（市场增长率低、市场占有率高）

处在这个领域中的产品产生大量的现金，但未来的增长前景是有限的。这是成熟市场中的领导者，它是企业现金的来源。由于市场已经成熟，企业不必大量投资以扩展市场规模，同时作为市场中的领导者，该业务享有规模经济和高边际利润的优势，因而给企业带来大量现金流，适合采取收获战略。

4. 瘦狗型业务（市场增长率低、市场占有率低）

这个剩下的领域中的产品既不能产生大量的现金，也不需要投入大量现金,这些产品没有希望改进其绩效。一般情况下,这类业务常常是微利甚至是亏损的。其实,瘦狗型业务通常要占用很多资源,如资金、管理部门的时间等,多数时候是得不偿失的。瘦狗型业务适合采用战略框架中提到的收缩战略,目的在于出售或清算业务,以便企业把资源转移到更有利的领域。

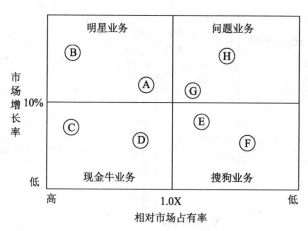

图12-2 波士顿矩阵图

三、产品市场生命周期法

一个企业拥有生命周期,同样的,企业的产品也拥有生命周期。产品市场生命周期是指一个产品从投入市场到退出市场的一个周期,一般会经历幼稚期、成长期、成熟期以及衰退期。

幼稚期:产品的销量较少,但是投入的费用很多,因此利润很低甚至没有。

成长期:消费者对新产品已经有所了解,产品的销路逐渐打开,销售量能够迅速增长。在这一阶段,产品基本定型,可以大批量生产,分销途径也已经疏通,因而成本下降,利润增长。

成熟期:产品的市场销售量已经达到饱和状态。在这个阶段,由于产品已被绝大多数潜在的购买者接受,所以销售量的增长速度减慢,并开始出现下降趋势。而企业为了在竞争中保护产品,市场营销的有关支出迅速增加,利润因此持平或下降。

衰退期:衰退期是指产品已经陈旧老化,并开始被市场淘汰。在这一阶段,产品的销售量急剧下降,利润下滑,与此同时,其他新的产品已经投入市场,大有取代老产品的趋势。

当然,每个企业本身的实力也不一样,这也导致企业采用不同的战略。如表12-1所示:

表 12-1 企业在不同生命周斯可采用的不同战略

生命周期	幼稚期	成长期	成熟期	衰退期
主导	迅速增长开创更新	迅速增长获成本领先地位更新	防御、获成本领先地位、更新、迅速增长	防御、集中一点、更新、随行业增长而发展
企业较强	开创差异化迅速增长	迅速增长赶超获成本领先地位、差异化	获成本领先地位更新、集中一点、差异化、随行业发展增长	寻找新市场固守旧市场、随行业发展而增长、收获
竞争有利	开创差异化集中一点	差异化集中一点赶超随行业发展而发展	收获、寻找新市场、固守旧市场、更新、转变方针、差异化集中一点、随行业发展增长	紧缩转变方针
实力维持	开创随行业发展而增长集中一点	收获、赶超、固守阵地、寻找避风地、转变方针集中一点、随行业发展自然增长	收获、转变方针、寻找避风地、紧缩	放弃紧缩
脆弱	寻找避风地、迎头赶上、随行业发展自然增长	转变战略紧缩	撤退放弃	撤退

第三节 战略管理会计的主要方法

为使战略管理会计理论在企业会计实践中得到成功应用,企业还需要以一定的方法为之提供保障。

一、价值链分析法

企业的生产经营活动是设计、生产、营销、交货等活动,以及对产品起辅助作用的各种活动的集合。企业产品的生产过程是价值的形成过程,同时也是费用的发生过程和产品成本的形成过程。企业将产品移交给顾客时,也就是将产品的价值转移给顾客。价值是一次移交的,但产品的价值却是在企业内部逐步形成、逐渐累积的。企业生产经营活动的有序进行构成了相互联系的生产活动链,生产经营活动链也就是企业的价值链。

价值链分析法是美国哈佛大学的波特教授在其《竞争优势论》一书中首先提出的。他认为任何企业的价值链都是由一系列相互联系的创造价值的作业构成的。这些作业分布在从供应商最初的原材料到最终产品的市场消费之间的每一个环节。为了获得和保持竞争优势,就必然要求企业的管理者对行业价值链体系进行分析和利用,而不仅仅是了解企业自身的价值链。企业可以通过分析从原材料供应商至最终产品消费者的一系列相关活动,建立科学的作业流程,从而提高战略选择的科学性和实施的有效性。价值链分析的任务就是要确定企业的价值链,明确各价值活动之间的联系,提高企业创造价值的效率,增加企业降低成本的可能性,为企业取得成本优势和竞争优势提供条件。[1]

二、作业成本法

20世纪80年代以来,为了适应制造环境的变化,作业成本法应运而生。它是一个以作业为基础的信息加工系统,着眼于成本发生的原因及成本动因,依据资源耗费的因果关系进行成本分析。即先按作业对资源的耗费情况将成本分配到作业,再按成本对象所消耗的作业情况将作业分配到成本对象。这就克服了传统成本计算系统下间接费用责任不清的缺陷,使以前的许多不可控间接费用,在作业成本系统中变成可控。同时,作业成本法又大大拓展了成本核算的范围,改进了成本分摊方法,及时提供了相对准确的成本信息,优化了业绩评价标准。企业借助作业成本法,可以区分增值作业和非增值作业,持续改进增值作业,对战略实施过程进行有效的控制,从而充分利用企业的有限资源,保证企业战略目标的实现。

三、竞争对手分析

当今企业之间的竞争已成了全球性经济发展的动力,企业要取得竞争优势,就需要了解竞争对手、分析竞争对手。所谓竞争对手分析,主要是从市场的角度,通过对竞争对手的分析来考察企业的竞争地位,为企业的战略决策提供信息。竞争对手分析一般涉及以下几个问题:① 竞争对手是谁;② 竞争对手的目标和所采取的战略措施及其成功的可能性;③ 竞争对手的竞争优势和劣势;④ 面临外部企业的挑战,竞争对手是如何反应的。

企业实际的和潜在的竞争对手包括向目标市场提供相似产品或服务的企业、经营具有相互替代性的同类产品或服务的企业、在市场上试图改变或

---

[1] 薛巨泉.浅谈企业战略成本管理.大众文艺(理论),2009(9).

影响消费者的消费习惯和消费倾向的企业等。在明确所要分析的竞争对手之后,分析竞争对手的重要步骤是识别竞争对手的价值链,判断竞争对手是怎样进行价值活动的。在实践中,由于没有竞争对手的直接信息,要评估竞争对手的价值链和成本通常极其困难,这需要采用一定的方法取得竞争对手的资料。另外,也可以委托专门的咨询服务公司调查评估竞争对手。分析竞争对手较为有效的方法是标杆法,即通过将企业的业绩与业已存在的最佳业绩进行对比,寻求不断改善企业的经营活动、提高业绩的有效途径和方法。标杆分析为业绩的计量提供了一个新的基础,以最佳实务为标准计量业绩,使各部门的目标确定在先进的水平之上,使业绩计量具有科学性,起到指针作用。

四、预警分析

预警分析是一种有助于企业预测内外部环境变化,事先预测可能影响企业竞争地位和财务状况的潜在因素,提醒管理层注意的分析方法,是战略管理会计用于分析与预测的重要方法。

通过对行业特点和竞争状况进行分析,管理层在不利情况来临之前就采取防御措施,解决潜在的问题。预警分析可分为外部分析和内部分析。外部分析主要分析企业面临的市场状况、市场占有率;内部分析主要分析劳动生产率、机制运转效率、职员队伍是否稳定等。预警分析系统不仅可以进行风险预警,还可以有效地预测企业竞争地位的变化,因此在战略选择阶段运用预警分析系统有助于管理者在战略选择中进行风险和收益的衡量,降低战略选择阶段的风险。[1]

五、质量成本分析

全面质量管理制度的实施,尤其是近二十年来,电脑化设计和制造系统的建立与使用,带来了管理观念和管理技术的巨大变化,适时制采购与制造系统应运而生。在此系统下,为了使产品达到零缺陷,企业非常重视质量成本分析。质量成本分析是指从产品的研制、开发、设计、制造,一直到售后服务整个寿命周期内的质量成本分析方法。它主要分析质量成本的4个部分,即预防成本、鉴定成本、内部质量损失和外部质量损失。只有全面掌握与质量有关的成本信息,管理者才能进行正确的质量成本预算,借以转变目前重产量轻质量的观念。

战略管理会计站在全球高度,从战略角度扩展到宏观层面,寻求企业整

---

[1] 王满,顾维维.战略管理会计方法体系研究.财经问题研究,2011(1).

体竞争优势。战略管理会计对现代会计具有重大而深远的意义。随着企业社会化程度的提高,人们会不断要求更多的企业内部信息公开,从而加速了管理会计信息向财务会计信息的转化。可以想象,原本属于战略管理会计的相关信息及其分析结论,如人力资本价值、市场份额、生命周期分析、经济环境评估、竞争优势比较等,在未来的对外会计报表中有可能出现。

复习思考题

1. 企业战略管理会的内涵与发展趋势?
2. 战略管理会计的特点是什么?
3. 如何在现代企业中运用 SWOT 分析法?
4. 如何运用波士顿矩阵图?
5. 战略管理会计的方法有哪些?有何优缺点?

附 录

终 值 与 现 值 表

I 1元的终值表

$(F/P, i, n) = (1+i)^n$

n	1%	2%	3%	4%	5%	6%	7%	8%
1	1.010	1.020	1.030	1.040	1.050	1.060	1.070	1.080
2	1.020	1.040	1.061	1.082	1.102	1.124	1.145	1.166
3	1.030	1.061	1.093	1.125	1.158	1.191	1.225	1.260
4	1.041	1.082	1.126	1.170	1.216	1.262	1.311	1.360
5	1.051	1.104	1.159	1.217	1.276	1.338	1.403	1.469
6	1.062	1.126	1.194	1.265	1.340	1.419	1.501	1.587
7	1.072	1.149	1.230	1.316	1.407	1.504	1.606	1.714
8	1.083	1.172	1.267	1.369	1.477	1.594	1.718	1.851
9	1.094	1.195	1.305	1.423	1.551	1.689	1.838	1.999
10	1.105	1.219	1.344	1.480	1.629	1.791	1.967	2.159
11	1.116	1.243	1.384	1.539	1.710	1.989	2.105	2.332
12	1.127	1.268	1.426	1.601	1.796	2.012	2.252	2.518
13	1.138	1.294	1.469	1.665	1.886	2.133	2.410	2.720
14	1.149	1.319	1.513	1.732	1.980	2.261	2.579	2.937
15	1.161	1.346	1.558	1.801	20.79	2.397	2.759	3.172
16	1.173	1.373	1.605	1.873	2.183	2.540	2.952	3.426
17	1.184	1.400	1.653	1.948	1.292	2.693	3.159	3.700
18	1.196	1.428	1.702	2.026	2.407	2.854	3.380	3.996
19	1.208	1.457	1.754	2.107	2.527	3.026	3.617	4.316
20	1.220	1.486	1.806	2.191	2.653	3.207	3.870	4.661
25	1.282	1.641	2.094	2.666	3.386	4.292	5.427	6.848
30	1.348	1.811	2.427	3.243	4.322	5.743	7.612	10.063

续表

n	9%	10%	12%	14%	15%	16%	18%
1	1.090	1.100	1.120	1.140	1.150	1.160	1.180
2	10188	1.210	1.254	1.300	1.323	1.346	1.392
3	1.295	1.331	1.405	1.482	1.521	1.561	1.643
4	1.412	1.464	1.574	1.689	1.749	1.811	1.939
5	1.539	1.611	1.762	1.925	2.011	2.100	2.288
6	1.677	1.772	1.974	2.195	2.313	2.436	2.700
7	1.828	1.949	2.211	2.502	2.660	2.826	3.185
8	1.993	2.144	2.476	2.853	3.059	3.278	3.759
9	2.172	2.358	2.773	3.252	3.518	3.803	4.435
10	2.367	2.594	3.106	3.707	4.046	4.411	5.234
11	2.580	2.853	3.479	4.226	4.652	5.117	6.176
12	2.813	6.138	3.896	4.818	5.350	5.936	7.288
13	3.066	3.452	4.363	5.492	6.153	6.886	8.599
14	3.342	3.797	4.887	6.261	7.076	7.988	10.147
15	3.642	4.177	5.474	7.138	8.137	9.266	11.974
16	3.970	4.595	6.130	8.137	9.358	10.748	14.129
17	4.328	5.054	6.866	9.276	10.761	12.468	16.672
18	4.717	5.560	7.690	10.575	12.375	14.463	19.673
19	5.142	6.116	8.613	12.056	14.232	16.777	23.214
20	5.604	6.728	9.646	13.743	16.367	19.461	27.393
25	8.623	10.835	17.000	26.462	32.919	40.874	62.669
30	13.268	17.449	29.960	50.950	66.212	85.850	143.371

续 表

n	20%	24%	28%	32%	36%	40%	50%
1	1.200	1.240	1.280	1.320	1.360	1.400	1.500
2	1.440	1.538	1.638	1.742	1.850	1.960	2.250
3	1.728	1.907	2.097	2.300	2.515	2.744	3.375
4	2.074	2.364	2.684	3.036	3.421	3.842	5.062
5	2.488	2.932	3.436	4.007	4.653	5.378	7.594
6	2.986	3.635	4.398	5.290	6.328	7.530	11.391
7	3.583	4.508	5.630	6.983	8.605	10.541	17.086
8	4.300	5.590	7.206	9.217	11.703	14.758	25.629
9	5.160	6.931	9.223	12.166	15.917	20.661	38.443
10	6.192	8.594	11.806	16.060	21.647	28.925	57.665
11	7.430	10.657	15.112	21.199	29.439	40.496	86.498
12	8.916	13.215	19.343	27.983	40.037	56.694	129.746
13	10.699	16.386	24.759	36.937	54.451	79.371	194.620
14	12.839	20.319	31.691	48.757	74.053	111.120	291.929
15	15.407	25.196	40.565	64.359	100.712	155.568	437.894
16	18.488	31.243	51.923	84.954	136.690	217.795	656.84
17	22.186	38.741	66.461	112.139	186.277	304.913	985.26
18	26.623	48.039	85.071	148.024	253.338	426.879	1477.89
19	31.948	59.568	108.890	195.391	344.540	597.630	2216.80
20	38.338	73.864	139.380	257.916	468.574	836.683	3325.26
25	95.396	216.542	478.905	1033.59	2180.08	4499.88	25251.0
30	237.376	634.820	1645.504	4142.07	10143.0	24201.4	191750.0

II 1元的现值表

$$(P/F.i.n) = \frac{1}{(1+i)^n}$$

n	1%	2%	3%	4%	5%	6%	7%	8%	9%	10%	12%
1	.990	.980	.971	.962	.952	.943	.935	.926	.917	.909	.893
2	.980	.961	.943	.925	.907	.890	.873	.857	.842	.826	.797
3	.971	.942	.915	.889	.864	.840	.816	.794	.772	.751	.712
4	.961	.924	.889	.855	.823	.792	.763	.735	.708	.683	.636
5	.951	.906	.863	.822	.784	.747	.713	.681	.650	.621	.567
6	.942	.888	.838	.790	.746	.705	.666	.630	.596	.565	.507
7	.933	.871	.813	.760	.711	.665	.623	.584	.547	.513	.452
8	.924	.854	.789	.731	.677	.627	.582	.540	.502	.467	.404
9	.914	.837	.766	.703	.645	.592	.544	.500	.460	.424	.361
10	.905	.820	.744	.676	.614	.558	.508	.463	.422	.386	.322
11	.896	.804	.722	.650	.585	.527	.475	.429	.388	.351	.288
12	.887	.789	.701	.625	.557	.497	.444	.397	.356	.319	.257
13	.879	.773	.681	.601	.530	.469	.415	.368	.326	.290	.229
14	.870	.758	.661	.578	.505	.442	.388	.341	.299	.263	.205
15	.861	.743	.642	.555	.481	.417	.362	.315	.275	.239	.183
16	.853	.728	.623	.534	.458	.394	.339	.292	.252	.218	.163
17	.844	.714	.605	.513	.436	.371	.317	.270	.231	.198	.146
18	.836	.700	.587	.494	.416	.350	.296	.250	.212	.180	.130
19	.828	.686	.570	.475	.396	.331	.277	.232	.195	.164	.116
20	.820	.673	.554	.456	.377	.312	.258	.215	.178	.149	.104
25	.780	.610	.478	.375	.295	.233	.184	.146	.116	.092	.059
30	.742	.552	.412	.308	.231	.174	.131	.099	.075	.057	.033

续表

n	14%	15%	16%	18%	20%	24%	28%	32%	36%	40%	50%
1	.877	.870	.862	.847	.833	.806	.781	.758	.735	.714	.667
2	.769	.756	.743	.718	.694	.650	.610	.574	.541	.510	.444
3	.675	.658	.641	.609	.579	.524	.477	.435	.398	.364	.296
4	.592	.572	.552	.516	.482	.423	.373	.329	.292	.260	.198
5	.519	.497	.476	.437	.402	.341	.291	.250	.215	.186	.132
6	.456	.432	.410	.370	.335	.275	.227	.189	.158	.133	.088
7	.400	.376	.354	.314	.279	.222	.178	.143	.116	.095	.059
8	.351	.327	.305	.266	.233	.179	.139	.108	.085	.068	.039
9	.308	.284	.263	.226	.194	.144	.108	.082	.063	.048	.026
10	.270	.247	.227	.191	.162	.116	.085	.062	.046	.035	.017
11	.237	.215	.195	.162	.135	.094	.066	.047	.034	.025	.012
12	.208	.187	.169	.137	.112	.076	.052	.036	.025	.018	.008
13	.182	.163	.145	.116	.093	.061	.040	.027	.018	.013	.005
14	.160	.141	.125	.099	.078	.049	.032	.021	.014	.009	.003
15	.140	.123	.108	.084	.065	.040	.025	.016	.010	.006	.002
16	.123	.107	.093	.071	.054	.032	.019	.012	.007	.005	.002
17	.108	.093	.080	.060	.045	.026	.015	.009	.005	.003	.001
18	.095	.081	.069	.051	.038	.021	.012	.007	.004	.002	.001
19	.083	.070	.060	.043	.031	.017	.009	.005	.003	.002	.000
20	.073	.061	.051	.037	.026	.014	.007	.004	.002	.001	.000
25	.038	.030	.024	.016	.010	.005	.002	.001	.000	.000	
30	.020	.015	.012	.007	.004	.002	.001	.000	.000		

Ⅲ 1元的普通年金终值表

$$(F/A, i, n) = \frac{(1+i)^n - 1}{i}$$

n	1%	2%	3%	4%	5%	6%	7%
1	1.000	1.000	1.000	1.000	1.000	1.000	1.000
2	2.010	2.020	2.030	2.040	2.050	2.060	2.070
3	3.030	3.060	3.091	3.122	3.152	3.184	3.215
4	4.060	4.122	4.184	4.246	4.310	4.375	4.440
5	5.101	5.204	5.309	5.416	5.526	5.637	5.751
6	6.152	6.308	6.468	6.633	6.802	6.975	7.153
7	7.214	7.434	7.662	7.898	8.142	8.394	8.654
8	8.286	8.583	8.892	9.214	9.549	9.897	10.260
9	9.369	9.755	10.159	10.583	11.027	11.491	11.978
10	10.462	10.950	11.464	12.006	12.578	13.181	13.816
11	11.567	12.169	12.808	13.486	14.207	14.972	15.784
12	12.683	13.412	14.192	15.026	15.917	16.870	17.888
13	13.809	14.680	15.618	16.627	17.713	18.882	20.141
14	14.947	15.974	17.086	18.292	19.599	21.051	22.550
15	16.097	17.293	18.599	20.024	21.579	23.276	25.129
16	17.258	18.639	20.157	21.825	23.675	25.673	27.888
17	18.430	20.012	21.762	23.698	25.840	28.213	30.840
18	19.615	21.412	23.414	25.645	28.132	30.906	33.999
19	20.811	22.841	25.117	27.671	30.529	33.760	37.379
20	22.019	24.297	26.870	29.778	33.066	36.786	40.995
25	28.243	32.030	36.459	41.646	47.727	54.865	63.249
30	34.785	40.568	47.575	56.085	66.439	79.058	94.461

续 表

n	8%	9%	10%	12%	14%	16%	18%
1	1.000	1.000	1.000	1.000	1.000	1.000	1.000
2	2.080	2.090	2.100	2.120	2.140	2.160	2.180
3	3.246	3.278	3.310	3.374	3.440	3.506	3.572
4	4.506	4.573	4.641	4.779	4.921	5.066	5.215
5	5.867	5.985	6.105	6.353	6.610	6.877	7.154
6	7.336	7.523	7.716	8.115	8.536	8.977	9.442
7	8.923	9.200	9.487	10.089	10.730	11.414	12.142
8	10.637	11.028	11.436	12.300	13.233	14.240	15.327
9	12.488	13.021	13.579	14.776	16.085	17.518	19.086
10	14.487	15.193	15.937	17.549	19.337	21.321	23.521
11	16.645	17.560	18.531	20.665	23.044	25.733	28.755
12	18.977	20.141	21.384	24.133	27.271	30.850	34.931
13	21.495	22.953	24.523	28.029	32.089	36.786	42.219
14	24.215	26.019	27.975	32.393	37.581	43.672	50.818
15	27.152	29.361	31.772	37.280	43.842	51.660	60.965
16	30.324	33.003	35.950	42.753	50.980	60.925	72.939
17	33.750	36.974	40.545	48.884	59.118	71.673	87.068
18	37.450	41.301	45.599	55.750	68.394	84.141	103.740
19	41.446	46.018	51.159	63.440	78.969	98.603	123.414
20	45.762	51.160	57.275	72.052	91.025	115.380	146.628
25	73.106	84.701	98.347	133.334	181.871	249.214	342.603
30	113.283	136.308	164.494	241.333	356.787	530.312	790.948

续 表

n	20%	24%	28%	32%	36%	40%	50%
1	1.000	1.000	1.000	1.000	1.000	1.000	1.000
2	2.200	2.240	2.280	2.320	2.360	2.400	2.500
3	3.640	3.778	3.918	4.062	4.210	4.360	4.750
4	5.368	5.684	6.016	6.362	6.725	7.104	8.125
5	7.442	8.048	8.700	9.398	10.146	10.946	13.188
6	9.930	10.980	12.136	13.406	14.799	16.324	20.781
7	12.916	14.615	16.534	18.696	21.126	23.853	32.172
8	16.499	19.123	22.163	25.678	29.732	34.395	49.258
9	20.799	24.712	29.369	34.895	41.435	49.153	74.887
10	25.959	31.643	38.592	47.062	57.352	69.814	113.33
11	32.150	40.238	50.399	63.122	78.998	98.739	170.99
12	39.580	50.895	65.510	84.320	108.44	139.24	257.49
13	48.497	64.110	84.853	112.30	148.48	195.93	387.24
14	59.196	80.496	109.61	149.24	202.93	275.30	581.86
15	72.035	100.815	141.30	197.99	276.98	386.42	873.79
16	87.442	126.011	181.87	262.36	377.69	541.99	1311.7
17	105.931	157.253	233.79	347.31	514.66	759.78	1968.5
18	128.117	195.994	300.25	459.45	700.94	1064.7	2953.8
19	154.740	244.033	385.32	607.47	954.28	1491.6	4431.7
20	186.688	303.601	494.21	802.86	1298.8	2089.2	6648.5
25	471.981	898.092	1706.8	3226.8	6053.0	11247.2	50500.3
30	1181.882	2640.916	5873.2	12941.0	28172.2	60501.1	583500.0

Ⅳ 1元的普通年金现值表

$$(P/A.i.n)1=\frac{1-(1+i)^{-n}}{i}$$

n	1%	2%	3%	4%	5%	6%	7%
1	0.990	0.980	0.971	0.962	0.952	0.943	0.935
2	1.970	1.942	1.914	1.886	1.859	1.833	1.808
3	2.941	2.884	2.829	2.775	2.723	2.673	2.624
4	3.902	3.808	3.717	3.630	3.546	3.465	3.387
5	4.853	4.713	4.580	4.452	4.330	4.212	4.100
6	5.796	5.601	5.417	5.242	5.076	4.917	4.766
7	6.728	6.472	6.230	6.002	5.786	5.582	5.389
8	7.652	7.326	7.020	6.733	6.463	6.210	5.971
9	8.566	8.162	7.786	7.435	7.108	6.802	6.515
10	9.471	8.983	8.530	8.111	7.722	7.360	7.024
11	10.368	9.787	9.253	8.761	8.306	7.887	7.499
12	11.255	10.575	9.954	9.385	8.863	8.384	7.943
13	12.134	11.348	10.635	9.986	9.394	8.853	8.358
14	13.004	12.106	11.296	10.563	9.899	9.295	8.746
15	13.865	12.849	11.938	11.118	10.380	9.712	9.108
16	14.718	13.578	12.561	11.652	10.838	10.106	9.447
17	15.562	14.292	13.166	12.166	11.274	10.477	9.763
18	16.398	14.992	13.754	12.659	11.690	10.828	10.059
19	17.226	15.679	14.324	13.134	12.085	11.158	10.336
20	18.047	16.351	14.878	13.590	12.462	11.470	10.594
25	22.023	19.524	17.413	15.622	14.094	12.783	11.654
30	25.808	22.397	19.600	17.792	15.373	13.765	12.409

续 表

n	8%	9%	10%	12%	14%	16%	18%
1	0.926	0.917	0.909	0.893	0.877	0.862	0.847
2	1.783	1.759	1.736	1.690	1.647	1.605	1.566
3	2.577	2.531	2.487	2.402	2.322	2.246	2.174
4	3.312	3.240	3.170	3.037	2.914	2.798	2.690
5	3.993	3.890	3.791	3.605	3.433	3.274	3.127
6	4.623	4.486	4.355	4.111	3.889	3.685	3.498
7	5.206	5.033	4.868	4.564	4.288	4.039	3.812
8	5.747	5.535	5.335	4.968	4.639	4.344	4.078
9	6.247	5.995	5.759	5.328	4.946	4.607	4.303
10	6.710	6.418	6.145	5.650	5.216	4.833	4.494
11	7.139	6.805	6.495	5.938	5.453	5.029	4.656
12	7.536	7.161	6.814	6.194	5.660	5.197	4.793
13	7.904	7.487	7.103	6.424	5.842	5.342	4.910
14	8.244	7.786	7.367	6.628	6.002	5.468	5.008
15	8.559	8.060	7.606	6.811	6.142	5.576	5.092
16	8.851	8.313	7.824	6.974	6.265	5.669	5.162
17	9.122	8.544	8.022	7.120	6.373	5.749	5.222
18	9.372	8.756	8.201	7.250	6.467	5.818	5.273
19	9.604	8.950	8.365	7.366	6.550	5.878	5.316
20	9.818	9.129	8.514	7.469	6.623	5.929	5.353
25	10.675	9.823	9.077	7.843	6.873	6.097	5.467
30	11.258	10.274	9.427	8.055	7.003	6.177	5.517

续表

n	20%	24%	28%	32%	36%	40%	50%
1	0.833	0.806	0.781	0.758	0.735	0.714	0.667
2	1.528	1.457	1.392	1.332	1.276	1.224	1.111
3	2.106	1.981	1.868	1.766	1.674	1.589	1.407
4	2.589	2.404	2.241	2.096	1.966	1.849	1.605
5	2.991	2.745	2.532	2.345	2.181	2.035	1.737
6	3.326	3.020	2.759	2.534	2.339	2.168	1.824
7	3.605	3.242	2.937	2.678	2.455	2.263	1.883
8	3.837	3.421	3.076	2.786	2.540	2.331	1.922
9	4.031	3.566	3.184	2.868	2.603	2.379	1.948
10	4.193	3.682	3.269	2.930	2.650	2.414	1.965
11	4.327	3.776	3.335	2.978	2.683	2.438	1.977
12	4.439	3.851	3.387	3.013	2.708	2.456	1.985
13	4.533	3.912	3.427	3.040	2.727	2.469	1.990
14	4.611	3.962	3.459	3.061	2.740	2.478	1.993
15	4.675	4.001	3.483	3.076	2.750	2.484	1.995
16	4.730	4.033	3.503	3.088	2.758	2.489	1.997
17	4.775	4.059	3.518	3.097	2.763	2.492	1.998
18	4.812	4.080	3.529	3.104	2.767	2.494	1.999
19	4.844	4.097	3.539	3.109	2.770	2.496	1.999
20	4.870	4.110	3.546	3.113	2.772	2.497	1.999
25	4.948	4.147	3.564	3.122	2.776	2.499	2.000
30	4.979	4.160	3.569	3.124	2.778	2.500	2.000